ZEIT

Matthias Stolz
Jörg Block

Deutschlandkarte

102 neue Wahrheiten

Knaur Taschenbuch Verlag

Die Karten sind jeweils auf dem Stand der Veröffentlichung im ZEITmagazin.

Besuchen Sie uns im Internet:
www.knaur.de

FSC
www.fsc.org
MIX
Papier aus verantwortungsvollen Quellen
FSC® C012425

Originalausgabe April 2012

Ein Unternehmen der Droemerschen Verlagsanstalt
Th. Knaur Nachf. GmbH & Co. KG, München

Umschlaggestaltung: ZERO Werbeagentur, München
Umschlagabbildung und alle Grafiken: Jörg Block
Satz: Adobe InDesign im Verlag
Druck und Bindung: Offizin Andersen Nexö, Leipzig
Printed in Germany
ISBN 978-3-426-78552-2

5 4 3

Vorwort

Die Deutschlandkarte gibt es jetzt seit fast fünf Jahren im ZEITmagazin. Eigentlich dachten wir: So nach ein, zwei Jahren hat man alle Deutschlands gezeigt, die einen interessieren. Aber die Wahrheit ist: Es geht immer noch weiter. Kollegen schreiben, dass ihnen etwas aufgefallen ist (zum Beispiel, dass Schwimmbäder seltsame Namen tragen) oder den Lesern (dass Staatsanwälte im Fernsehen öfter weiblich als männlich sind). Man schnappt hier etwas auf, liest dort einen Satz; das Gehirn denkt irgendwann in Karten. So sind inzwischen schon mehr als 200 Karten entstanden.

Wenn man als Kartenmacher durchs Land fährt, sagen die Leute: Ach, da habt ihr wahrscheinlich immer zehn Karten auf Vorrat und die druckt ihr dann hintereinander weg.

So stellt man sich das vor: Mal schuftet man zwei Wochen am Stück und dann döst man acht Wochen lang. Leider ist es nicht so. Wir zeichnen pro Woche immer genau eine Karte. Am Samstag rotieren die Druckmaschinen. Manchmal sitzen wir am Freitag noch dran. Auch wenn die Karten nicht immer tagesaktuell sind (das sollen sie ja auch gar nicht sein, nichts ist langweiliger, als wenn alle Zeitungen immer nur voll sind mit Guttenberg oder Wulff, man will ja auch mal Pause haben von denen). Manchmal sitzt man an einem winzigen Detail ein paar Tage. Oder man wartet wochenlang auf den Rückruf eines Professors, der aber gerade auf einer Wald-und-Wiesen-Exkursion auf der Schwäbischen Alb ist, selbstverständlich ohne Handy.

Wir garantieren also, was Köche ihren Gästen garantieren: Wir machen alles immer ganz frisch. Anders könnten wir das gar nicht. Jede Woche eine Deutschlandkarte – nicht mehr, aber auch nicht weniger.

Matthias Stolz,
im Januar 2012

1 Die Bioladen-Dichte

Wer Müsli und Biomilch frühstückt, der möchte der Natur und sich selbst Gutes tun. Dieses Verlangen ist unter Akademikern offenbar weitverbreitet. Jedenfalls gibt es in Studentenstädten mehr Bioläden: vor allem in Freiburg, Regensburg und Heidelberg. Offenbar neigt der süddeutsche Akademiker noch etwas stärker als der norddeutsche zum Bioprodukt, was daran liegen könnte, dass die Menschen im Süden wohlhabender sind, oder auch daran, dass im Norden die Landwirtschaft seltener ökologisch ist, und gerade unter Akademikern ist der Leitsatz verbreitet, man solle lokale Produkte kaufen. Das Ost-West-Gefälle ist übrigens weniger groß als das zwischen dem Ruhrpott (und den Städten drumherum) und dem restlichen Deutschland. In Gelsenkirchen muss man von einer wahren Müslifeindlichkeit sprechen. Auch wenn dort längst nicht mehr jeder unter Tage arbeitet, so hat sich die Annahme gehalten, dass ein Müsli vielleicht gesund sei, richtig satt mache jedoch eher eine ganz normale mit Fleischwurst belegte Doppelstulle.

Recherche: Friederike Milbradt

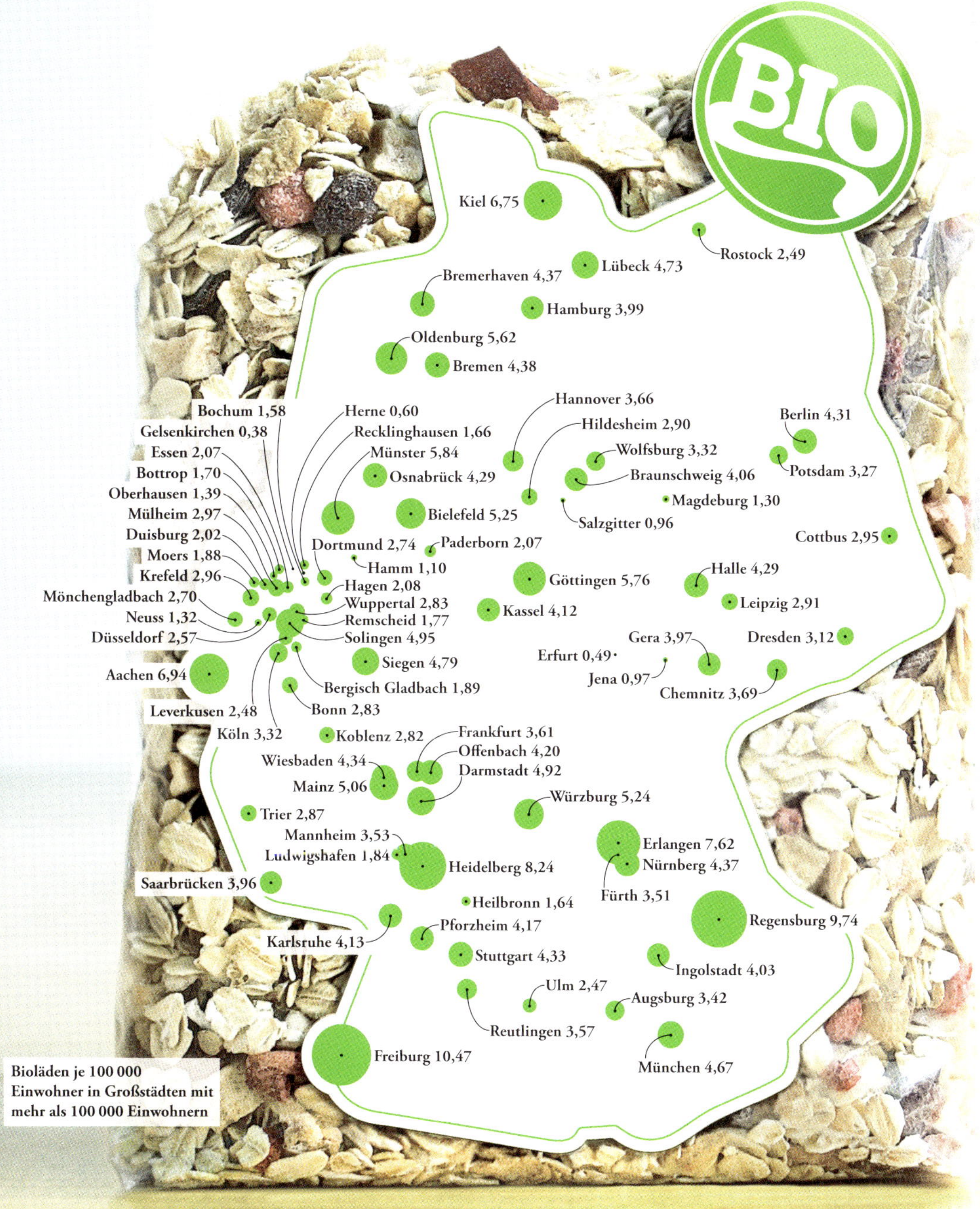
BIO
Kiel 6,75
Rostock 2,49
Lübeck 4,73
Bremerhaven 4,37
Hamburg 3,99
Oldenburg 5,62
Bremen 4,38
Hannover 3,66
Berlin 4,31
Hildesheim 2,90
Bochum 1,58
Herne 0,60
Gelsenkirchen 0,38
Recklinghausen 1,66
Essen 2,07
Münster 5,84
Wolfsburg 3,32
Bottrop 1,70
Osnabrück 4,29
Braunschweig 4,06
Potsdam 3,27
Oberhausen 1,39
Magdeburg 1,30
Mülheim 2,97
Bielefeld 5,25
Salzgitter 0,96
Duisburg 2,02
Dortmund 2,74
Paderborn 2,07
Cottbus 2,95
Moers 1,88
Hamm 1,10
Halle 4,29
Krefeld 2,96
Hagen 2,08
Göttingen 5,76
Mönchengladbach 2,70
Wuppertal 2,83
Leipzig 2,91
Neuss 1,32
Remscheid 1,77
Kassel 4,12
Düsseldorf 2,57
Solingen 4,95
Gera 3,97
Dresden 3,12
Erfurt 0,49
Aachen 6,94
Siegen 4,79
Jena 0,97
Bergisch Gladbach 1,89
Chemnitz 3,69
Leverkusen 2,48
Bonn 2,83
Köln 3,32
Koblenz 2,82
Frankfurt 3,61
Wiesbaden 4,34
Offenbach 4,20
Darmstadt 4,92
Mainz 5,06
Würzburg 5,24
Trier 2,87
Mannheim 3,53
Erlangen 7,62
Ludwigshafen 1,84
Heidelberg 8,24
Nürnberg 4,37
Saarbrücken 3,96
Fürth 3,51
Heilbronn 1,64
Regensburg 9,74
Pforzheim 4,17
Karlsruhe 4,13
Stuttgart 4,33
Ingolstadt 4,03
Ulm 2,47
Augsburg 3,42
Reutlingen 3,57
Freiburg 10,47
München 4,67
Bioläden je 100 000
Einwohner in Großstädten mit
mehr als 100 000 Einwohnern

2 Väter in Elternzeit

Über Männer, die als Pensionäre plötzlich ganztags in der Familie klarkommen müssen, ist viel gelacht worden. Seit einiger Zeit bleiben Männer schon nach der Geburt eines Kindes gern daheim – seitdem es ein Gesetz gibt, erfunden von Ursula von der Leyen, welches den Vätern zwei Drittel ihres Nettogehaltes, höchstens 1800 Euro, zusichert, wenn sie sich mindestens zwei Monate lang um das Baby kümmern. Hier wird erstmals dokumentiert, wo wie viele von diesem Recht Gebrauch machen. Wer glaubte, die emanzipiertesten Männer lebten im Osten oder in den sozialdemokratischen Zentren des Westens, der liegt falsch. Nirgendwo gibt es mehr Elternzeitmänner als in Bayern – und das trotz vermeintlich traditioneller Rollenverteilung dort. Warum das so ist? Selbst im Familienministerium spricht man von einem Rätsel. Es muss spekuliert werden: Sehnen sich bayerische Väter nach einer Pause von ihren Superjobs? Es könnte weniger die Emanzipation vom alten Männerbild sein, die sie heimtreibt, als der Glaube, das bisschen Wickeln sei gegen einen Tag im Büro doch ein Klacks.

Quelle: Statistische Landesämter und eigene Berechnungen

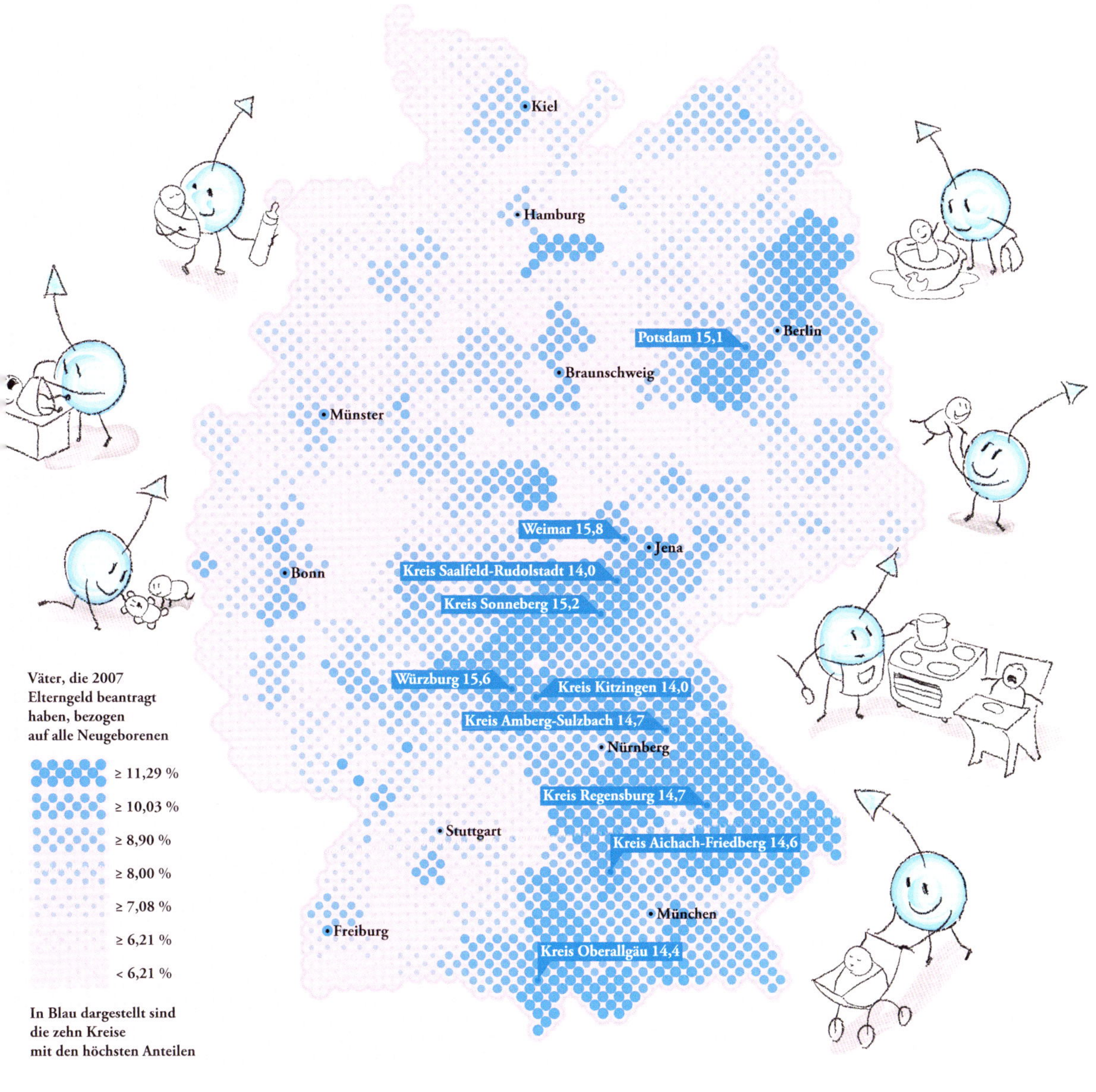
Kiel
Hamburg
Berlin
Potsdam 15,1
Braunschweig
Münster
Weimar 15,8
Jena
Bonn
Kreis Saalfeld-Rudolstadt 14,0
Kreis Sonneberg 15,2
Würzburg 15,6
Kreis Kitzingen 14,0
Kreis Amberg-Sulzbach 14,7
Nürnberg
Kreis Regensburg 14,7
Stuttgart
Kreis Aichach-Friedberg 14,6
München
Freiburg
Kreis Oberallgäu 14,4
Väter, die 2007 Elterngeld beantragt haben, bezogen auf alle Neugeborenen
≥ 11,29 %
≥ 10,03 %
≥ 8,90 %
≥ 8,00 %
≥ 7,08 %
≥ 6,21 %
< 6,21 %
In Blau dargestellt sind die zehn Kreise mit den höchsten Anteilen

3 Colasorten

Wer vor 1970 geboren ist, wird sich erinnern, was man früher, so in den Achtzigern, zu hören bekam, wenn man in manchen Studentenkneipen Coca-Cola bestellte (nämlich nicht viel Freundliches). Coca-Cola ist nicht nur ein Getränk, es ist ein Symbol für den weltumspannenden Kapitalismus. Und so entstanden zahlreiche Anti-Coca-Colas im Land, und alle haben sie den gleichen Traum: aus der Provinz heraus die Macht des Weltkonzerns zu brechen. Oder wenigstens, wenn das nicht klappt, ein lokal anerkanntes Ausgehgetränk zu werden. Besonders viele dieser Colas gibt es in Bayern, wegen der vielen Brauereien dort. Im Osten findet man Nostalgie-Colas und ein paar neue. Hamburg, Heimat dreier Colas und damit Cola-Hauptstadt, ist, seit hier die Bionade aus Bayern groß wurde, zum Experimentierfeld für Getränke geworden. Dass auch die guten Colas ungesund sind, soll hier nicht weiter thematisiert werden (denn dass ihrem Traum die Bionade am nächsten kam, war für die Colas und Kolas schon hart genug).

Recherche: Martin Fischer

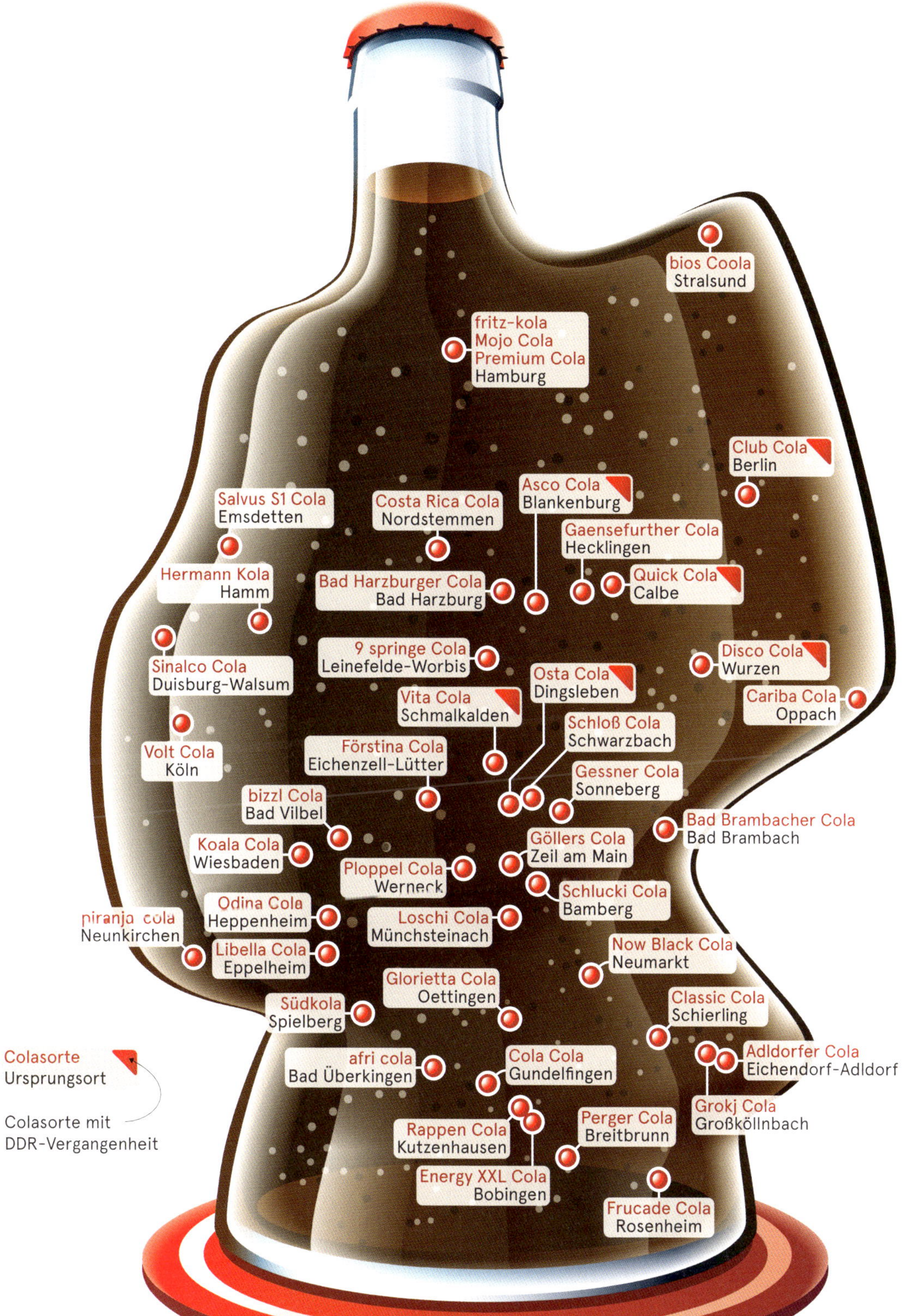
bios Coola
Stralsund
fritz-kola
Mojo Cola
Premium Cola
Hamburg
Club Cola
Berlin
Asco Cola
Blankenburg
Salvus S1 Cola
Emsdetten
Costa Rica Cola
Nordstemmen
Gaensefurther Cola
Hecklingen
Hermann Kola
Hamm
Bad Harzburger Cola
Bad Harzburg
Quick Cola
Calbe
9 springe Cola
Leinefelde-Worbis
Disco Cola
Wurzen
Sinalco Cola
Duisburg-Walsum
Osta Cola
Dingsleben
Vita Cola
Schmalkalden
Cariba Cola
Oppach
Volt Cola
Köln
Schloß Cola
Schwarzbach
Förstina Cola
Eichenzell-Lütter
Gessner Cola
Sonneberg
bizzl Cola
Bad Vilbel
Bad Brambacher Cola
Bad Brambach
Koala Cola
Wiesbaden
Göllers Cola
Zeil am Main
Ploppel Cola
Werneck
Schlucki Cola
Bamberg
Odina Cola
Heppenheim
piranja cola
Neunkirchen
Loschi Cola
Münchsteinach
Libella Cola
Eppelheim
Now Black Cola
Neumarkt
Glorietta Cola
Oettingen
Südkola
Spielberg
Classic Cola
Schierling
Colasorte
Ursprungsort
Colasorte mit
DDR-Vergangenheit
afri cola
Bad Überkingen
Cola Cola
Gundelfingen
Adldorfer Cola
Eichendorf-Adldorf
Grokj Cola
Großköllnbach
Rappen Cola
Kutzenhausen
Perger Cola
Breitbrunn
Energy XXL Cola
Bobingen
Frucade Cola
Rosenheim

Knöllchen

Falschparken ist neben dem Falschspielen das bekannteste Wort, das das »falsch« im Namen trägt. Falsch und parken, das gehört zusammen. Wer parken muss, ist auch in Versuchung, es falsch zu tun. Zum falsch geparkten Auto zurückzukehren ist aufregend, Alltagslotterie, vielleicht ähneln sich deshalb Lotto- und Bußgeldscheine äußerlich. Die Entscheidung, falsch zu parken oder nicht, ist eine komplexe – ebenso komplex wie die Frage, warum in manchen Städten so viele Knöllchen pro Auto verteilt werden: Liegt es an den vielen Autos? Den wenigen Parkplätzen? Den strengen Politessen? Dem laschen Rechtsverständnis? Im Südwesten gibt es die meisten Strafzettel, es drängeln sich hier besonders viele Autos, und Politessen sind zahlreich. Das Falschparken, so scheint es, ist die Straftat des rechtschaffenen Menschen – und wenn man nicht erwischt wird, ist es, als hätte man zwanzig Euro gewonnen.

Recherche: Friederike Milbradt

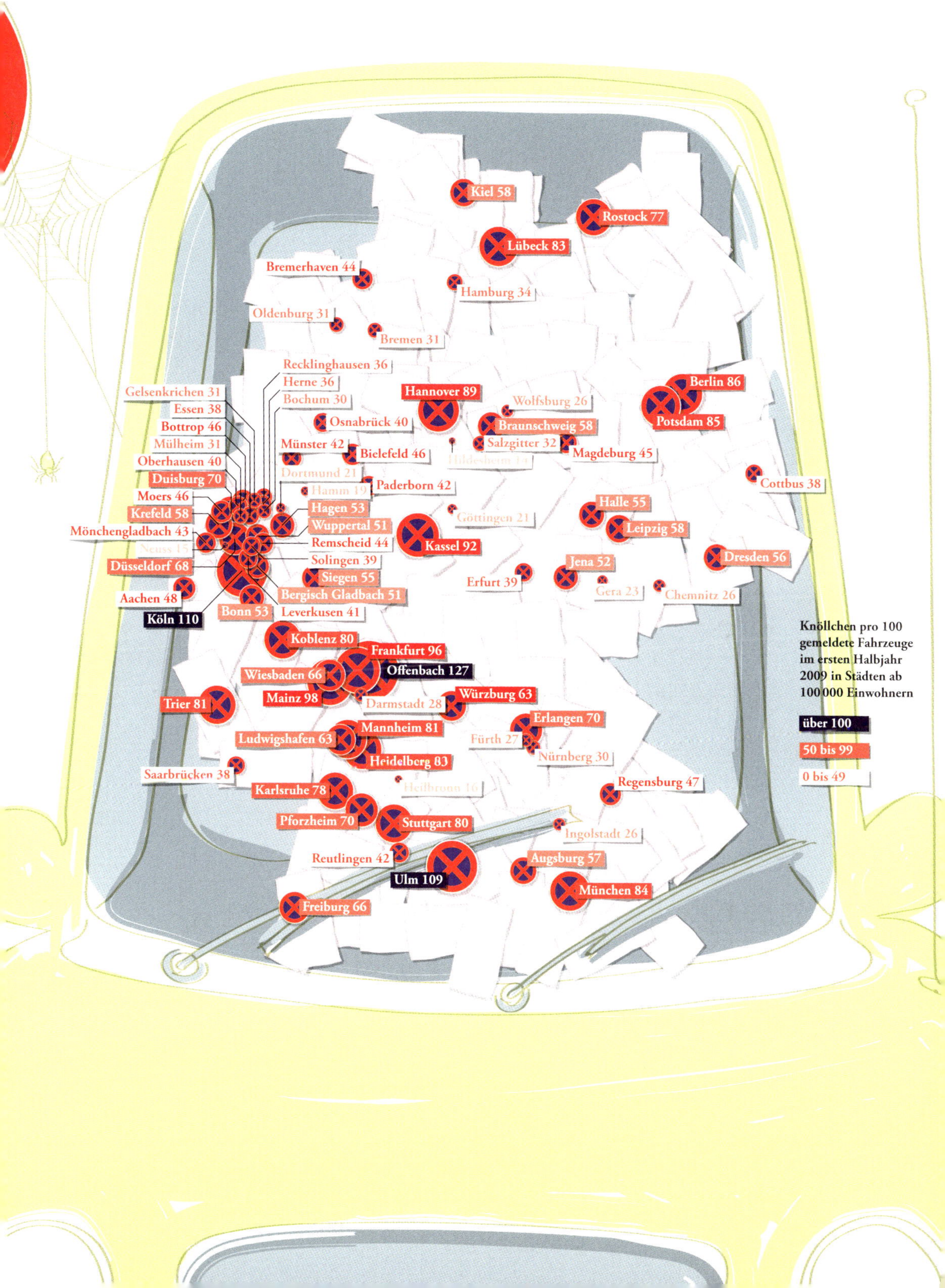
Kiel 58
Rostock 77
Lübeck 83
Bremerhaven 44
Hamburg 34
Oldenburg 31
Bremen 31
Recklinghausen 36
Herne 36
Bochum 30
Gelsenkrichen 31
Essen 38
Bottrop 46
Mülheim 31
Oberhausen 40
Duisburg 70
Moers 46
Krefeld 58
Mönchengladbach 43
Neuss 15
Düsseldorf 68
Aachen 48
Köln 110
Hannover 89
Wolfsburg 26
Berlin 86
Potsdam 85
Osnabrück 40
Braunschweig 58
Münster 42
Bielefeld 46
Salzgitter 32
Hildesheim 14
Magdeburg 45
Dortmund 21
Paderborn 42
Cottbus 38
Hamm 19
Hagen 53
Wuppertal 51
Remscheid 44
Solingen 39
Siegen 55
Bergisch Gladbach 51
Bonn 53
Leverkusen 41
Göttingen 21
Kassel 92
Halle 55
Leipzig 58
Dresden 56
Erfurt 39
Jena 52
Gera 23
Chemnitz 26
Koblenz 80
Frankfurt 96
Offenbach 127
Wiesbaden 66
Mainz 98
Trier 81
Darmstadt 28
Würzburg 63
Erlangen 70
Mannheim 81
Ludwigshafen 63
Fürth 27
Nürnberg 30
Heidelberg 83
Saarbrücken 38
Heilbronn 16
Regensburg 47
Karlsruhe 78
Pforzheim 70
Stuttgart 80
Ingolstadt 26
Reutlingen 42
Augsburg 57
Ulm 109
München 84
Freiburg 66
Knöllchen pro 100 gemeldete Fahrzeuge im ersten Halbjahr 2009 in Städten ab 100 000 Einwohnern
über 100
50 bis 99
0 bis 49

5 Städteslogans

Würde man einen Deutschen fragen, welche Städteslogans er kennt, er käme wohl auf »München – die Weltstadt mit Herz« und auf »Berlin ist eine Reise wert«, danach wäre Schluss. Die beiden Slogans sind längst nicht mehr aktuell. Die neuen kennt kein Mensch mehr, selbst die Bewohner der Städte nicht. Bonner zum Beispiel halten den ihrer Stadt zugedachten Spruch »Freude. Joy. Joie« für einen Frauenduft. An Städten bleiben Werbeslogans so schlecht haften wie Plakate auf regennassen Litfaßsäulen. Der Ruf einer Stadt entsteht viel eher im Gespräch auf Partys und in Frühstückspausen (»Berlin ist toll«, »Bottrop ist hässlich«, »Dresden hat sich gemacht«), dagegen kommt Neues nur schwer an. Außerdem sind die Sprüche einfach zu schlapp, zu brav und gut gemeint, als dass sie sich jemand länger als drei Minuten merken könnte. Gute Werbung, das lernt man im ersten Semester, darf ruhig ein bisschen verwirren. »Essen – ist fertig«, »Nix Neuss«, »Bielefeld – gibt's doch gar nicht!« Etwas in der Art wäre vielleicht erfolgversprechender.

Recherche: Friederike Milbradt

Offizielle Städteslogans der deutschen Großstädte

1) wird nur auf Werbegeschenke gedruckt

2) galt nur 2009

3) wird nur im Ausland verwendet

6 Städte bei Wikipedia

Wer etwas über eine Stadt erfahren möchte, etwa ihre Einwohnerzahl oder den Namen ihres Bürgermeisters, der zieht zumeist das Internetlexikon Wikipedia zu Rate, häufiger jedenfalls als die Homepage der Stadt. Der Wikipedia-Eintrag ist zum beliebten Stadtprospekt geworden – und jeder, der möchte, kann ihn bearbeiten. Die Karte zeigt, welche Ortseinträge im Jahr 2008 besonders oft geändert wurden. Es sind keinesfalls die Städte, in denen 2008 besonders viel passierte. Norderney führt, es folgt Hamm. Dort fanden sich einfach Bürger, denen das virtuelle Bild ihrer Stadt besonders wichtig war. Der Eintrag von Norderney wurde im Schnitt rund dreimal am Tag geändert. Man kann dort sogar lesen, welche Farben die Buslinien haben; 138 Fußnoten hat der Artikel. Die meisten stammen von einem Mönchengladbacher, dem es auf der Insel ausnehmend gut gefiel. Unterstützt haben ihn vier Ostfriesen. Heimatpflege ist dank Wikipedia zu einer Tätigkeit geworden, die auch Auswärtige übernehmen können.

Quelle: Wikipedia

Städte, deren Wikipedia-Einträge im Jahr 2008 am häufigsten geändert wurden – mit der Anzahl der Änderungen

7 Bildende Künstler

München, die Stadt der Künstler: Was ist nur aus ihr geworden? Alle sind sie fort, und nur noch Rupprecht Geiger, der Hochbetagte, ist geblieben – er ist der einzige Münchner unter den 50 auf dem Kunstmarkt erfolgreichsten Malern und Bildhauern. So alt ist Rupprecht Geiger mit 101 Jahren, dass er beinahe noch davon erzählen könnte, wie schön es war, als zur vorletzten Jahrhundertwende die Münchner Schule und der Blaue Reiter das ganze Land beeinflussten. Als, wer etwas auf sich hielt, in Schwabing wohnte. Im Vergleich zu München ist heute in Köln noch mehr los, der Stadt, in der lange die wichtigsten Galerien lagen; auch Düsseldorf, wo Studenten bei Joseph Beuys lernten, bleibt attraktiv. Wer dort wohnt, ist meist älter als 50. Die nach 1960 Geborenen zieht es nach Berlin. Hier entfaltet sich heute nicht nur die deutsche, sondern auch die internationale Kunst. Ein Trost für die Verlassenen: Wer in der neuen Kunsthauptstadt wohnt, der hat meist noch einen zweiten Wohnsitz. Offenbar hält man es *nur* in Berlin auch nicht aus.

Quelle: Artfacts

Hamburg

Christian Jankowski, *1968 (und Berlin)

Daniel Richter, *1962 (und Berlin)

Andreas Slominski, *1959

Düsseldorf

Hilla Becher, *1934

Hans-Peter Feldmann, *1941

Katharina Fritsch, *1956

Katharina Grosse, *1961 (und Berlin)

Andreas Gursky, *1955

Imi Knoebel, *1940

Markus Lüpertz, *1941 (und Berlin und Karlsruhe)

Thomas Ruff, *1958

Thomas Schütte, *1954

Katharina Sieverding, *1944 (und Berlin)

Thomas Struth, *1954

Günther Uecker, *1930

Berlin

Franz Ackermann, *1963 (und Karlsruhe)

Georg Baselitz, *1938 (und Inning)

John Bock, *1965

Thomas Demand *1964

Isa Genzken, *1948

Katharina Grosse, *1961 (und Düsseldorf)

Rebecca Horn, *1944

Christian Jankowski, *1968 (und Hamburg)

Markus Lüpertz, *1941 (und Düsseldorf und Karlsruhe)

Jonathan Meese, *1970 (und Ahrensburg)

Carsten Nicolai, *1965 (und Chemnitz)

Olaf Nicolai, *1962 (und Leipzig)

Manfred Pernice, *1963

Tobias Rehberger, *1966 (und Frankfurt am Main)

Daniel Richter, *1962 (und Hamburg)

Julian Rosefeldt, *1965

Thomas Scheibitz, *1968

Katharina Sieverding, *1944 (und Düsseldorf)

Wolfgang Tillmans, *1968

Ahrensburg

Jonathan Meese, *1970 (und Berlin)

Leipzig

Olaf Nicolai, *1962 (und Berlin)

Neo Rauch, *1960

Mönchengladbach

Heinz Mack, *1931

Gregor Schneider, *1969

Köln

Anna Blume, *1937

Bernhard Blume, *1937

Georg Herold, *1947

Candida Höfer, *1944

Jürgen Klauke, *1943

Marcel Odenbach, *1953

Albert Oehlen, *1954

Sigmar Polke, *1941

Gerhard Richter, *1932

Rosemarie Trockel, *1952

Chemnitz

Carsten Nicolai, *1965 (und Berlin)

Frankfurt

Thomas Bayrle, *1937

Tobias Rehberger, *1966 (und Berlin)

Stuttgart

Karin Sander, *1957

Karlsruhe

Franz Ackermann, *1963 (und Berlin)

Stephan Balkenhol, *1957

Markus Lüpertz, *1941 (und Berlin und Düsseldorf)

München

Rupprecht Geiger, *1908

Hochdorf

Wolfgang Laib, *1950

Inning am Ammersee

Georg Baselitz, *1938 (und Berlin)

Meisenthal (Frankreich)

Stephan Balkenhol, *1957 (und Karlsruhe)

Imperia (Italien)

Georg Baselitz, *1938 (und Berlin und Inning)

Areuse (Schweiz)

Günther Förg, *1952

New York (USA)

Hans Haacke, *1936

Paris (Frankreich)

Anselm Kiefer, *1945

Dublin (Irland)

A. R. Penck, *1939

Wohnorte und Geburtsjahre der erfolgreichsten lebenden deutschen Künstler – laut Artfacts-Liste vom Juni 2009

8 Rechte Gewalt

Diese Karte musste im Herbst 2011 um die Morde an acht türkischstämmigen und einem griechischen Kleinhändler ergänzt werden, weil jahrelang niemand wusste und auch kaum jemand mutmaßte, dass die Täter Neonazis waren. Warum das so war, wird das Land noch eine Weile beschäftigen. Wenn Menschen – jenseits dieser Mordserie – durch rechte Gewalttäter zu Tode kommen, speichert das kollektive Gedächtnis viel eher den Ort des Mordes als den Namen des Opfers. Ganz so, als wollten sich alle, die nicht dort wohnen, vergewissern: Es geschah anderswo. Ein Beispiel ist Hoyerswerda. Die Stadt in Sachsen wurde zum Symbol, als der rechte Mob 1991 ein Asylbewerberheim belagerte und 1993 einen Mann namens Mike Zerna umbrachte, der als Linker galt. Schon der Klang des Städtenamens machte jedem klar, dass Hoyerswerda nur im Osten liegen konnte (so wie der Ausdruck der »Thüringer Terrorzelle« etwas Beruhigendes hat für die Westdeutschen). Tatsächlich starben die meisten der Todesopfer rechter Gewalt in Ostdeutschland. Aber im Ruhrgebiet stehen die Kreuze dichter als in Sachsen. Marl oder Buxtehude hatten jedoch nie einen ähnlichen Ruf, wie ihn Hoyerswerda noch immer oder Jena neuerdings hat.

Quelle: Leibniz-Institut für Länderkunde
und eigene Recherchen

Jedes Kreuz steht für ein Todesopfer rechter Gewalt von 1990 bis 2008

(ein Todesopfer konnte keinem Ort zugeordnet werden)

9 Die Porsche-Quote

Viele, die etwas von Wirtschaft verstehen, fanden es gut, dass die Autofirma VW die Autofirma Porsche übernimmt. Sogar die beiden Betriebsräte waren am Ende zumindest nicht dagegen. Aber passt das VW-Land Niedersachsen zu Porsche? Unsere Karte sagt: absolut nicht. Niedersachsen hat die geringste Porsche-Dichte in den westlichen Bundesländern. Sogar im Saarland und in Bremen, keinesfalls Inseln des Reichtums, sind mit größerer Wahrscheinlichkeit Porsches anzutreffen (nur im Osten sind es weniger). Gerade mal zwei von tausend niedersächsischen Autos sind Porsches – und das, obwohl vom nördlichen Teil des Landes der Weg kurz ist nach Sylt, dem schönsten aller Ausflugsziele für Porsche-Fahrer. Der Niedersachse, nicht gerade als extrovertiert geltend, neigt offenbar wenig zum Kauf eines Autos, das zum Angeben taugt. Andererseits kann die Liaison zwischen Porsche und VW auch für gut befinden, wer der Meinung ist, dass ein klein wenig Größenwahn dem Niedersachsen nicht schaden kann.

Quelle: KBA und eigene Berechnungen

Schleswig-Holstein
2,58
(3693)
Hamburg
5,89
(4189)
Mecklenburg-Vorpommern
0,31
(251)
Bremen
2,65
(686)
Berlin
3,23
(3519)
Niedersachsen
2,13
(8638)
Nordrhein-Westfalen
3,67
(32 346)
Sachsen-Anhalt
0,34
(398)
Brandenburg
0,57
(743)
Thüringen
0,46
(525)
Sachsen
0,57
(1169)
Rheinland-Pfalz
3,14
(6886)
Hessen
4,13
(13 406)
Saarland
3,18
(1830)
Bayern
4,08
(27 617)
Baden-Württemberg
5,02
(28 433)
Porsche pro 1000 Pkw
(und in absoluten Zahlen)

10 Postkarten

Der Schöning-Verlag in Lübeck verkauft so viele Ansichtskarten wie kein anderer in Deutschland. In fast jedem Souvenirladen kann man seine Postkarten erwerben. Wir haben den Verlag gebeten, uns zu verraten, welche Stadt- und Ortsmotive die beliebtesten sind. Das Ergebnis: Wir leben in einem Land, in dem vor allem aus den großen Städten geschrieben wird, Berlin, Hamburg und München liegen auf den ersten Plätzen. Geschäftsreisende, die nach Frankfurt am Main fahren, schreiben von dort offenbar höchstens E-Mails. Auch Mecklenburg-Vorpommern und Rügen gehören nicht zu den Bestsellern. Als Überraschung muss die Wallfahrtskirche Birnau gelten, die kein UNESCO-Prädikat hat, aber viele Postkartenfreunde. Ein Grund dürfte sein, dass Kirchentouristen zu jener Klientel gehören, die noch sehr gerne Karten schreibt. Es fällt auf, dass der Himmel auf den beliebtesten Karten selten strahlend postkartenblau ist, sondern meist deutlich bewölkt – als solle der Reisende denen zu Hause allzu viel Neid ersparen.

Quelle: Schöning-Verlag

Städte und Orte, deren Motive der deutsche Marktführer für Ansichtskarten am häufigsten verkauft

11 Stadtstrände

Ist das Meer fern, liegt der Gedanke nahe, Strände zu erfinden. Seit neun Jahren gibt es in Deutschland, nach nordfranzösischem Vorbild, die ersten künstlich aufgeschütteten Strände in urbanem Gebiet, zumeist an Flüssen. Die ersten deutschen Stadtstrände, an denen mehr getrunken als gebadet wird, gab es in Berlin, sie fanden rasch Anklang und breiteten sich aus. Längst ist der Stadtstrand ein Provinzphänomen geworden. So wie Berlin St. Tropez sein will, möchte Öhringen Berlin sein. Sogar in Nord- und Ostseenähe gibt es reichlich Anhänger der Idee. Im Rhein-Main-Gebiet sind die Strände besonders zahlreich. Dort ist das Meer noch weiter weg, auch schöne Seen gibt es wenige – und so ist die Sehnsucht besonders groß. Weiter im Süden fühlt man sich Italien so nah, dass man den Kunststrand nicht nötig hat. In München wurde Anfang Mai 2009 ein solcher erst nach langem Ringen genehmigt. Man misstraute dort einer Form der Dolce Vita, die nach Berliner Lotterleben statt nach Schickeria riecht.

Recherche: Christian Heinrich

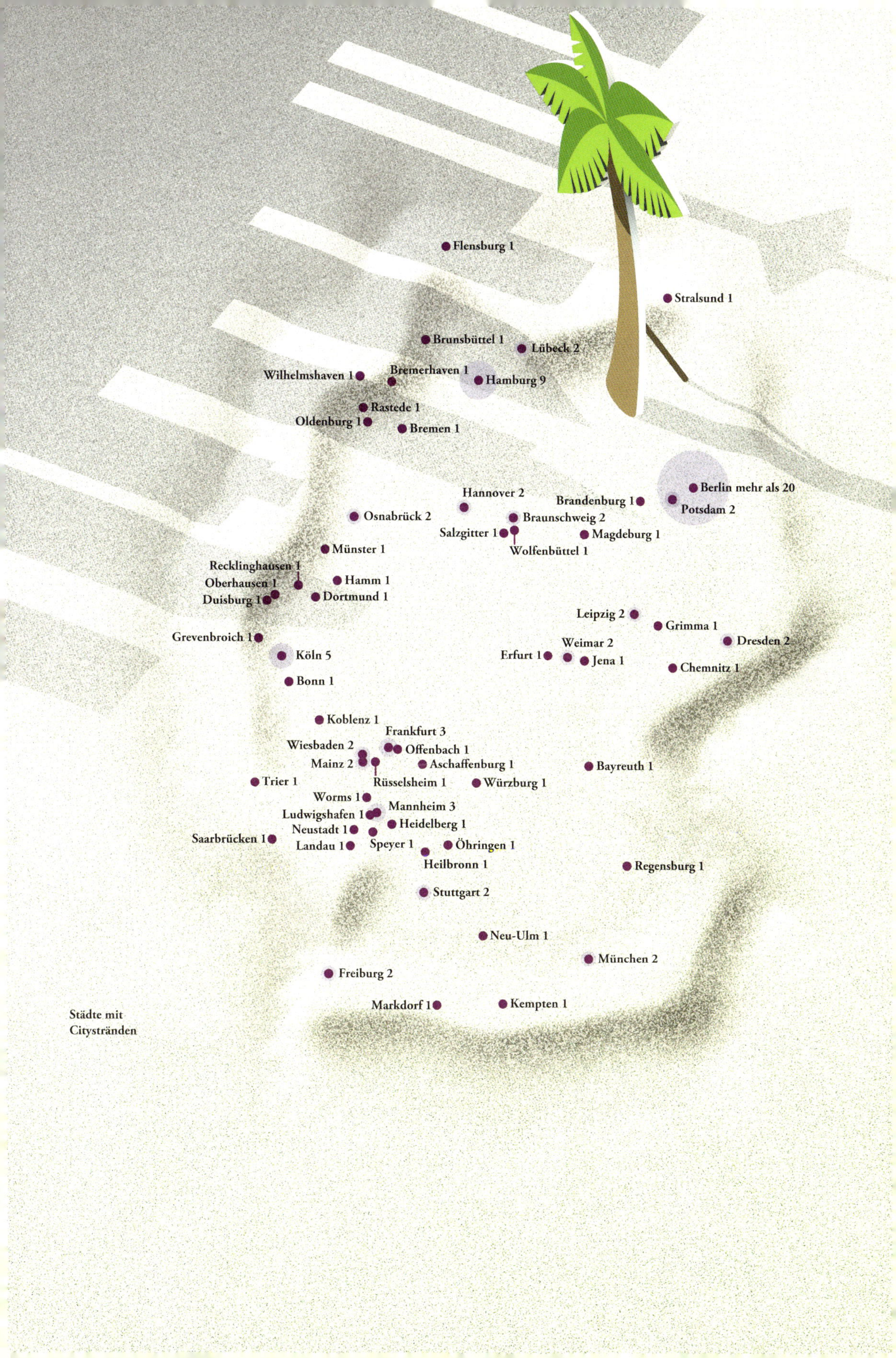

Städte mit Citystränden

12 Parteimitglieder

Parteimitglied zu sein ist nicht eben eine bequeme Sache. Wenn Wahlkampf ist, wird erwartet, dass man seine Samstagvormittage damit verbringt, am Marktplatz hinter einem Tapeziertisch zu stehen und Luftballons aufzublasen. Zwar behaupten sich CDU und SPD, was die Mitgliederzahlen angeht, noch als die unumstritten großen Parteien. Dennoch sind im Westen im Schnitt nur rund zwei Prozent der Bevölkerung in einer Partei, im Osten ist es sogar nur ein Prozent. Die Ausnahme bildet das Saarland: Hier gehören über vier Prozent einer Partei an. Der Politikwissenschaftler Adolf Kimmel, der dort lebt, glaubt, dass viele Saarländer, als sie 1955 für oder gegen die Zugehörigkeit zur Bundesrepublik votieren mussten, sich auch gleich für eine Parteimitgliedschaft entschieden haben. Zudem schätze man im kleinsten Flächenland das Vereinsleben. Wo jeder fast jeden kennt, ist so ein Vormittag hinterm Tapeziertisch gleich viel erträglicher.

Quelle: Parteien und eigene Berechnungen

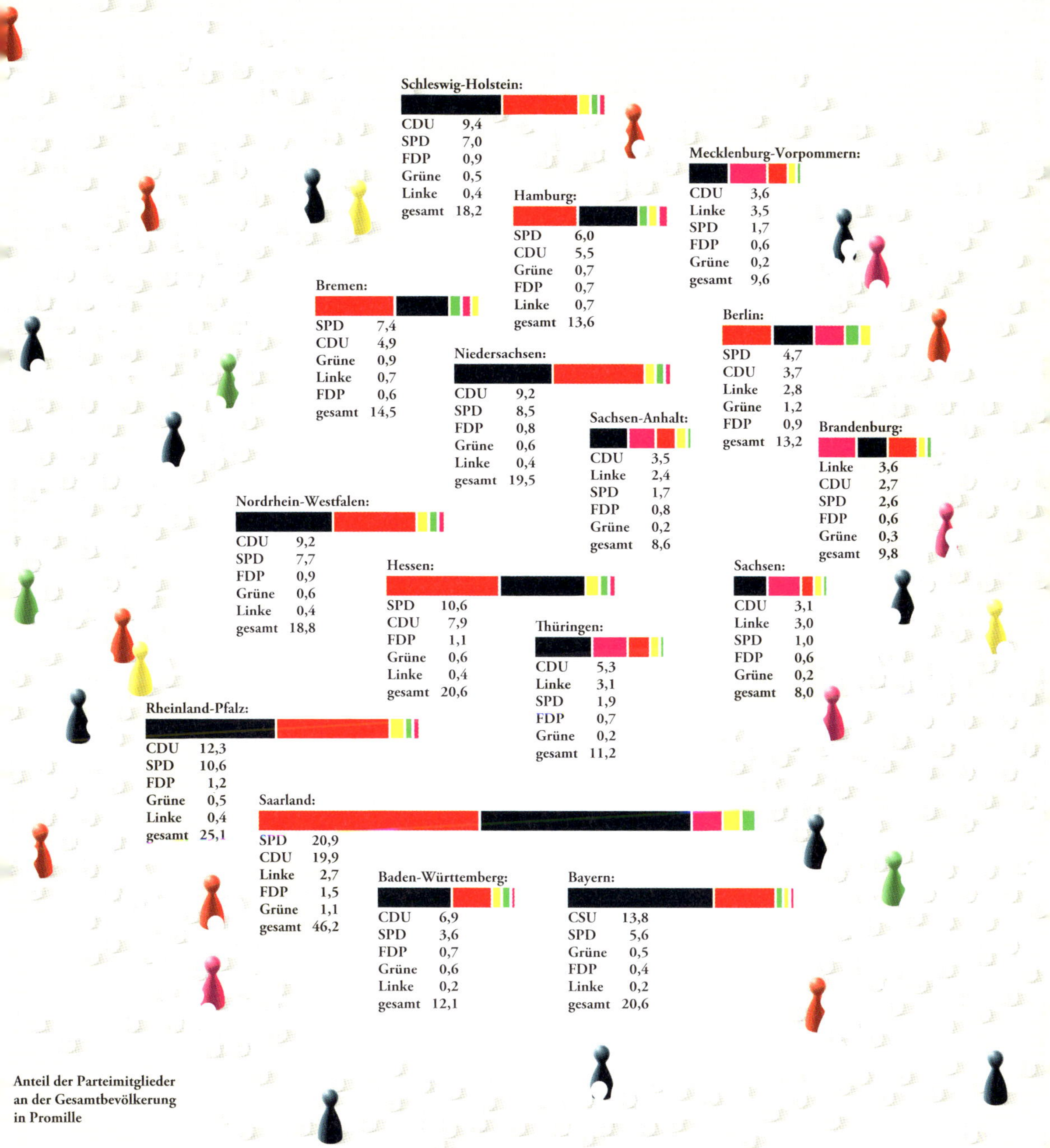

Anteil der Parteimitglieder
an der Gesamtbevölkerung
in Promille

13 Liebste Reiseziele

Mecklenburg ist wunderschön. Das ist so ein beliebter Satz unter Deutschen. Im Ausland hat er sich noch nicht herumgesprochen. Auf der Karte sind die Orte eingezeichnet, die bei Europäern, Amerikanern, Chinesen und Japanern jeweils zu den 15 beliebtesten Reisezielen gehören. Daneben steht die Nation, bei der dieser Ort beliebter ist als bei allen anderen. In Mecklenburg-Vorpommern lassen sich nur die Dänen blicken, in Dobbin-Linstow. Rügen wird vom Ausland gemieden. Stattdessen zieht es viele unserer Gäste in höchst eigenartige Ortschaften. Niederländer nach Medebach im Hochsauerland. Chinesen nach Offenbach. Spanier nach Raunheim. Briten nach Boppard. Polen nach Herrenberg. Offenbar haben viele Nationen deutsche Lieblingsorte, die den Deutschen selbst kaum bekannt sind – Enklaven, in denen sich der Tourist vielleicht auch deshalb wohl fühlt, weil so viele seiner Landsleute zugegen sind. So wie der Deutsche – diese Hypothese legt die Karte nahe – Mecklenburg möglicherweise auch deshalb liebt, weil man dort schön unter sich bleiben kann.

Quelle: Statistisches Bundesamt

Die beliebtesten Reiseziele ausländischer Besucher

"Dänen 3" bedeutet:
die Stadt ist die drittbeliebteste Stadt der Dänen (und bei keiner anderen Nation steht sie höher in der Gunst)

14 Die letzte Bahn

Oft bestimmt die letzte Bahn darüber, wann das abendliche Leben in der Stadt erstirbt. Junge Menschen und solche, die dem Alkohol zusprechen, sind nun mal auf die U- oder S-Bahn angewiesen. Und so sieht man in Restaurants und Bars oft Menschen, die erst hektisch auf die Uhr schauen, dann rasch austrinken und nach draußen eilen. Wie oft wünscht sich der solchermaßen Gehetzte, er möge doch in einer großen Stadt wohnen, wo die Bahnen die ganze Nacht fahren. Wie die Karte zeigt, ist es an der Größe der Stadt nicht abzulesen, wann die letzte Bahn fährt. Hamburg zum Beispiel ist früher dran als Rostock. Durchgehende Bahnen fahren nicht nur in München und Berlin, sondern zum Beispiel auch in Karlsruhe, Erfurt, Jena, Schwerin – besonders häufig im Osten. In Cottbus jedoch fährt die letzte Bahn schon um kurz vor halb neun. Wer dies verflucht, möge sich an jene Abende erinnern, als er die letzte Bahn verpasste. Durchaus großartige Momente können das sein, in denen man die eigene Stadt mit neuen Augen wahrnimmt – Momente, die Berlinern oder Münchnern verwehrt bleiben.

Recherche: Christian Heinrich

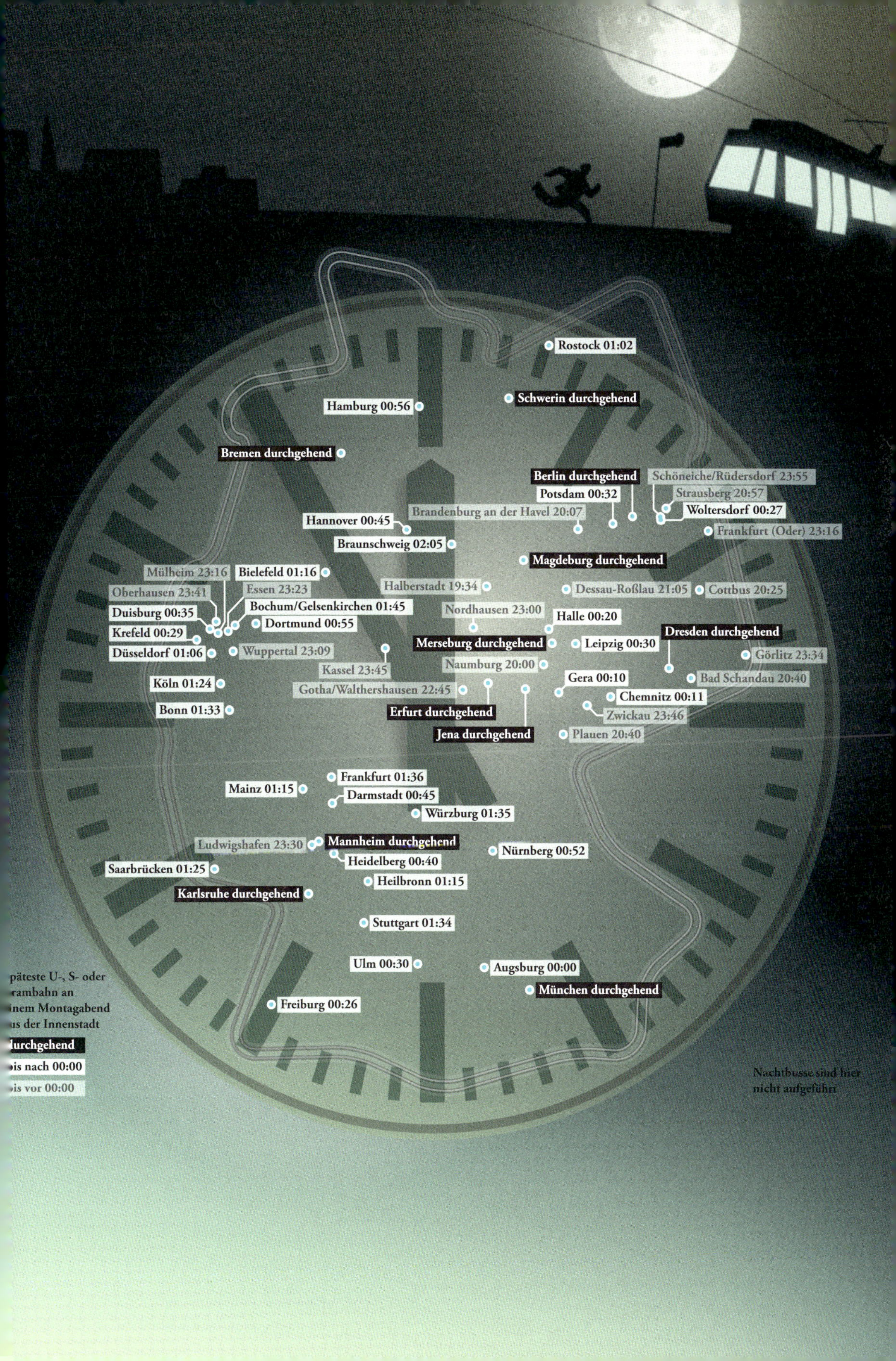
Rostock 01:02
Hamburg 00:56
Schwerin durchgehend
Bremen durchgehend
Berlin durchgehend
Schöneiche/Rüdersdorf 23:55
Potsdam 00:32
Strausberg 20:57
Brandenburg an der Havel 20:07
Woltersdorf 00:27
Hannover 00:45
Frankfurt (Oder) 23:16
Braunschweig 02:05
Magdeburg durchgehend
Mülheim 23:16
Bielefeld 01:16
Halberstadt 19:34
Oberhausen 23:41
Essen 23:23
Dessau-Roßlau 21:05
Cottbus 20:25
Bochum/Gelsenkirchen 01:45
Duisburg 00:35
Nordhausen 23:00
Dortmund 00:55
Halle 00:20
Krefeld 00:29
Merseburg durchgehend
Leipzig 00:30
Dresden durchgehend
Düsseldorf 01:06
Wuppertal 23:09
Görlitz 23:34
Naumburg 20:00
Kassel 23:45
Gera 00:10
Bad Schandau 20:40
Köln 01:24
Gotha/Walthershausen 22:45
Chemnitz 00:11
Bonn 01:33
Erfurt durchgehend
Zwickau 23:46
Jena durchgehend
Plauen 20:40
Frankfurt 01:36
Mainz 01:15
Darmstadt 00:45
Würzburg 01:35
Ludwigshafen 23:30
Mannheim durchgehend
Nürnberg 00:52
Heidelberg 00:40
Saarbrücken 01:25
Heilbronn 01:15
Karlsruhe durchgehend
Stuttgart 01:34
Ulm 00:30
Augsburg 00:00
München durchgehend
Freiburg 00:26
päteste U-, S- oder
rambahn an
inem Montagabend
us der Innenstadt
durchgehend
is nach 00:00
is vor 00:00
Nachtbusse sind hier
nicht aufgeführt

15 Straßenkriminalität

Der tödliche Angriff von München-Solln ist auch deshalb so erschreckend, weil er in München geschah, einer Stadt, von der man glaubt: Da geht es noch friedlich zu. Tatsächlich gibt es ein ziemliches Nord-Süd-Gefälle, was die Straßenkriminalität anbelangt, zu der Handtaschendiebstahl genauso gehört wie Autoknacken und Körperverletzung. Im Süden haben die Menschen bessere Aussichten auf einen Job, sie kommen seltener auf die Idee, Autos aufzubrechen oder zuzuschlagen. Stadtviertel, in denen es fast zur Gewohnheit geworden ist, kriminell zu sein, sind hier seltener. Stuttgart hat die geringste Quote, so gering, dass Kriminologen überlegen, ob es an der schwäbischen Mentalität liegen könnte. Am höchsten ist die Quote in Bremen und in Münster. Bremen ist sehr arm, Münster eine sehr junge Stadt: gutes Nachtleben, es wird viel gefeiert – und da passiert leider auch mehr. Bielefeld, gleich daneben, ist langweiliger und friedlicher. Soll man in Münster oder Bremen also abends besser zu Hause bleiben? Bitte nicht. Für den Einzelnen kann es fatal sein, wenn die Straße zu leer ist.

Quelle: Polizeiliche Kriminalitätsstatistik 2008

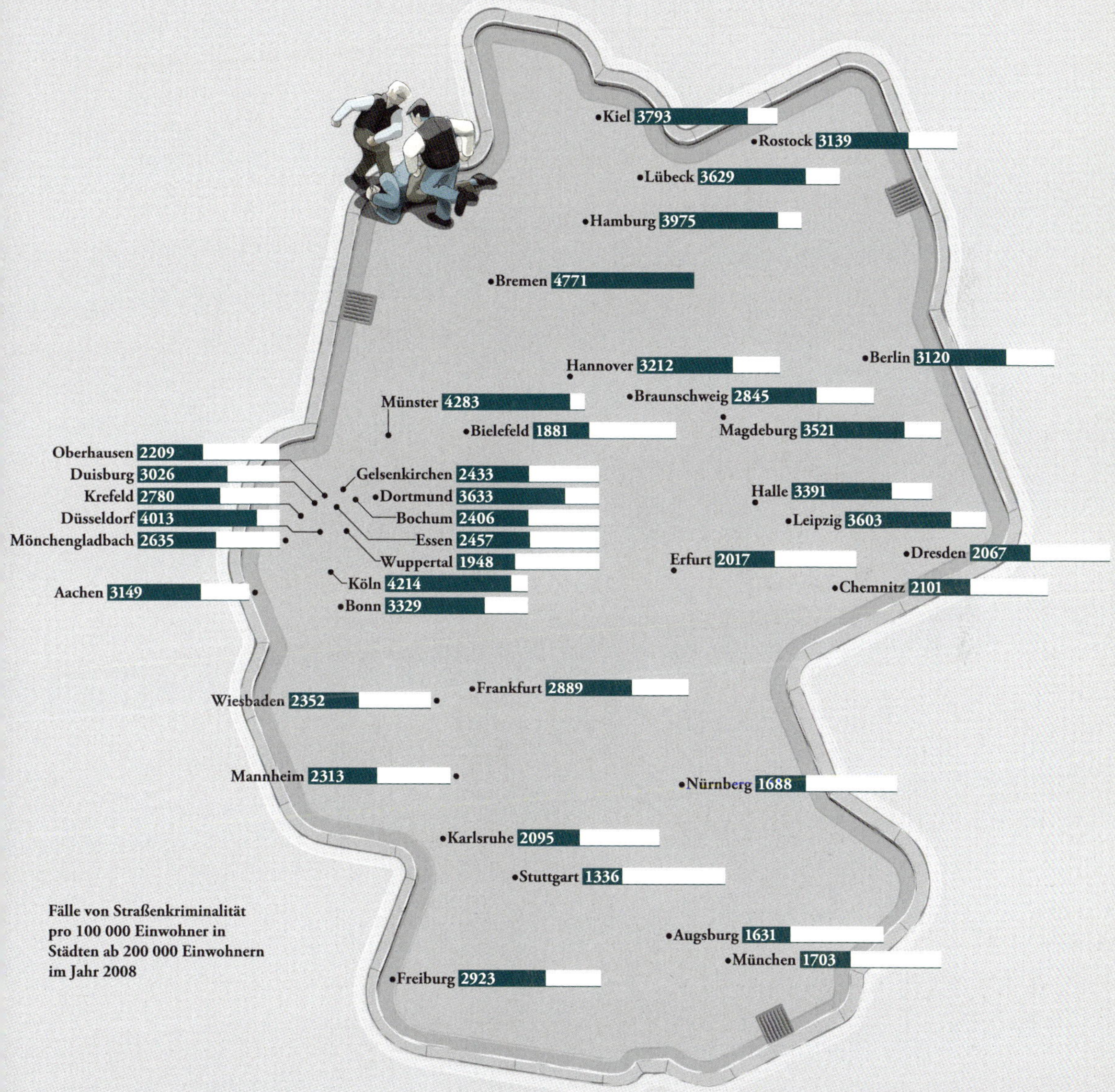

Fälle von Straßenkriminalität pro 100 000 Einwohner in Städten ab 200 000 Einwohnern im Jahr 2008

16 Der Trainer-Kandidat

Anders als das konkurrenzorientierte Kinderspiel »Die Reise nach Jerusalem« beruht das Spiel »Mein linker, linker Platz ist frei« nicht auf einer Knappheit an Stühlen, sondern im Gegenteil auf dem Überhang eines Stuhles. Ein Kind ruft ein anderes mit der Losung »Mein linker, linker Platz ist frei, ich wünsche mir den Soundso herbei«, worauf Soundso aufsteht und herbeieilt, ein Platz frei wird und so fort. Einfaches Spiel. Und tolles Spiel, weil man damit Freunden seine Zuneigung bekunden kann. Wenn in Deutschland ein Trainer entlassen wird (zuletzt in Berlin), spielt die *Bild*-Zeitung das neben dem freien Stuhl sitzende Kind und ruft: »… ich wünsche mir den Lothar herbei«, indem sie behauptet, Lothar Matthäus sei ein aussichtsreicher Kandidat. Lothar Matthäus und die *Bild*-Zeitung, die beiden verstehen sich nämlich sehr gut (er schreibt sogar für die Sport-*Bild*). Nur, dummerweise hört niemand auf den Ruf der *Bild*-Zeitung. Und dabei heißt es doch immer, sie sei so mächtig. Ist sie vielleicht gar nicht. Sie kann ja nicht einmal, was jedes Kind kann.

Quelle: bildblog.de und G + J Pressedatenbank

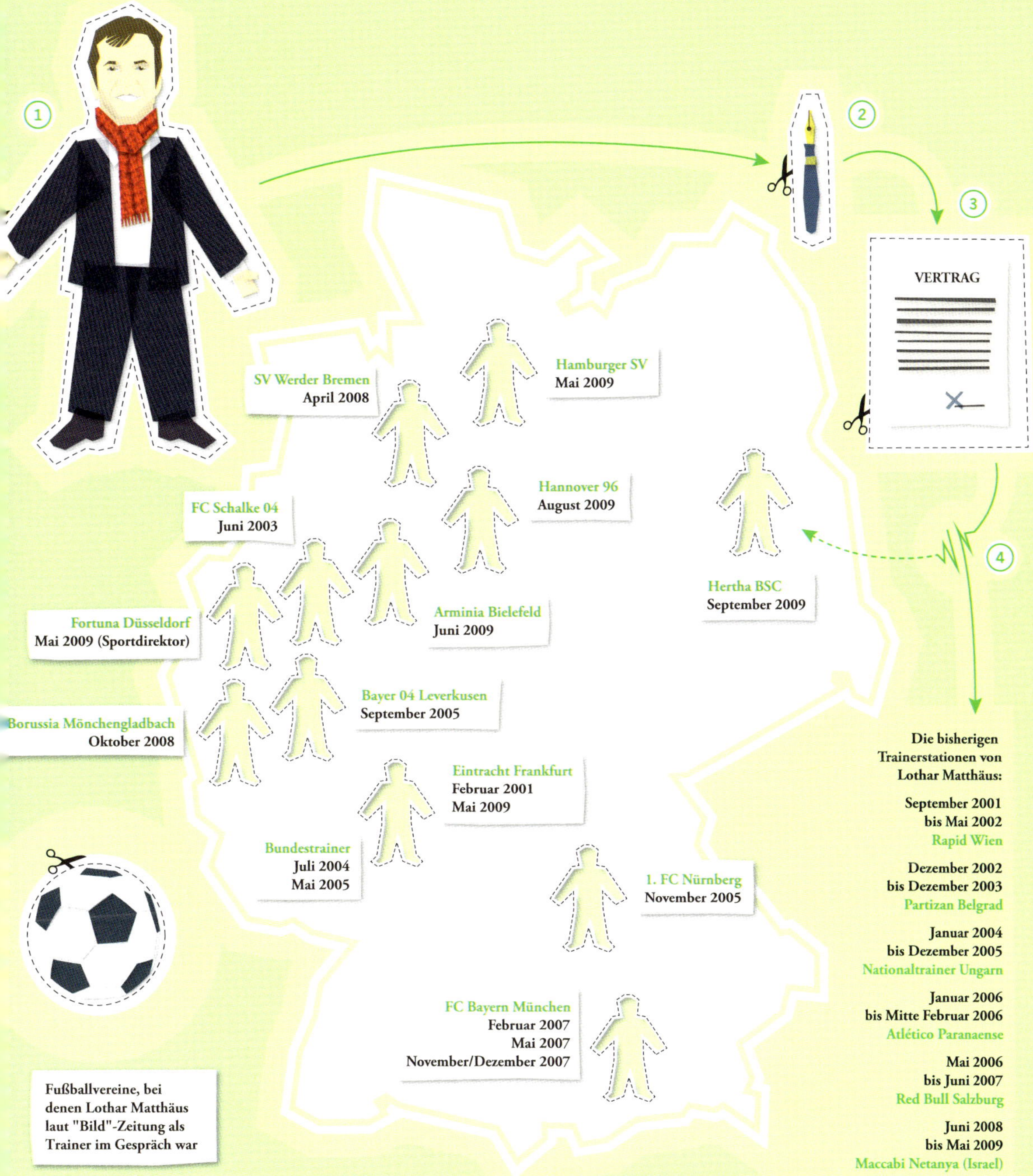

Fußballvereine, bei denen Lothar Matthäus laut "Bild"-Zeitung als Trainer im Gespräch war

Die bisherigen Trainerstationen von Lothar Matthäus:

September 2001
bis Mai 2002
Rapid Wien

Dezember 2002
bis Dezember 2003
Partizan Belgrad

Januar 2004
bis Dezember 2005
Nationaltrainer Ungarn

Januar 2006
bis Mitte Februar 2006
Atlético Paranaense

Mai 2006
bis Juni 2007
Red Bull Salzburg

Juni 2008
bis Mai 2009
Maccabi Netanya (Israel)

Städtepartnerschaften

Wenn Neuntklässler einen unbekannten Jungen aus einer unbekannten Stadt zugelost bekommen, mit dem sie zwei Wochen lang in einer unbekannten Sprache radebrechen, dann sind meistens Städtepartnerschaften schuld. Sie wurden nach dem Zweiten Weltkrieg erfunden. Eine Stadt suchte sich eine andere in der Hoffnung, dass »so etwas« (gemeint war der Krieg) »nie wieder« passiere. Lehrer verschicken Schüler, Gesangsvereine verreisen, zu Stadtfesten kommt der Partner-OB. Zuerst schloss man Freundschaften mit den ehemaligen Kriegsgegnern in Frankreich und England, später mit der ganzen Welt (Nicaragua!). Ende der achtziger Jahre waren innerdeutsche Partnerschaften dran, die Homo-Ehen unter den Städteliaisons. Die meisten Partner hat Köln, es sammelte fast so willkürlich Freundschaften wie heute die Facebooker. Nur Ulm blieb allein. Im Rathaus dort erfährt man, dass Gemeinderat um Gemeinderat feste Partner ablehnte. Weil echte Freundschaft mehr zähle als organisierte. Auf der Schwäbischen Alb hat man das Problem zu vieler Freunde früh erkannt.

Recherche: Friederike Milbradt

Die 20 beliebtesten Partnernationen deutscher Großstädte:

Frankreich 84
Großbritannien 73
Deutschland 54
Polen 40
Russland 37
USA 31
Israel 25
Italien 22
China 21
Türkei 20
Finnland 15
Nicaragua 13
Niederlande 13
Ungarn 13
Japan 12
Tschechien 12
Spanien 11
Belgien 10
Ukraine 10
Österreich 8

eutsche Großstädte
nd die Anzahl
hrer Partnerstädte

Twitter

Schon lange vor dem Internet gab es Leute, die dem Irrglauben anhingen, alles, was sie erlebten, sei so spannend, dass es andere erfahren mussten. Seitdem Alltagsbotschaften mit dem Internetdienst Twitter in die Welt getragen werden, weiß man, wie viele Leute sie hören wollen. Twitterer sind auf die Zahl ihrer »Fans« genannten Leser recht stolz (der Schriftsteller Sascha Lobo twitterte, im Falle seines Ablebens »erbe« ein anderer Twitterer seine Zuhörerschaft). In Berlin und Hamburg wird am meisten getwittert; dort wohnen viele medienaffine Menschen. Der Südwesten ist eine twitterfreudige Region. Man schwatzt halt gerne.

Quelle: twem.de

Wohnorte der 125 erfolgreichsten deutschen Twitterer, gemessen an der Zahl ihrer Fans

19 Umzüge in den Osten

Anders als die Umzüge von Ost nach West, die den Osten entvölkern, hört man wenig von den Umzügen in umgekehrter Richtung. Und doch gibt es jährlich viele tausend Westdeutsche, die ihr Glück im Osten suchen, als Studenten im »echt irgendwie aufregenden« Berlin, als Biokäsebauern in Mecklenburg oder als Mittelständler in Sachsen. Am häufigsten zieht es den Westdeutschen natürlich nach Berlin, das zur Hälfte ja noch nicht mal Ex-DDR ist. Das in Berlin gern erzählte Gerücht, dass vor allem Baden-Württemberger in die Hauptstadt zögen, muss als widerlegt gelten, weder absolut (knapp 6000 Zuzüge pro Jahr) noch relativ (5,5 von 10 000 Einwohnern) ist das schwäbisch-berlinerische Verhältnis spitze. Die größte Anziehungskraft übt Berlin auf Hamburger aus, was auch daran liegen dürfte, dass diese Neuberliner wissen, mit dem Zug in anderthalb Stunden wieder im alten Zuhause zu sein. Neben Berlin sind vor allem die Städte Leipzig, Dresden und Erfurt Umzugsziele. Der Westdeutsche hat nichts gegen die ehemalige DDR, solange sie schöne Altbauten aufzuweisen hat.

Quelle: Leibniz-Institut für Länderkunde und eigene Berechnungen

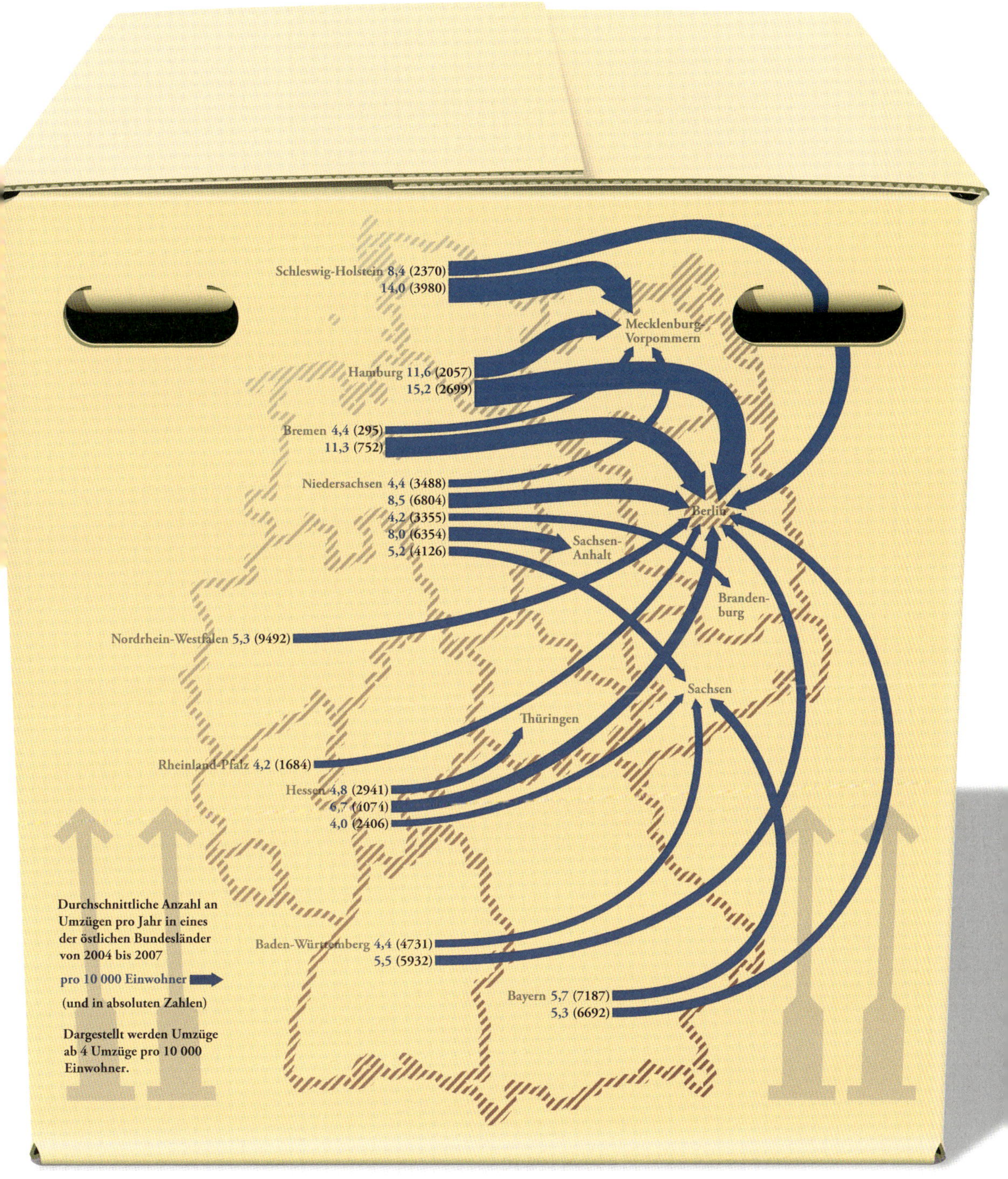

Schleswig-Holstein 8,4 (2370)
14,0 (3980)
Mecklenburg-Vorpommern
Hamburg 11,6 (2057)
15,2 (2699)
Bremen 4,4 (295)
11,3 (752)
Niedersachsen 4,4 (3488)
8,5 (6804)
4,2 (3355)
8,0 (6354)
5,2 (4126)
Berlin
Sachsen-Anhalt
Brandenburg
Nordrhein-Westfalen 5,3 (9492)
Sachsen
Thüringen
Rheinland-Pfalz 4,2 (1684)
Hessen 4,8 (2941)
6,7 (4074)
4,0 (2406)
Durchschnittliche Anzahl an Umzügen pro Jahr in eines der östlichen Bundesländer von 2004 bis 2007
pro 10 000 Einwohner
(und in absoluten Zahlen)
Dargestellt werden Umzüge ab 4 Umzüge pro 10 000 Einwohner.
Baden-Württemberg 4,4 (4731)
5,5 (5932)
Bayern 5,7 (7187)
5,3 (6692)

20 Schwimmbad-Namen

Das Wort Hallenbad klingt nach Warmbadetag, Badekappenpflicht und Chlorgeruch, also irgendwie nach gestern. Früher hatten Hallenbäder keine Namen, sie hießen einfach: Hallenbad. Es gab ja auch kaum Verwechslungsgefahr. Wenn man sagte, man gehe ins Hallenbad, war klar, dass das nächstgelegene gemeint war. Seitdem allerdings die Konkurrenz ausgebrochen ist unter den Bädern, mit Bahnlängen, Sprungturmhöhen und Rutschenkurvenradien, seitdem Bäder immer auch Erlebnisbäder sind, gibt man sich bei der Namensfindung die gleiche Mühe wie bei der Auswahl der Kacheln. Es ist genauso wie bei den manchmal etwas bemüht originellen Friseurnamen (»Haarmonie«) – das Entscheidende ist, einen Namen zu finden, den es im Nachbarort, ja im ganzen Land noch nicht gibt. Einen gewissen Standortvorteil hatte man da in dem Ort Goch bei Kassel, wo es das Bad GochNess gibt. Die Freunde des Schwimmbad-Kalauers sollten unbedingt weiter ermuntert werden. Vielleicht gibt es ja im Westerwald bald ein Bad, das heißt wie ein bekannter FDP-Politiker.

Recherche: Laura Will

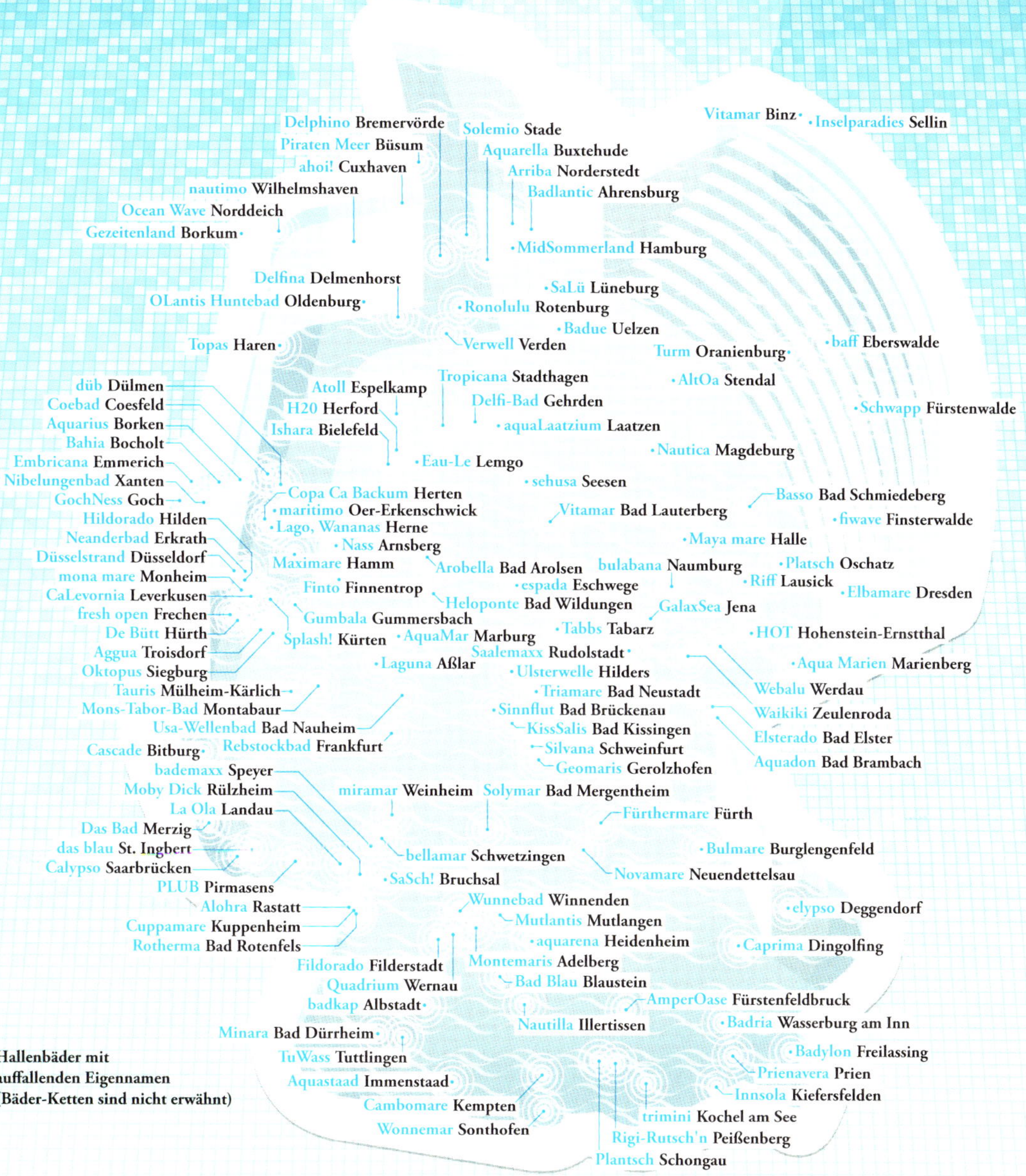

Hallenbäder mit auffallenden Eigennamen (Bäder-Ketten sind nicht erwähnt)

21 Ausländische Euro

Eurokrise hin oder her: Noch immer gibt man Euro aus dem Ausland nicht so gern aus wie deutsche, sie erscheinen kostbarer. Man erkennt sie an den Prägungen auf der Rückseite, die jedes Land anders gestaltet: Finnland etwa hat auf seiner 1-Euro-Münze zwei Schwäne abgebildet, Griechenland eine Eule. Die Freude, beim Bezahlen des U-Bahn-Tickets an den Urlaub erinnert zu werden, ist unterschiedlich verteilt. Wo viele Touristen sind, ist die Fremdgeldquote höher – in Frankfurt am Main, in München. Dort sind auch die größten Flughäfen. Weniger entscheidend ist, ob man in Grenznähe wohnt. Die Werte der Karte hat der Mathematiker Dietrich Stoyan ermittelt: Vor acht Jahren rief er Bürger dazu auf, in ihre Geldbeutel zu schauen, 8500 Meldungen gingen ein. Neuere Zahlen gibt es nicht. Auch wenn sich die Quote inzwischen erhöht hat: Die Verteilung dürfte noch immer ähnlich sein. Der hohe Wert in Chemnitz sei allerdings ein Statistikfehler, sagt der Professor. Er kommt von dort. Anscheinend wollten ihm die Chemnitzer einen Gefallen tun.

Quelle: Prof. Dietrich Stoyan, TU Freiberg

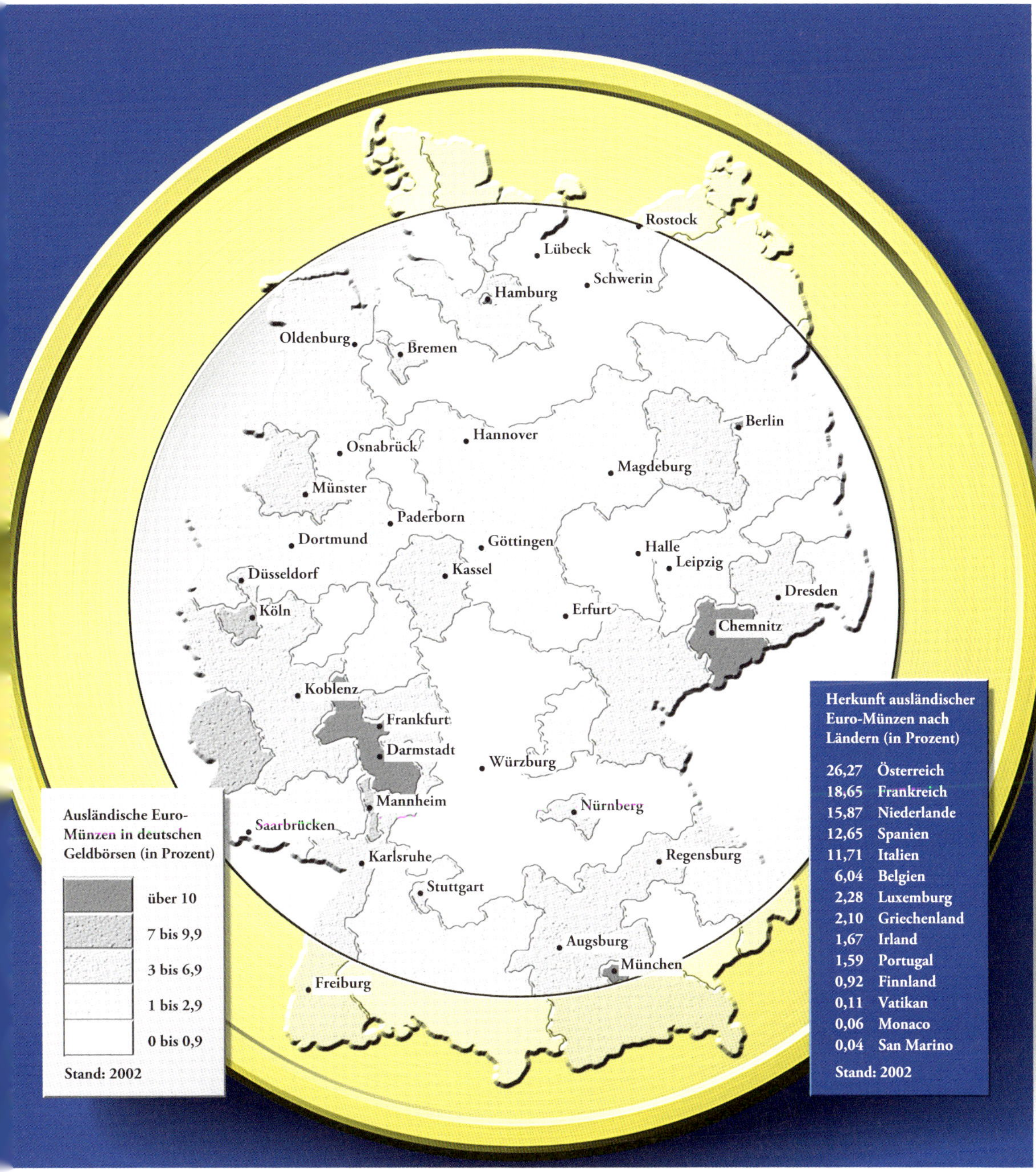

Herkunft ausländischer Euro-Münzen nach Ländern (in Prozent)

26,27	Österreich
18,65	Frankreich
15,87	Niederlande
12,65	Spanien
11,71	Italien
6,04	Belgien
2,28	Luxemburg
2,10	Griechenland
1,67	Irland
1,59	Portugal
0,92	Finnland
0,11	Vatikan
0,06	Monaco
0,04	San Marino

Stand: 2002

22

Stadtschreiber

Zwecks Geistesbildung an einen fremden Ort geschickt zu werden – das kennen die meisten nur aus der Jugendzeit. Schriftsteller können es noch als Erwachsene erleben. Zum Stadtschreiber berufen, erhalten sie Geld und Logis, dafür müssen sie in dem Ort eine Weile leben und arbeiten. Dieser schmückt sich mit dem Gast – der sich wiederum Einfälle fernab des Alltags erhofft. Einige Große der deutschen Literatur waren Stadtschreiber: Peter Härtling, Jurek Becker, Robert Gernhardt. Ihren Namen leiht sich die Idee vom mittelalterlichen Stadtschreiber (der keine literarischen Pflichten hatte), sie ist aber recht neu: Der Sprecher der Gruppe 47 hat sie 1974 in Frankfurt-Bergen-Enkheim eingeführt. Vor allem im Südwesten wurde sie kopiert, seit 1989 auch im Osten. Ein Nord-Süd-Gefälle ist unverkennbar. Einen Stadtschreiber lädt ein, wer seinen Ruhm mehren möchte und selbstbewusst genug ist, anzunehmen, dass der Literat sich dort nicht langweilen wird.

Recherche: Laura Will

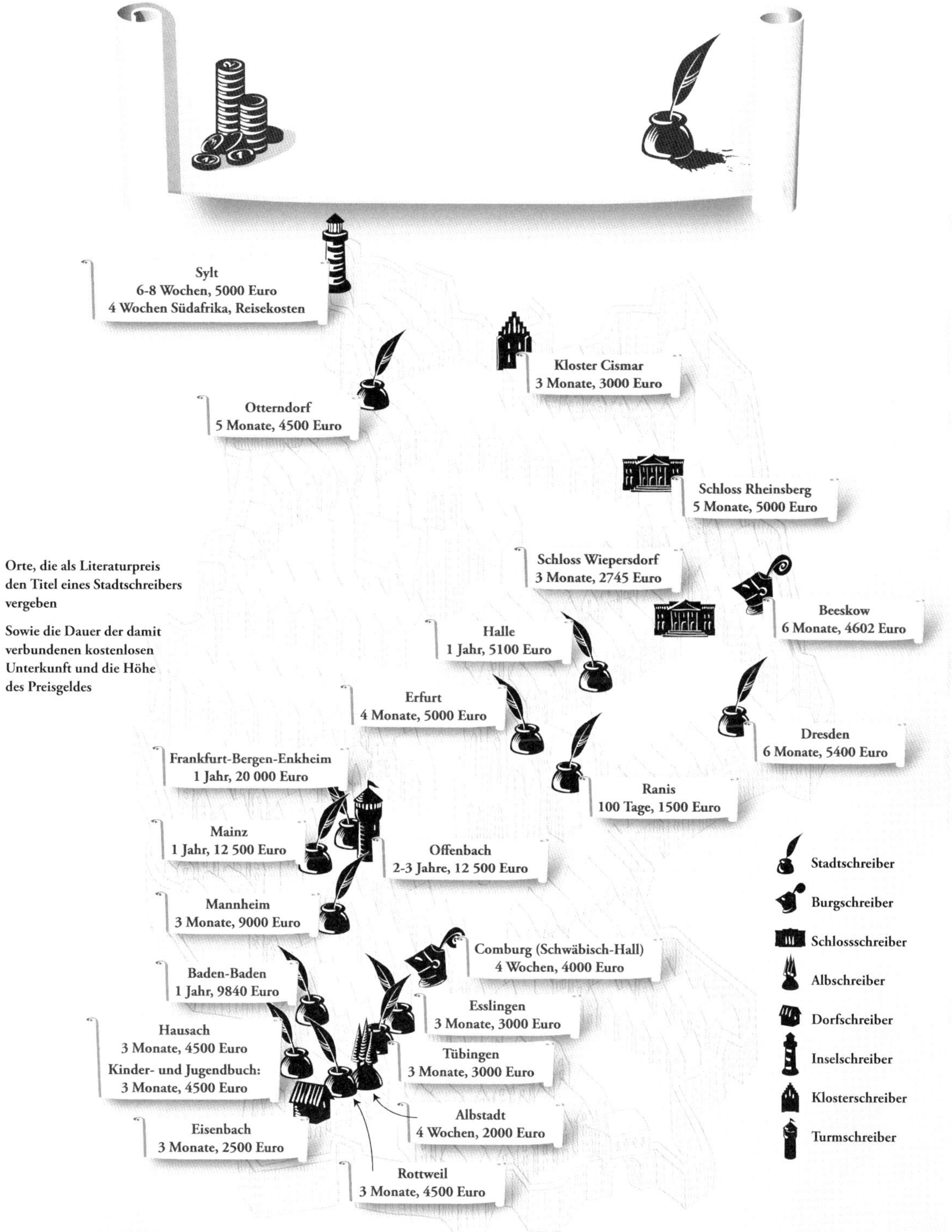

Orte, die als Literaturpreis den Titel eines Stadtschreibers vergeben

Sowie die Dauer der damit verbundenen kostenlosen Unterkunft und die Höhe des Preisgeldes

23 Supermodels

Sosehr Castingshows auch suggerieren, eine jede Schönheit, die nur wolle, könne es schaffen, ein Supermodel zu werden, so sehr ist die Frage, wer es wirklich schafft, doch eine geografische. Deutsche Supermodels, die das Cover einer *Vogue*-Ausgabe zierten (das ist die höchste Weihe), kommen meist aus dem Norden, sehr oft aus Hamburg. Das hat weniger mit der Körpergröße zu tun, denn Frauen im Süden sind keinesfalls kleiner als die im Norden, aber viel mit Haarfarbe und Teint. Wer sich zum Beispiel, um eine Vergleichsgruppe zu nennen, die Bundestagsfrauen ansieht, stellt fest, wie mit jedem Kilometer gen Süden die Blond-Quote ab- und die Brünett-Quote zunimmt. Die norddeutsche Blässe ist in der Modewelt gefragt: Wer blass ist, den kann man leichter zurechtschminken. Auch sind die Frauen in den Metropolen im Vorteil. Denn Model-Scouts scheuen weite Wege in Dorfdiscos, stattdessen schauen sie sich gerne bei den Fast-Food-Ketten um, dort ist schön viel los. Wer Model werden und das Fernsehen meiden möchte, sollte ab und zu in Hamburg einen Hamburger essen.

Recherche: Elisabeth Raether

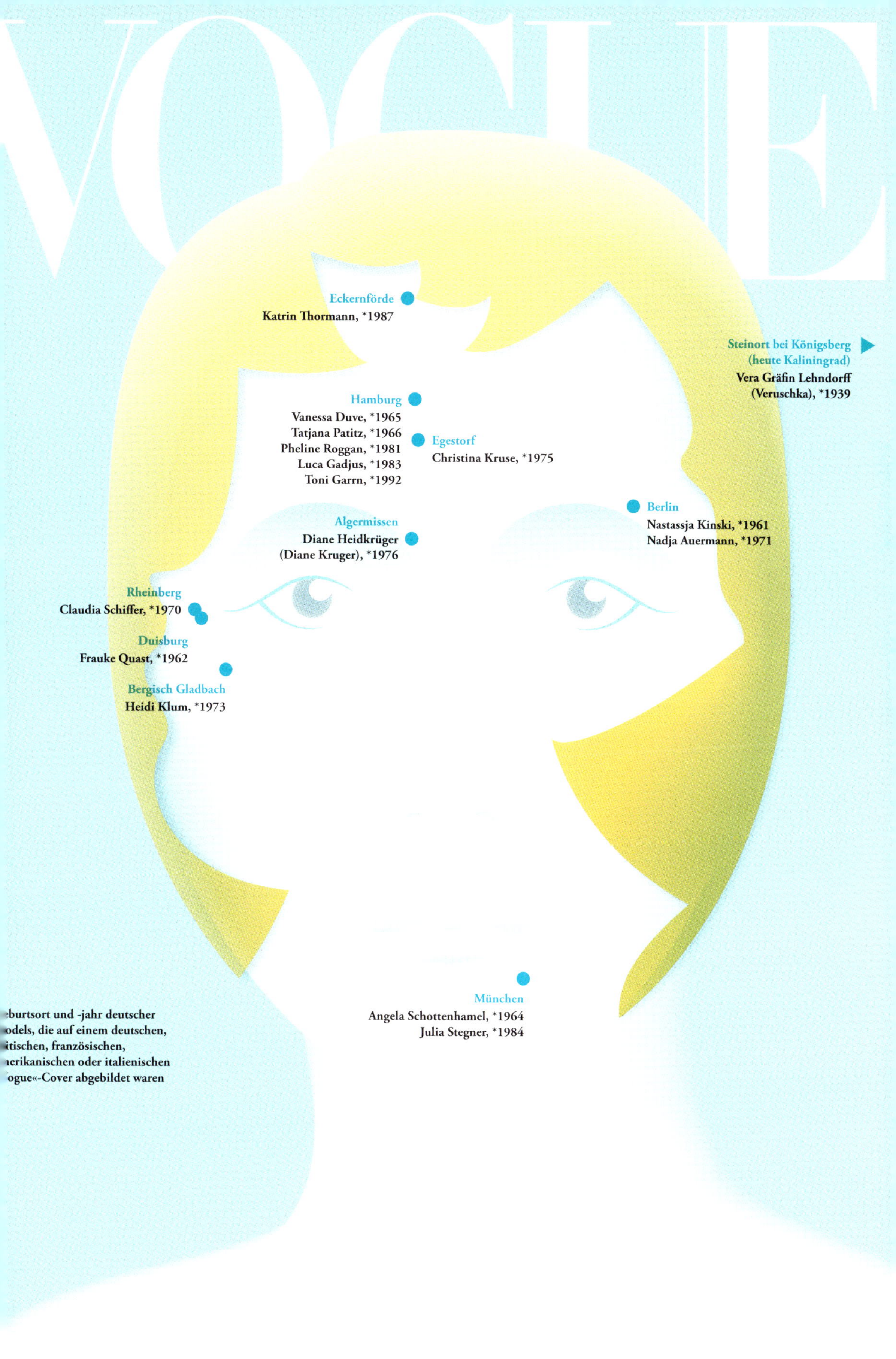

:burtsort und -jahr deutscher
odels, die auf einem deutschen,
itischen, französischen,
ıerikanischen oder italienischen
'ogue«-Cover abgebildet waren

24 Wildschweine

Wildschweine sind die Elefanten Deutschlands: Auch sie sind grau und ziemlich beliebt. Auch sie trollen sich in großen Familien, auch bei ihnen herrscht das Matriarchat, auch sie wandern nachts beträchtliche Strecken, auch sie suhlen sich im Schlamm. Und wie die Elefanten waren auch die Wildschweine schon fast ausgestorben. In Deutschland haben Soldaten im Weltkrieg angeblich mit ihren Maschinenpistolen auf sie geschossen, um sich an ihnen satt zu essen. Mittlerweile ist lange Frieden, und die Tiere haben sich derart vermehrt, dass sie wieder unter Beschuss stehen, unter dem der Jäger. Besonders groß ist die Chance, auf ein Wildschwein zu treffen, im Moselland, dort gibt es große Wälder, und in Brandenburg und Mecklenburg, dort gibt es die gigantischen Mais- und Rapsfelder, in denen sich das Wildschwein fast so wohl fühlt wie im Wald. Wer in einer Wildschweinregion wohnt und gerne joggt, sollte die Tiere nicht provozieren, denn ein Wildschwein kann richtig gefährlich werden. Der Beliebtheit der Tiere hat das nie geschadet. Wie bei den Elefanten eben.

Quelle: Deutscher Jagdschutz-Verband

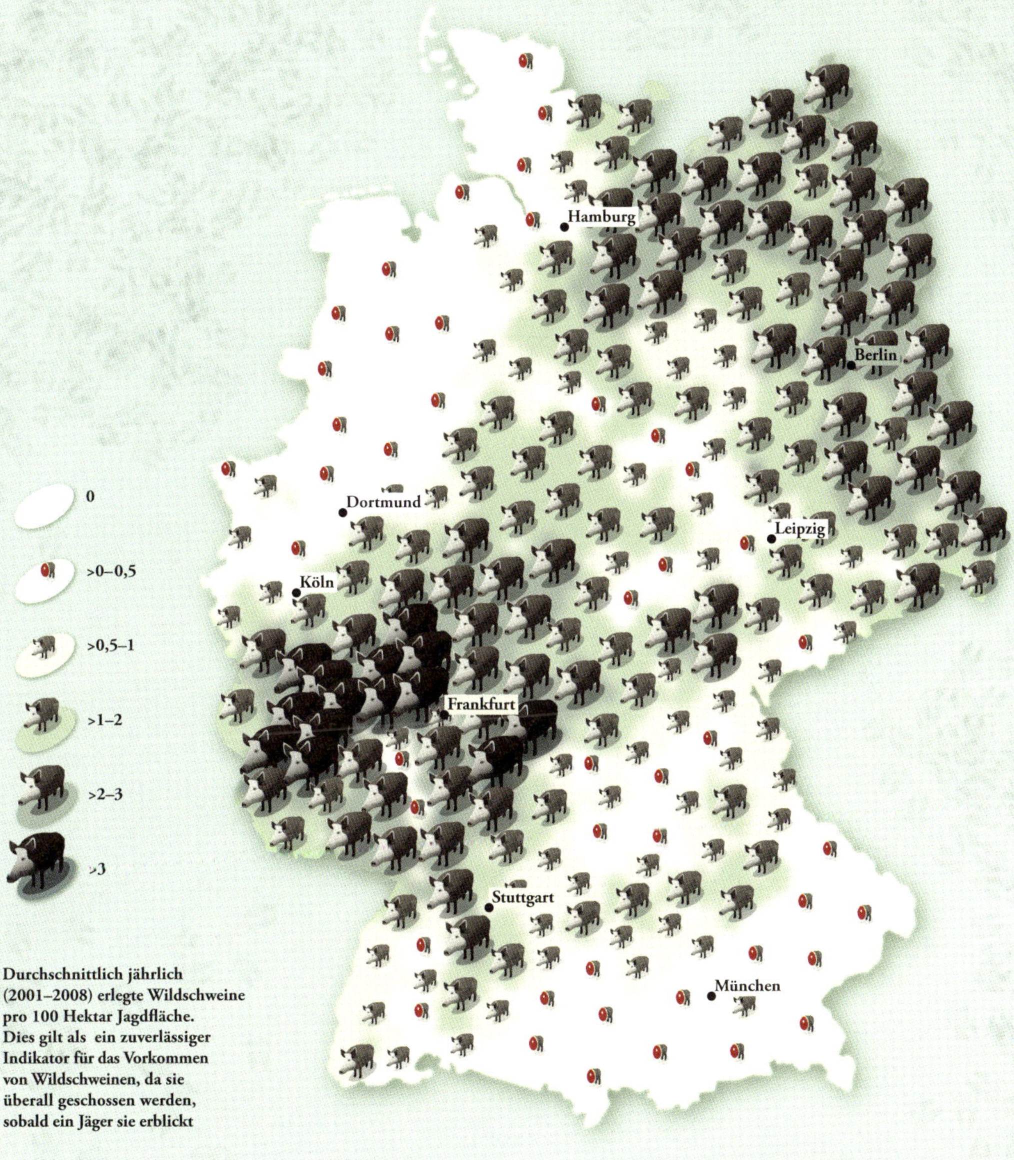

Durchschnittlich jährlich (2001–2008) erlegte Wildschweine pro 100 Hektar Jagdfläche. Dies gilt als ein zuverlässiger Indikator für das Vorkommen von Wildschweinen, da sie überall geschossen werden, sobald ein Jäger sie erblickt

Nichteheliche Geburten

Wenn vor zwei, drei Generationen ein Paar heiratete, wurde oft gefragt, ob es »heiraten muss«. War die Frau schwanger, da war man sich einig, blieb nichts anderes als die Hochzeit, sie war dann Zwang, nicht unbedingt Liebesbeweis. Noch bis 1970 haben in der Bundesrepublik die Eltern die Vormundschaft an das Jugendamt verloren, wenn sie nicht verheiratet waren. Und bis 1998 kam ein Amtspfleger vorbei, der in der wilden Familie nach dem Rechten schaute. In der DDR hingegen wurden nichteheliche Kinder zeitweise sogar staatlich gefördert, indem nur eine unverheiratete Mutter beim ersten Kind ein Babyjahr bekam. Offenbar denken die Eltern von heute noch wie ihre eigenen Eltern: Recht wenige Ostdeutsche heiraten, bevor sie Kinder kriegen, Westdeutsche tun es in der Regel (und umso mehr, je religiöser sie sind, daher wohl das leichte Nord-Süd-Gefälle). Was sagt das alles über das Glück des Kindes? Wenig. Ob ein Kind später allein oder zu zweit erzogen aufwächst, hängt heute, das weiß man inzwischen, kaum davon ab, wie amtlich die Liebe zum Zeitpunkt der Geburt war.

Quelle: Leibniz-Institut für Länderkunde, Nationalatlas aktuell

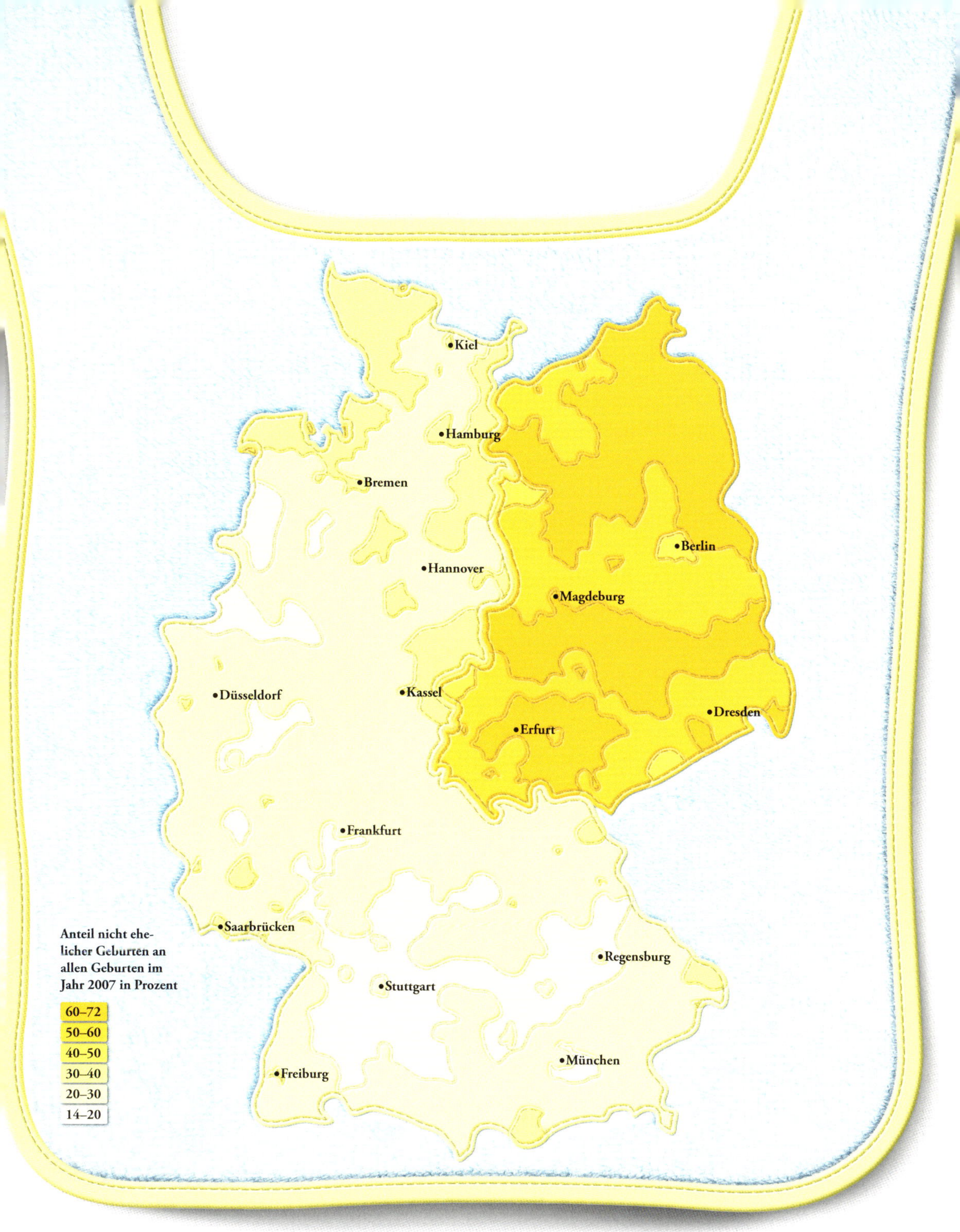
Kiel
Hamburg
Bremen
Berlin
Hannover
Magdeburg
Düsseldorf
Kassel
Dresden
Erfurt
Frankfurt
Saarbrücken
Regensburg
Stuttgart
München
Freiburg
Anteil nicht ehelicher Geburten an allen Geburten im Jahr 2007 in Prozent
60–72
50–60
40–50
30–40
20–30
14–20

26 Christopher Street Day

Früher einmal waren CSD-Paraden Minderheitenveranstaltungen, heute sind sie Massen-Events. Sie erinnern an polizeiliche Knüppeleinsätze gegen Homosexuelle in der New Yorker Christopher Street im Jahre 1969. Es scheint, als würde der Schwulenumzug CSD umso populärer, je mehr die Strahlkraft des Technoumzugs Love Parade nachlässt. Der Name Christopher Street Day lässt einen glauben, der Umzug finde an einem festen Datum statt, so wie der Karnevalsumzug am Rosenmontag. In Wirklichkeit kann, wer möchte, den ganzen Sommer über den Christopher Street Day begehen. München, Hamburg, Berlin und Stuttgart machten 1979 den Anfang. Danach war Ruhe, bis gleich nach der Wende Erfurt einen weiteren CSD erfand. Damit war der Bann gebrochen, die Idee CSD wurde im ganzen Land kopiert, auch von kleineren Städten. Die meisten sind erst in den letzten Jahren entstanden, was der These, dass der CSD der Nachfolger der Love Parade ist, weiteren Nährstoff gibt.

Recherche: Christian Heinrich

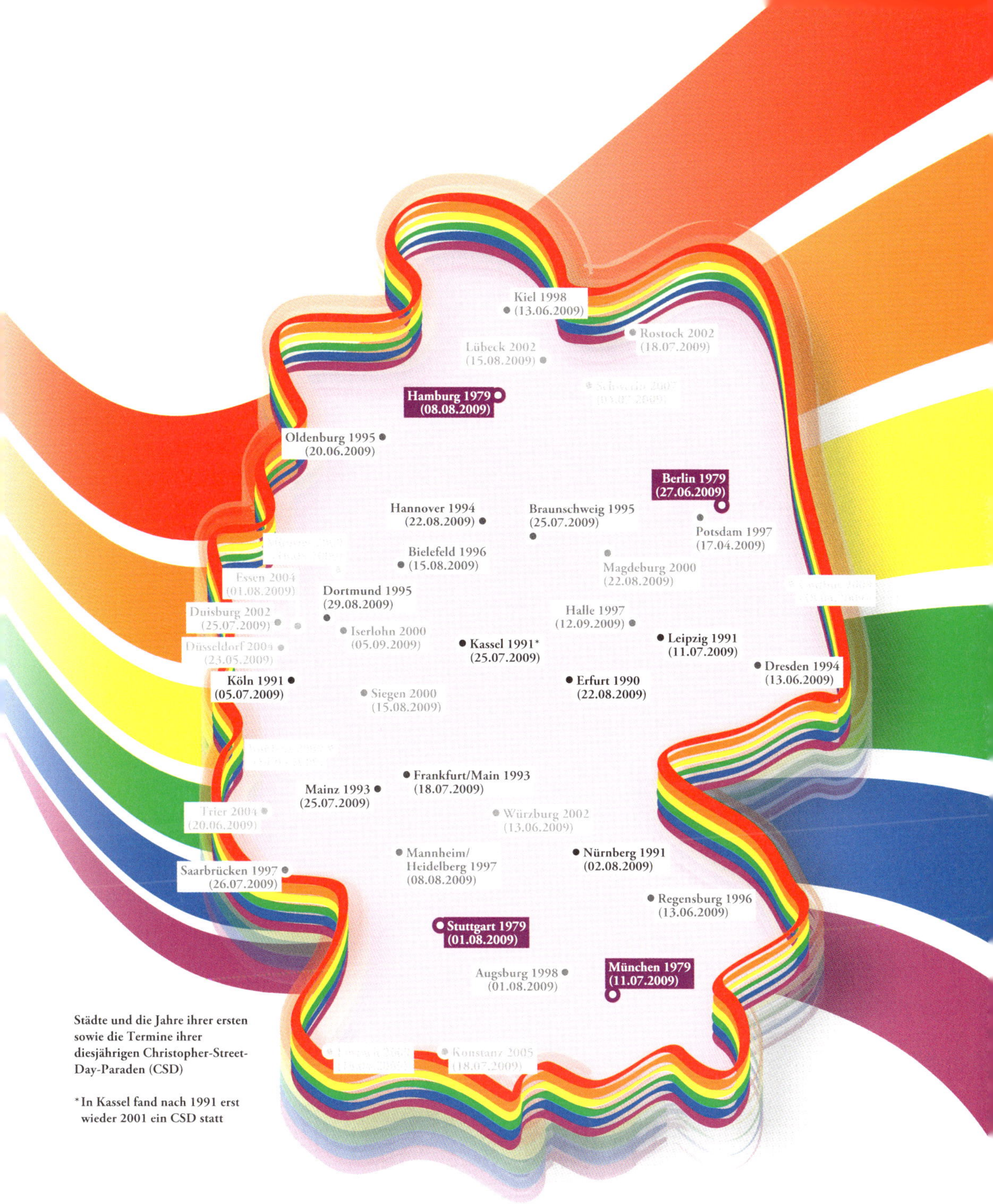

Städte und die Jahre ihrer ersten sowie die Termine ihrer diesjährigen Christopher-Street-Day-Paraden (CSD)

* In Kassel fand nach 1991 erst wieder 2001 ein CSD statt

27 Videotheken

Die Kraft, die einen in Videotheken treibt, ist die Langeweile. Man sitzt zu Hause, weiß wenig mit sich anzufangen, der Weg ins Kino scheint ewig weit, und so leiht man sich um die Ecke was aus. »Was« ist zumeist ein Film mit viel Handlung, Humor oder Gefühl, auf dass diese die Langeweile vertreiben mögen (es gibt natürlich auch »gute« Videotheken, aber sie sind so rar wie Subtilität in der Komödie *Hangover,* dem beliebtesten Videothekenfilm der jüngeren Vergangenheit). Wer böse sein will, interpretiert diese Karte also als eine Landkarte der Langeweile. Ganz vorne liegen Städte, die popkulturell eher unauffällig sind: Würzburg, Fürth, Oldenburg, Hagen, Hamm. Städte, in denen das Ausgeh-Angebot groß ist – Berlin, Köln, München –, liegen weiter hinten. Der Osten ist übrigens schon seit Jahren nicht mehr besonders videophil: Zu viele Jüngere sind weggezogen, und es stimmt auch nicht, dass Arbeitslose besonders oft Videos schauen. Das glauben nur die Okayverdienenden, die nicht zugeben wollen, dass sie sich selbst manchmal langweilen. In Videotheken gehen immer die anderen.

Quelle: IVD und eigene Berechnungen

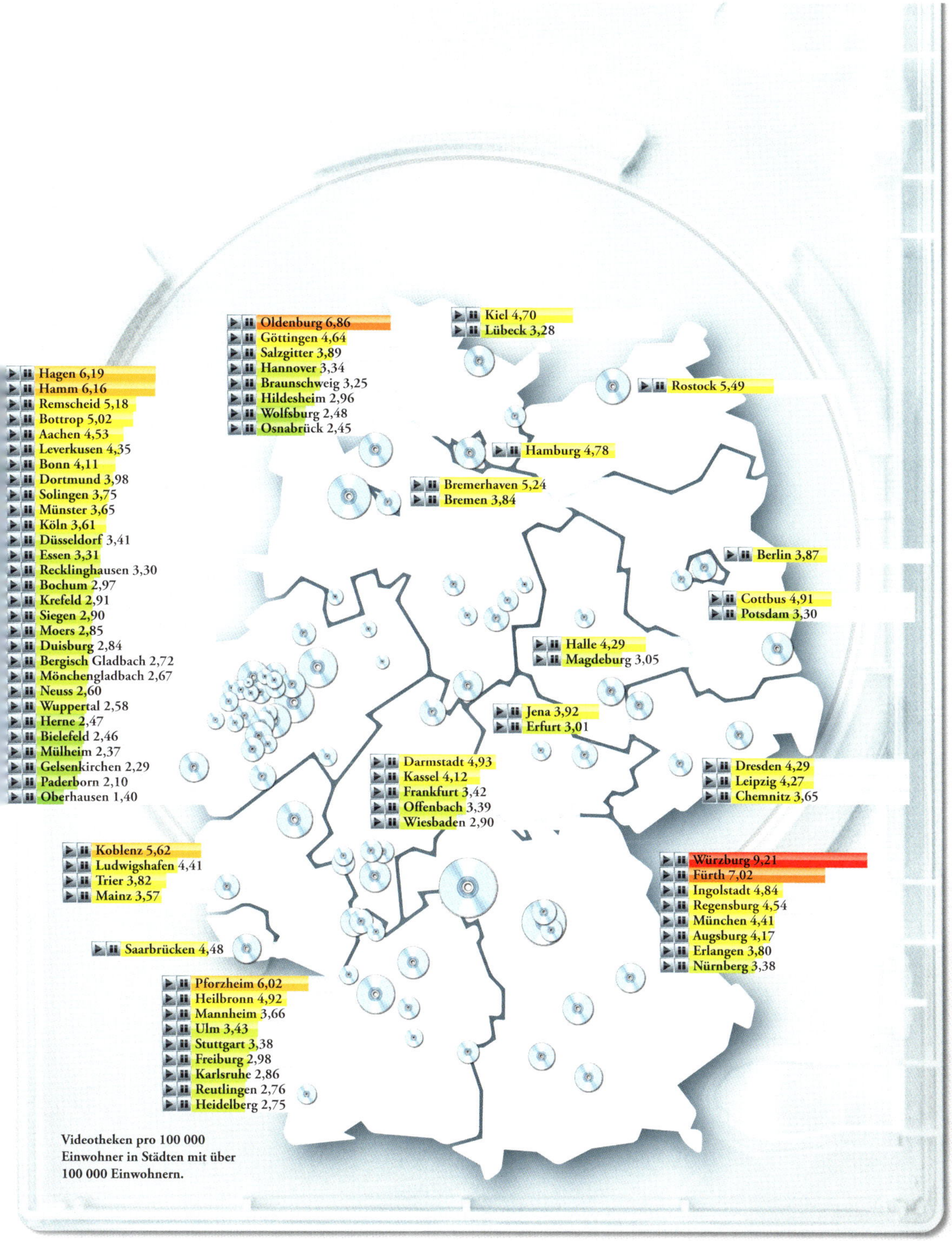

Videotheken pro 100 000 Einwohner in Städten mit über 100 000 Einwohnern.

28 Wohin es Ausländer zieht

Ausländer verteilen sich nicht gleichmäßig übers Land, nein, sie gehen dorthin, wo schon andere aus ihrer Nation leben. Migrationsforscher nennen das Kettenwanderung. Die Kette funktioniert so: Es kommt einer ins Land – es geht ihm gut – er erzählt es in der alten Heimat – Verwandte, Freunde kommen nach. Dieser Kette verdanken wir es, dass zum Beispiel die Portugiesen den deutschen Nordosten bevorzugen (so als dächten sie: Wenn schon graues Deutschland, dann aber richtig). Und dass die meisten Polen immer noch in Nordrhein-Westfalen wohnen, weil dort schon ihre Urgroßeltern Fuß fassten. Dass ausgerechnet in Leverkusen besonders viele Makedonier leben – und in Kiel besonders viele Iraker. Und dass die Ukrainer, vor allem jüdische Einwanderer, den Osten sehr mögen. Seit ungefähr zehn Jahren gibt es auch in Deutschland nicht mehr nur die bekannten großen Ausländergruppen, sondern ein ziemlich buntes Gemisch. Sogar unsere direkten Nachbarn kommen allmählich öfter, Niederländer, Franzosen – ganz ohne Not. Vielleicht gefällt es ihnen ja in Deutschland.

Recherche: Friederike Milbradt

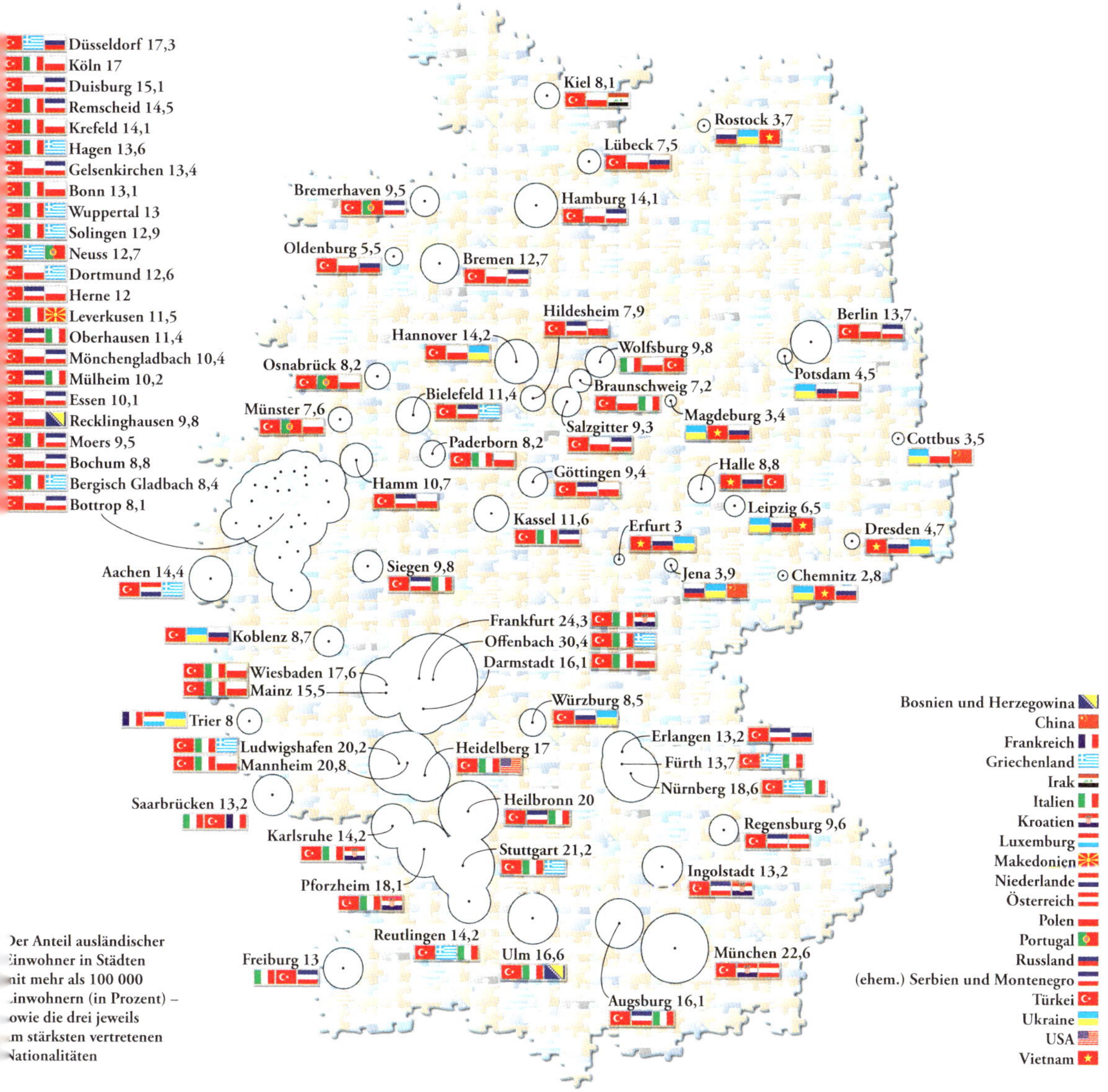

Der Anteil ausländischer Einwohner in Städten mit mehr als 100 000 Einwohnern (in Prozent) – sowie die drei jeweils am stärksten vertretenen Nationalitäten

29 Frauenfußball-Fans

Wer will, kann belegen, dass das Interesse am Frauenfußball seit der Weltmeisterschaft 2011 enorm, ja, rasant!, gestiegen ist. In der Bundesliga-Saison, die darauf folgte, kamen zu den Spielen des weiblichen FC Bayern München im Schnitt 615 Zuschauer statt 473 im vorigen Jahr, was einer Steigerung von mehr als 30 Prozent entspricht. Andererseits, Verzeihung, 615 Zuschauer, das schaffen die Bayern-Männer beim Training. Der Vergleich ist aber deswegen unfair, weil die Bayern-Frauen in der Bundesliga nur Mittelmaß sind (Siebte von zwölfen sind sie gerade). Die traditionell erfolgreichen Frankfurterinnen, Duisburgerinnen und Potsdamerinnen ziehen schon mehr Zuschauer an. Es scheint zu helfen, wenn es keine konkurrierende Erstliga-Männermannschaft in der Stadt gibt – von einer Sogwirkung durch die Männer ist also eher nicht auszugehen. Eine Ausnahme ist der VfL Wolfsburg. Vielleicht liegt es an dem, was man dort am Wochenende sonst so tun kann – vielleicht ist es aber auch die emanzipierteste Stadt des Landes.

Quelle: weltfußball.de

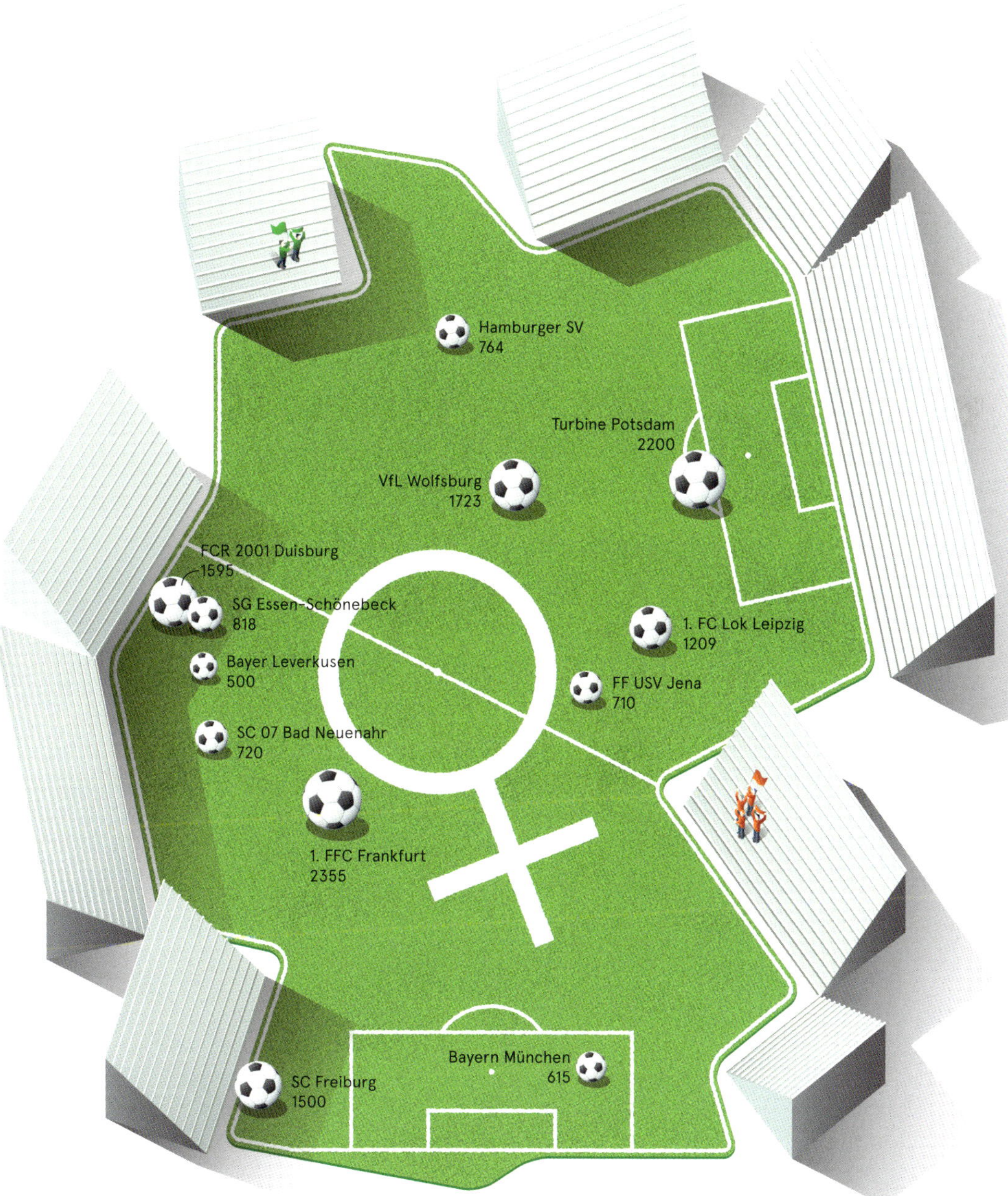

Durchschnittliche Zuschaueranzahl der Frauen-Fußballbundesliga

30 Bundesbehörden

Über den Föderalismus wird ja viel geschimpft, dabei bringt er auch Angenehmes mit sich. So verteilt er, anders als der Zentralismus, Behörden quer übers Land. Selbst kleine Städte dürfen sich ein bisschen als Hauptstadt fühlen. Braunschweig wird mit gleich fünf oberen Behörden geehrt. Vielleicht wollte man sichergehen, dass die Beamten nicht allzu sehr abgelenkt sind – und ist so auf Braunschweig oder Dessau gekommen. Einige dieser Städte haben es zu echter Prominenz gebracht: In Flensburg oder Pullach ist der Städtename längst Synonym für die dortige Bundesbehörde geworden (»Punkte in Flensburg«, »Schlapphüte aus Pullach«). Andere Städte können sich höchstens als heimliche Hauptstädte fühlen: Wer etwa weiß, dass sich in Hürth ein Bundesamt um die Sprachausbildung deutscher Soldaten kümmert? Oder Salzgitter. Man kann nicht sicher sein, ob sich ein Einwohner von Salzgitter wirklich freut, wenn er angesprochen wird: »Salzgitter? Ist dort nicht das Bundesamt für Strahlenschutz?« Die Freude am Föderalismus hat auch hier ihre Grenzen.

Quelle: Bundesverwaltungsamt

Flensburg
Kraftfahrt-Bundesamt
Greifswald
Friedrich-Loeffler-Institut (Tiergesundheit)
Berlin
Bundesanstalt für Materialforschung- und Prüfung
Robert-Koch-Institut (Krankheitsüberwachung)
Bundesbeauftragte für die Unterlagen des Staatssicherheitsdienstes der ehemaligen DDR
Bundesamt für zentrale Dienste und offene Vermögensfragen
KfW-Kommunalbank
Hamburg
Bundesamt für Seeunfalluntersuchung
Bundesamt für Seeschifffahrt und Hydrographie
Braunschweig
Physikalisch-Technische Bundesanstalt
Johann Heinrich von Thünen-Institut (Ländliche Räume, Wald und Fischerei)
Bundesstelle für Flugunfalluntersuchung
Bundesamt für Verbraucherschutz und Lebensmittelsicherheit
Luftfahrt-Bundesamt
Köln
Bundeszentrale für gesundheitliche Aufklärung
Deutsches Institut für Medizinische Dokumentation und Information
Bundesamt für Verfassungsschutz
Bundesamt für den Zivildienst
Personalamt der Bundeswehr
Bundesamt für Güterverkehr
Bundesverwaltungsamt
Amt für den Militärischen Abschirmdienst
Zollkriminalamt
Hannover
Bundessortenamt
Potsdam
Bundespolizeipräsidium
Salzgitter
Bundesamt für Strahlenschutz
Dortmund
Bundesanstalt für Arbeitsschutz und Arbeitsmedizin
Quedlinburg
Julius Kühn-Institut (Kulturpflanzen)
Dessau
Umweltbundesamt
Leipzig
Bundesverwaltungsgericht
Bundeswehrdisziplinaranwalt beim Bundesverwaltungsgericht
Kassel
Bundessozialgericht
Bergisch Gladbach
Bundesanstalt für Straßenwesen
Hürth
Bundessprachenamt
Erfurt
Bundesarbeitsgericht
Eschborn Bundesamt für Wirtschaft und Ausfuhrkontrolle
Bad Homburg Bundesausgleichsamt
Frankfurt Deutsche Bundesbank, Bundesamt für Kartographie und Geodäsie
Offenbach Bundesmonopolverwaltung für Branntwein
Langen Paul-Ehrlich-Institut (Impfstoffe)
Koblenz
Bundesamt für Äußere Restitutionen
Bundesanstalt für Gewässerkunde
Bundesarchiv
Bonn
Bundesrechnungshof
Bundesamt für Bevölkerungsschutz und Katastrophenhilfe
Bundesinstitut für Arzneimittel und Medizinprodukte
Bundesprüfstelle für jugendgefährdende Medien
Bundesamt für Sicherheit in der Informationstechnik
Bundesamt für Justiz
Bundeskartellamt
Bundesamt für Naturschutz
Bundeszentralamt für Steuern
Bundesamt für Wehrverwaltung
Bundesamt für Bauwesen und Raumordnung
Bundesversicherungsamt
Eisenbahn-Bundesamt
Bundesnetzagentur
Kompetenzzentrum für das Kassen- und Rechnungswesen des Bundes
Wiesbaden
Bundeskriminalamt
Statistisches Bundesamt
Nürnberg
Bundesagentur für Arbeit*
Bundesamt für Migration und Flüchtlinge
Karlsruhe
Bundesverfassungsgericht
Bundesgerichtshof
Generalbundesanwalt beim Bundesgerichtshof
Bundesanstalt für Wasserbau
Max Rubner-Institut (Ernährung)
München
Deutsches Patent- und Markenamt
Bundespatentgericht
Bundesfinanzhof
Pullach
Bundesnachrichtendienst
Oberste, obere und mittlere Bundesbehörden (ohne Ministerien) sowie Bundesgerichte. Behörden, die in verschiedenen Regionen Sitze haben, sind nicht aufgeführt
* Es ist umstritten, ob sie eine Behörde ist

31 Staatsanwältinnen

Die Idee zu dieser Karte kam von Lesern, einem Ehepaar aus dem Saarland. Sie schrieben: »Uns fällt auf, dass in den TV-Krimis sehr oft Staatsanwältinnen auftreten. Das gibt Anlass zu der Frage, ob die bundesdeutsche Wirklichkeit so weit in Richtung Geschlechterproporz fortgeschritten ist. Wir haben erhebliche Zweifel.« Dem gingen wir gerne nach und fanden heraus: Das Ehepaar irrt – das Fernsehen liegt richtig. In den Siebzigern, als die Justiz bei den RAF-Prozessen im Rampenlicht stand, gab es kaum Staatsanwältinnen. Heute sind die Frauen, anders als in den Topjobs der Wirtschaft, der 50-Prozent-Hürde nicht mehr fern. In München haben sie diese schon genommen, überhaupt ist Bayerns Staatsanwaltschaft besonders weiblich. Juristinnen mögen den Beruf, weil sie hier eher halbtags arbeiten oder nach der Babypause wiederkehren können – in großen Kanzleien herrscht noch der Glaube, dass man bis Mitternacht arbeiten muss, um gut zu sein. Außerdem haben Jurastudentinnen die besseren Noten, und die sind im öffentlichen Dienst geschätzt. Der Staat ist als Personalchef gar nicht so übel.

Recherche: Friederike Milbradt

Anzahl der Staatsanwältinnen (schwarz) und Staatsanwälte (weiß) in Großstädten (sofern es dort Staatsanwaltschaften gibt)

32

Lokalzeitungen

Über den Lokalteil einer Zeitung wurde gern ein bisschen verächtlich gesprochen. Da stehe nichts drin außer dem Ergebnis der letzten Kaninchenschau und den Glückwünschen zum 90. Geburtstag des ehemaligen Sparkassendirektors. Heute werden die Regionalzeitungen anders gesehen. Sie haben, wie alles bedrohte Kulturgut, neue Freunde gewonnen. Plötzlich entsinnt man sich, dass es doch gut ist, eine Zeitung zu haben, die über vielleicht doch nicht so unwichtige Baupläne in der Nachbarschaft berichtet. Und wären mehrere Zeitungen nicht sogar noch besser als eine? Nur in den Metropolen gibt es echte Vielfalt, in Berlin, Hamburg, Frankfurt, München. In der Provinz dagegen gibt es in vielen Städten nur eine Lokalzeitung. Wer diesen Umstand bedauert, ist spät dran. Viele Zeitungen sind schon vor 20 Jahren verschwunden, noch bevor das Internet kam. Die verbliebenen halten sich. Wer den Lokalteil retten will, muss also Zeitungen mit Lokalteil kaufen. Es steht viel weniger Kleintierkram drin, als man so denkt.

Quelle: Walter J. Schütz

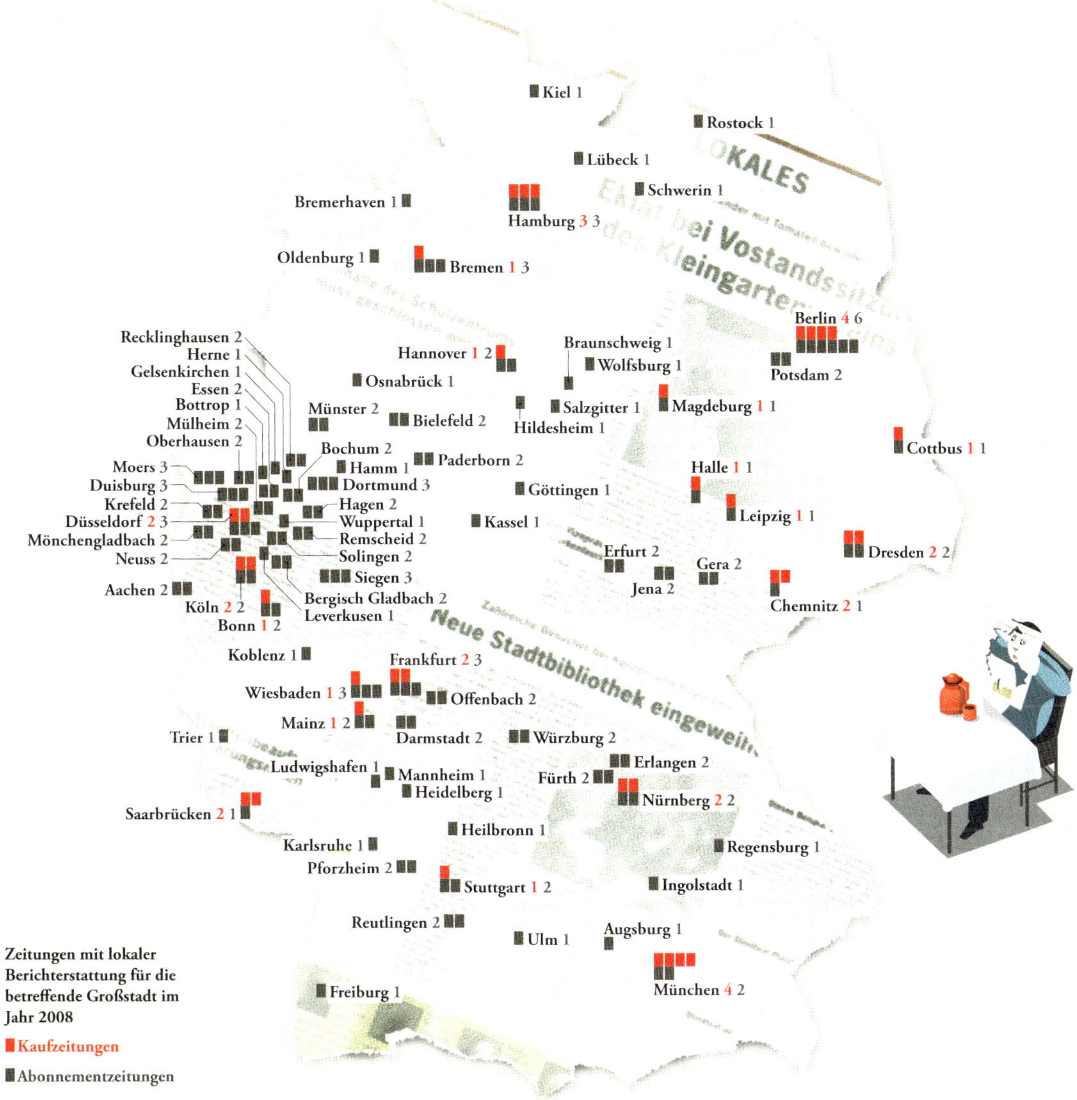
Kiel 1
Rostock 1
Lübeck 1
Schwerin 1
Bremerhaven 1
Hamburg 3 3
Oldenburg 1
Bremen 1 3
Berlin 4 6
Potsdam 2
Recklinghausen 2
Herne 1
Gelsenkirchen 1
Essen 2
Bottrop 1
Mülheim 2
Oberhausen 2
Moers 3
Duisburg 3
Krefeld 2
Düsseldorf 2 3
Mönchengladbach 2
Neuss 2
Aachen 2
Köln 2 2
Bonn 1 2
Hannover 1 2
Braunschweig 1
Wolfsburg 1
Osnabrück 1
Münster 2
Bielefeld 2
Salzgitter 1
Hildesheim 1
Magdeburg 1 1
Cottbus 1 1
Bochum 2
Hamm 1
Paderborn 2
Dortmund 3
Hagen 2
Wuppertal 1
Remscheid 2
Solingen 2
Siegen 3
Bergisch Gladbach 2
Leverkusen 1
Göttingen 1
Kassel 1
Halle 1 1
Leipzig 1 1
Dresden 2 2
Erfurt 2
Gera 2
Jena 2
Chemnitz 2 1
Koblenz 1
Frankfurt 2 3
Wiesbaden 1 3
Offenbach 2
Mainz 1 2
Darmstadt 2
Würzburg 2
Trier 1
Ludwigshafen 1
Mannheim 1
Heidelberg 1
Erlangen 2
Fürth 2
Nürnberg 2 2
Saarbrücken 2 1
Heilbronn 1
Regensburg 1
Karlsruhe 1
Pforzheim 2
Stuttgart 1 2
Ingolstadt 1
Reutlingen 2
Ulm 1
Augsburg 1
München 4 2
Freiburg 1
Zeitungen mit lokaler Berichterstattung für die betreffende Großstadt im Jahr 2008
Kaufzeitungen
Abonnementzeitungen

33 Verschwundene Dörfer

Der geologische Zufall wurde mehr als zweihundert Dörfern zum Verhängnis. Liegt dicht unter der Erde Braunkohle, dann ist es gut möglich, dass riesige Bagger kommen, die das Dorf abtragen und nur Sand übrig lassen. Dörfer verschwanden in der Weimarer Republik, in der DDR, in der alten BRD, und sie tun es noch heute. Zwischendurch war vom Ausstieg die Rede, aber das ist vergessen, Energie für alle geht vor Heimat für wenige. Gerade warten drei Dörfer im Tagebau Jänschwalde auf ihr Ende. Die Genehmigung dauert immer ein paar Jahre, am Schluss verlieren die Bewohner Haus und Heimat an die Tagebaue, die teils harmlose Namen tragen (Zukunft, Treue, Erika). Die Bewohner werden umgesiedelt in neue Dörfer, die den alten ähneln sollen. Es sind dann symbolträchtige Bilder in den Zeitungen. Der Ort wird für einen Moment berühmt, kurz vor seinem Ende.

Quelle: »Heimat auf Zeit« von Peter Benedix und eigene Recherchen

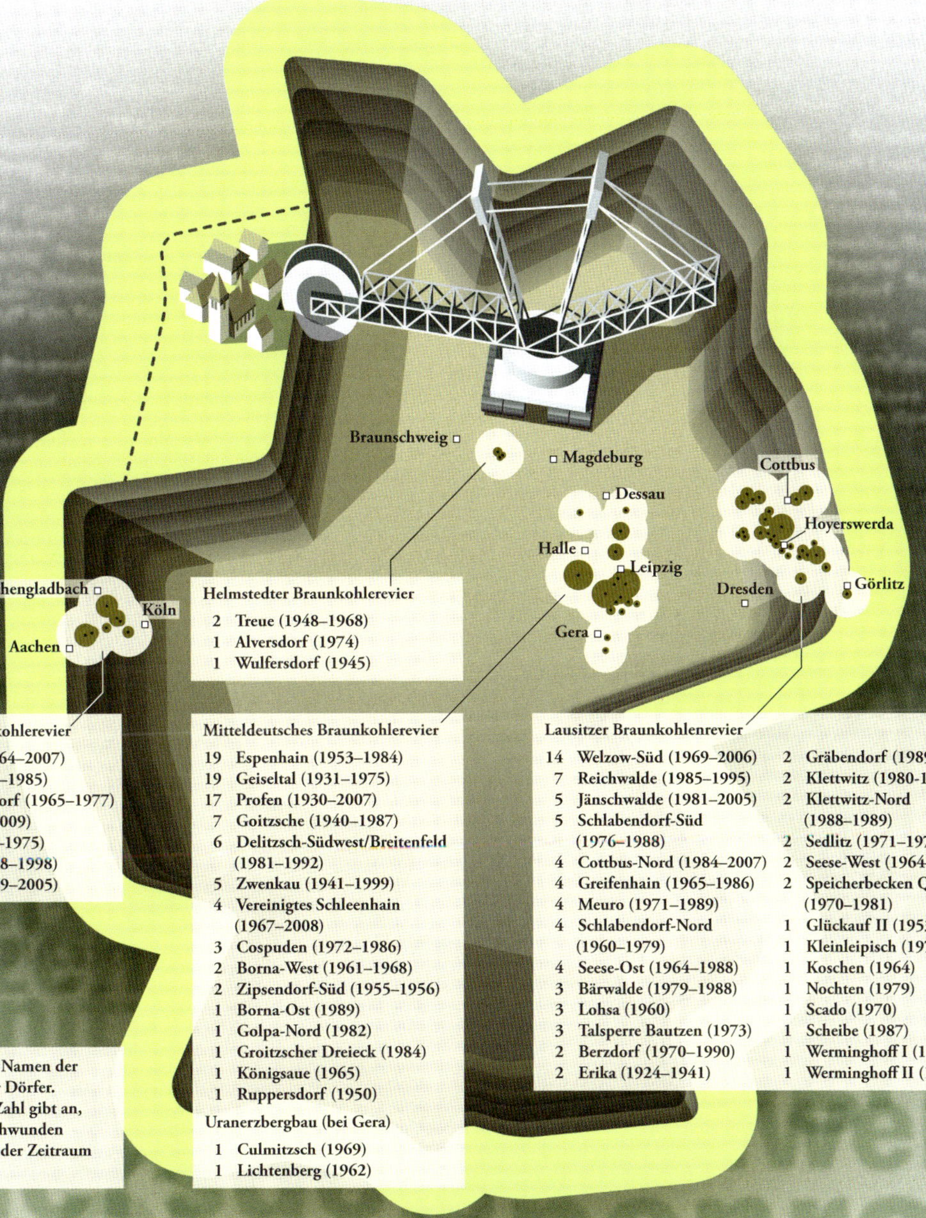

Helmstedter Braunkohlerevier

2 Treue (1948–1968)
1 Alversdorf (1974)
1 Wulfersdorf (1945)

Rheinisches Braunkohlerevier

11 Garzweiler (1964–2007)
11 Zukunft (1950–1985)
6 Fortuna-Garsdorf (1965–1977)
4 Inden (1990–2009)
3 Frechen (1949–1975)
2 Bergheim (1958–1998)
2 Hambach (1989–2005)

Mitteldeutsches Braunkohlerevier

19 Espenhain (1953–1984)
19 Geiseltal (1931–1975)
17 Profen (1930–2007)
7 Goitzsche (1940–1987)
6 Delitzsch-Südwest/Breitenfeld (1981–1992)
5 Zwenkau (1941–1999)
4 Vereinigtes Schleenhain (1967–2008)
3 Cospuden (1972–1986)
2 Borna-West (1961–1968)
2 Zipsendorf-Süd (1955–1956)
1 Borna-Ost (1989)
1 Golpa-Nord (1982)
1 Groitzscher Dreieck (1984)
1 Königsaue (1965)
1 Ruppersdorf (1950)

Uranerzbergbau (bei Gera)

1 Culmitzsch (1969)
1 Lichtenberg (1962)

Lausitzer Braunkohlenrevier

14 Welzow-Süd (1969–2006)
7 Reichwalde (1985–1995)
5 Jänschwalde (1981–2005)
5 Schlabendorf-Süd (1976–1988)
4 Cottbus-Nord (1984–2007)
4 Greifenhain (1965–1986)
4 Meuro (1971–1989)
4 Schlabendorf-Nord (1960–1979)
4 Seese-Ost (1964–1988)
3 Bärwalde (1979–1988)
3 Lohsa (1960)
3 Talsperre Bautzen (1973)
2 Berzdorf (1970–1990)
2 Erika (1924–1941)
2 Gräbendorf (1989)
2 Klettwitz (1980-1983)
2 Klettwitz-Nord (1988–1989)
2 Sedlitz (1971–1972)
2 Seese-West (1964–1969)
2 Speicherbecken Quitzdorf (1970–1981)
1 Glückauf II (1953)
1 Kleinleipisch (1975)
1 Koschen (1964)
1 Nochten (1979)
1 Scado (1970)
1 Scheibe (1987)
1 Werminghoff I (1932)
1 Werminghoff II (1944)

Aufgelistet sind die Namen der Tagebaue, nicht der Dörfer. Die vorangestellte Zahl gibt an, wie viele Orte verschwunden sind. In Klammern der Zeitraum des Abbruchs

34 3-D-Kinos

Das 3-D-Kino ist seit mehr als 50 Jahren die Zukunft. Geradezu rituell ließen sich Regierungschefs mit den erst zweifarbigen, inzwischen einfach nur überdimensionalen Brillen fotografieren, damit jeder verstand, dass sie eigentlich aus der Zukunft zu uns geschickt worden waren. So sehr und so lange war das 3-D-Kino Zukunft, dass es überrascht, wie sehr es heute bereits überall Wirklichkeit ist. Und überall heißt tatsächlich: überall, nicht bloß in den Großstädten (wobei Berlin die dritte Dimension besonders schätzt). Die 3-D-Kinos haben sich fast unheimlich gleichmäßig über das Land verteilt, alle 20 Kilometer gibt es eins. Kleinstadtkinos wandeln sich zu 3-D-Kinos und fühlen sich dabei so visionär wie Merkel und Schröder mit Brille. Nirgendwo ballen sich diese Häuser mehr als in der südwestdeutschen Ecke um Karlsruhe, Pirmasens und Kaiserslautern. Der 3-D-Zuschauer will vergessen, dass er nur Zuschauer ist. Er will glauben, er sei wirklich dabei. Dies ist offenbar ein sehr pfälzisch-badischer Wunsch.

Quelle: Heise.de

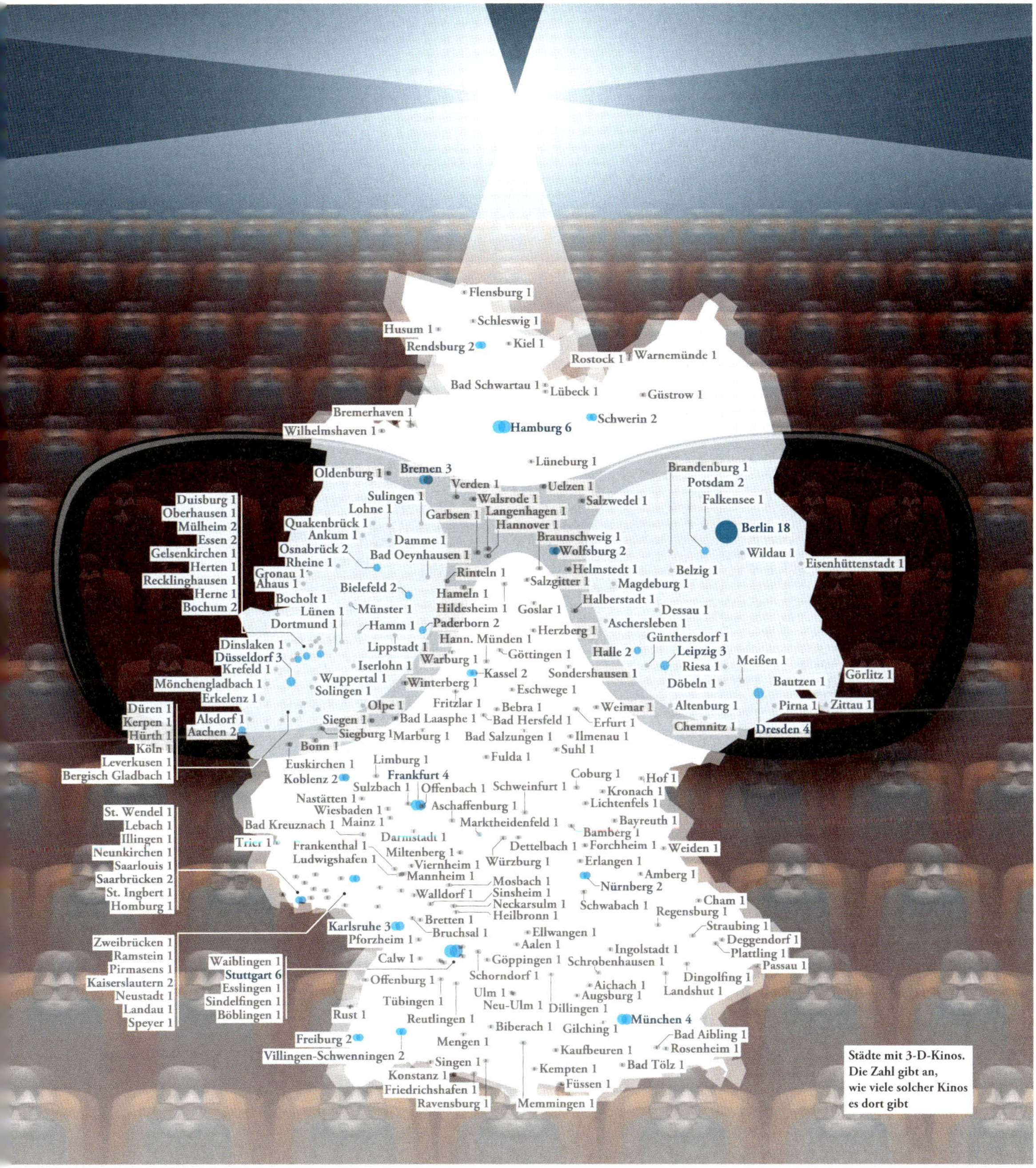

Städte mit 3-D-Kinos. Die Zahl gibt an, wie viele solcher Kinos es dort gibt

Jüdische Gemeinden

Anders als die Juden in Österreich, England und Frankreich wohnen die deutschen Juden nicht mehrheitlich in der Hauptstadt. Berlin war jüdisches Zentrum bis zum Krieg, heute lebt hier nur ein Zehntel der insgesamt 106 000 Gemeindemitglieder (mehr sind es nicht). Dass sie so zerstreut sind, hat seine Gründe in der Nachkriegszeit: Die britische Besatzungszone nahm keine Flüchtlinge aus dem Osten auf, die mussten nach Süddeutschland; in Düsseldorf war lange der Zentralrat der Juden; ins Saarland, vorerst nicht deutsch, wollten viele, die nach Frankreich emigriert waren. Die heute mit Abstand größte Gruppe, Juden aus der ehemaligen Sowjetunion, wurde anfangs fast zufällig übers Land verteilt, und nur dank ihr haben viele Kleingemeinden überlebt, vor allem im Osten (die DDR zählte 1990 lediglich 350 Gemeindemitglieder). Leider kann man in den Kleinstädten nicht koscher einkaufen. In Berlin, wo das möglich ist, sind inzwischen Zentralrat, Jüdisches Museum und ein Rabbinerseminar angesiedelt. Könnte gut sein, dass Berlin bald wieder Zentrum wird.

Quelle: Zentralrat der Juden in Deutschland

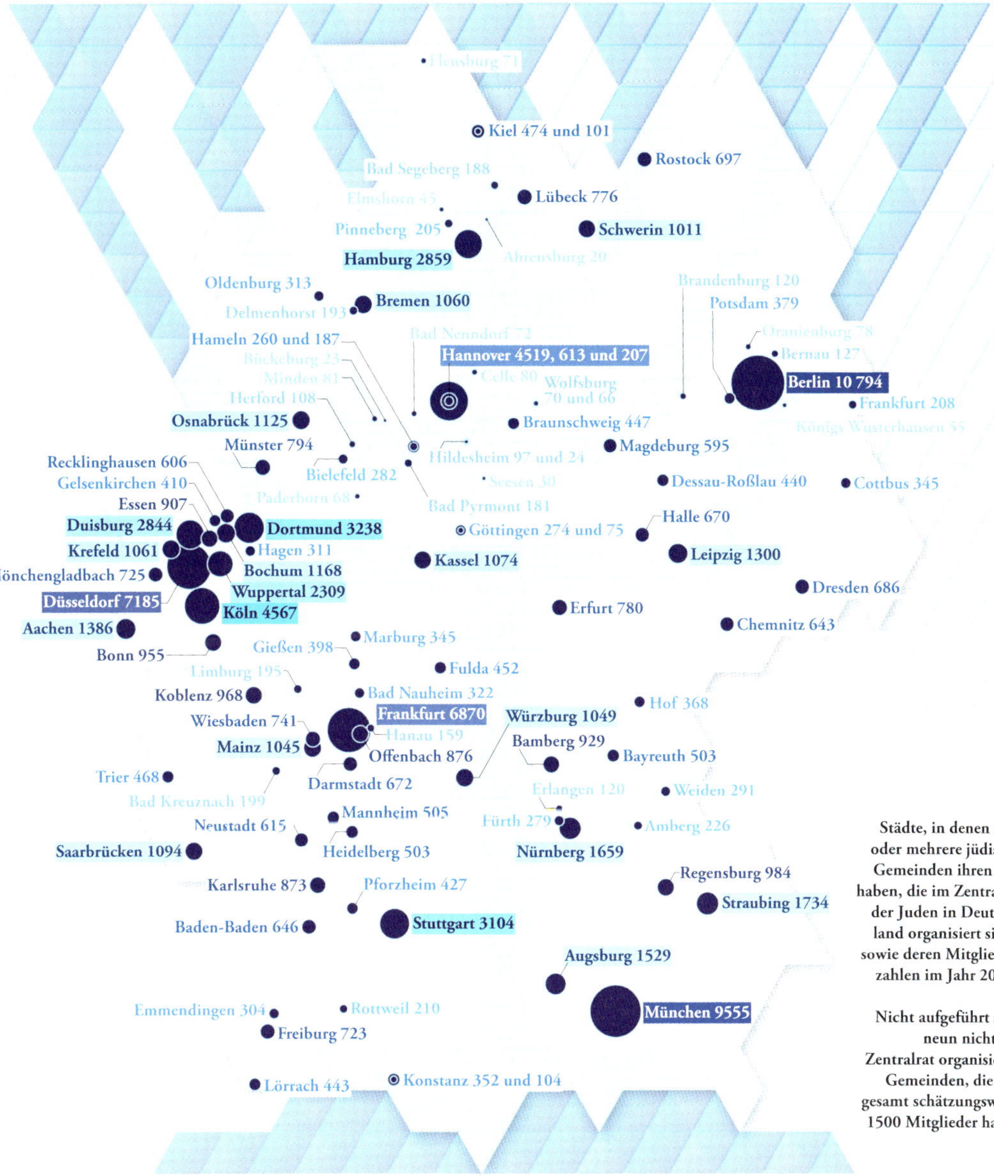

Städte, in denen eine oder mehrere jüdische Gemeinden ihren Sitz haben, die im Zentralrat der Juden in Deutschland organisiert sind, sowie deren Mitgliederzahlen im Jahr 2008.

Nicht aufgeführt sind neun nicht im Zentralrat organisierte Gemeinden, die insgesamt schätzungsweise 1500 Mitglieder haben

36 Radwanderwege

Radurlaub im eigenen Land ist so ziemlich das Korrekteste, was man machen kann. Radwanderer tun ihrem Körper etwas Gutes, sie pusten keine Abgase in die Luft und fliegen auch nicht um die halbe Welt, um dort Natur zu bestaunen. Vielleicht besteht ihr größtes Vergnügen sowieso darin, allen ein schlechtes Gewissen zu machen, wenn sie von ihrer Reise zurückkommen, schwärmend: »Du glaubst gar nicht, wie wunderschön es an der Neiße ist, es ist so grün wie in Irland und dabei nur eine Stunde mit der Bahn von Berlin entfernt.« (Radwanderer nehmen natürlich die Bahn.) Am meisten beeindrucken kann der deutsche Radtourist mit Fahrten durch den Osten, das ist noch mal korrekter, weil man was für die Wirtschaft dort tut. Der Elbe-Radweg, der vor allem durch Ostdeutschland führt, ist die meistbefahrene Strecke in Deutschland, dort wird es im Sommer schon mal so voll wie auf der Autobahn in Richtung Verona. Überhaupt sind die Radwege entlang der Flüsse die beliebtesten, vermutlich weil Flüsse bekanntermaßen nicht steil bergauf fließen.

Quelle: ADFC

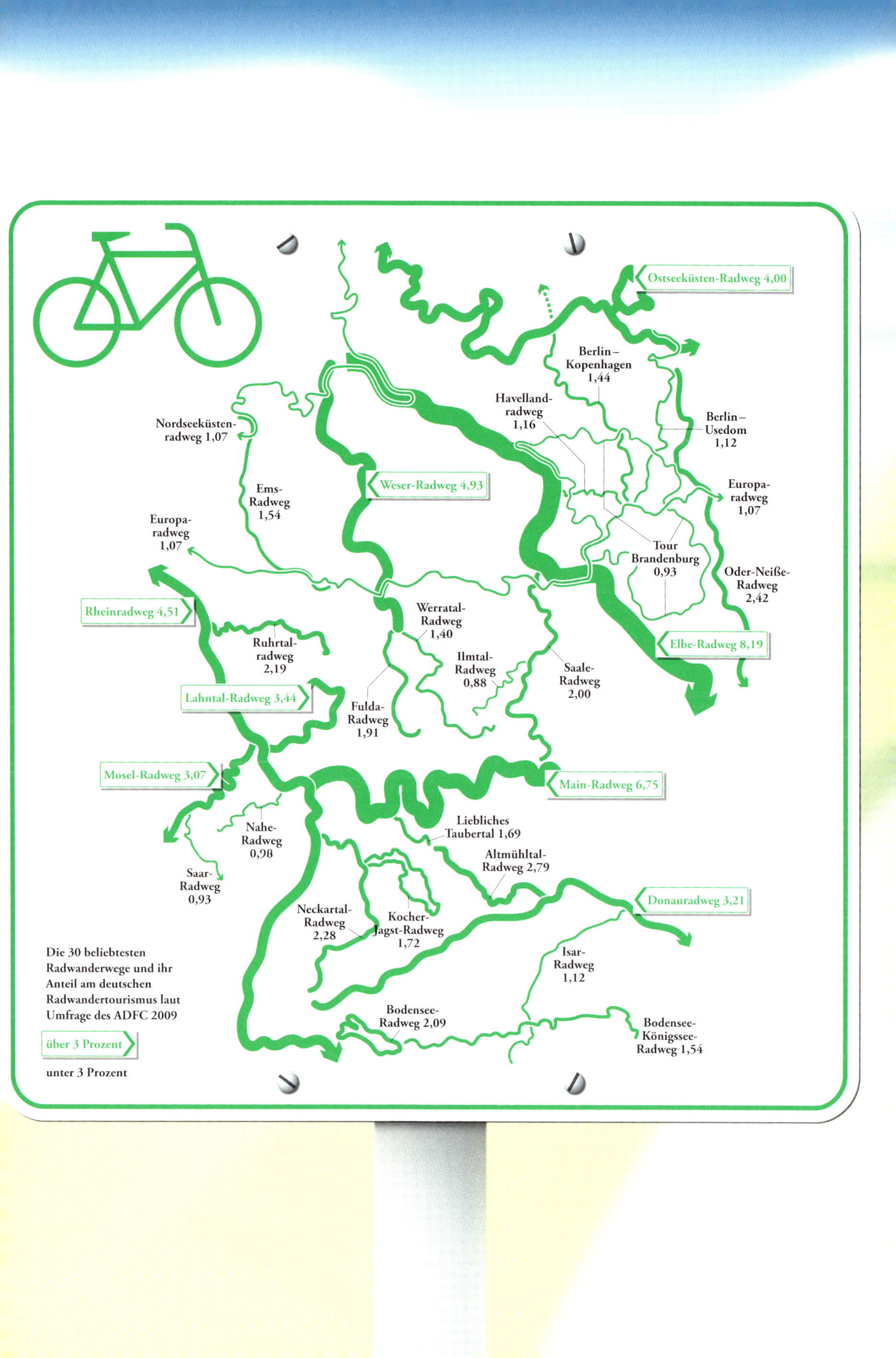

Ostseeküsten-Radweg 4,00
Berlin – Kopenhagen 1,44
Havelland-radweg 1,16
Berlin – Usedom 1,12
Nordseeküsten-radweg 1,07
Weser-Radweg 4,93
Ems-Radweg 1,54
Europa-radweg 1,07
Europa-radweg 1,07
Tour Brandenburg 0,93
Oder-Neiße-Radweg 2,42
Rheinradweg 4,51
Werratal-Radweg 1,40
Elbe-Radweg 8,19
Ruhrtal-radweg 2,19
Ilmtal-Radweg 0,88
Saale-Radweg 2,00
Lahntal-Radweg 3,44
Fulda-Radweg 1,91
Mosel-Radweg 3,07
Main-Radweg 6,75
Nahe-Radweg 0,98
Liebliches Taubertal 1,69
Altmühltal-Radweg 2,79
Saar-Radweg 0,93
Donauradweg 3,21
Neckartal-Radweg 2,28
Kocher-Jagst-Radweg 1,72
Isar-Radweg 1,12
Die 30 beliebtesten Radwanderwege und ihr Anteil am deutschen Radwandertourismus laut Umfrage des ADFC 2009
über 3 Prozent
unter 3 Prozent
Bodensee-Radweg 2,09
Bodensee-Königssee-Radweg 1,54

Zugstädte

Ähnlich wie die Lufthansa ihre Flugzeuge benennt die Bahn seit ein paar Jahren ihre ICE nach Städten. Der Name ist samt Stadtwappen links der vorderen Eingangstür des Zuges angebracht, und der Effekt ist folgender: Bahnreisende aus kleinen Städten wie Altenbeken (9400 Einwohner), Plattling (12 600) und Oschatz (15 700) sind erst baff, dann fühlen sie sich geehrt von dem Umstand, dass ein so großer Zug auf den Namen ihrer Stadt getauft ist. Es kam nachweislich schon mehrmals vor, dass Passagiere gleich serienweise SMS nach Hause schickten, um dort von dem glücklichen, ja unfassbaren Umstand zu berichten. Die Karte zeigt, dass der Umstand so glücklich auch wieder nicht ist, denn die Bahn benennt ihre Züge nach sehr vielen kleinen Städten, rund drei Viertel aller ICE sind inzwischen getauft (und für die noch namenlosen gibt es eine Warteliste). Die Bahn nutzt dabei einen Effekt der selektiven Wahrnehmung: Züge, die einen anderen Namen tragen, fallen einem gar nicht auf; der nach der eigenen Stadt benannte tut es jedoch sofort.

Quelle: Deutsche Bahn

Orte, nach denen ein ICE benannt ist

Dänemark:
Arnheim
Kopenhagen

Frankreich:
Forbach

Niederlande:
Amsterdam
Arnhem

Österreich:
Innsbruck
Linz
Salzburg
Wien

Schweiz:
Basel
Interlaken
Schaffhausen
Zürich

38 Übersetzte Kennzeichen

Das menschliche Hirn ist viel stärker, als die meisten Besitzer glauben, auf Kfz-Kennzeichen geeicht. Dies erkennt man daran, dass ein Hirn in der Fremde sofort das eigene Kennzeichen im Verkehr entdeckt. »Schau mal, HSK!«, so freut sich der Hochsauerländer, sobald er das Hochsauerland weiter als hundert Kilometer verlassen hat. Das Kennzeichen ESW der Nachbarn aus Eschwege hingegen bereitet ihm Unbehagen. Das sind die, die zu langsam oder zu schnell fahren, einem die Parkplätze wegnehmen und einen noch mal ins Grab bringen. Darum gibt es für die Kfz-Kennzeichen einen ganzen Reigen an Übersetzungen, von denen wir hier eine subjektive Auswahl zeigen. Oft trifft es Drei-Buchstaben-Kennzeichen aus der Provinz – der traut man offenbar einen besonders schlechten Fahrstil zu. Der Humor, der auf diese Weise zutage tritt, ist bis auf wenige Ausnahmen derb und wenig subtil, sicher ist es kein Humor auf Loriot- oder Gernhardt-Niveau. Jedoch: Autofahrer-Humor muss kein schlechter sein.

Recherche: Dieter Brandt

NF=nicht füttern
SL=Sau lenkt
RÜG=rast überall gegen
KI=kann immer
NVP=noch vor Polen
OVP=Ochsen von Pommern
PI=Provinzidiot
CUX=Chaos unter X-Beinen
WHV=Wir haben Vorfahrt
HH=halbes Hirn
LWL=Lauf, Wessi, lauf!
MÜR=Mecklenburger überholen rechts
FRI=frei rasender Idiot
HB=Hein Blöd
DAN=die armen Nachbarn
DEL=dauert etwas länger
OHV=ohne Hirn und Verstand
CLP=chronisch links positioniert
BAR=Bauer auf Reisen
GF=Gehirn fehlt
EL=Entwicklungsland
NI=nur Idioten
HVL=Hirn verloren
SDL=saudumme Leute
WOB=Weg, oder's bumst!
LOS=Land ohne Sonne
ST=Straßentrottel
JL=Jammerlappen
HI=Halbirrer
BOR=Bauer ohne Rücksicht
HX=hysterische Xanthippe
TF=Tiefflieger
GS=gesengte Sau
WAF=Wilder Affe fährt
OSL=olle Sumpflatscher
NOM=niemals ohne Mutti
UN=Unfall naht
EN=Entenhausen
HSK=Hilfe, sie kommen!
WAK=wenn Affen kommen
MEI=mit eingeschränkter Intelligenz
SK=Saukutscher
RS=rasender Suffkopp
ESW=Einer schläft wieder
GR=gemeiner Rüpel
HR=Hessische Rindviecher
HS=Hirnschaden
DD=Dunkeldeutschland
SI=Superidiot
BM=bereifter Mörder
FG=Fahrer gesucht
MR=mittelhessisches Rindvieh
VB=Vorsicht, Bauer!
GRZ=gehirnreduzierte Zone
WW=Wildwechsel
BLK=blödes langweiliges Kennzeichen
EU=Esel unterwegs
GTH=Go to hell
IK=Irrer kommt
AW=armer Winzer
FB=Führerschein beschlagnahmt
FD=Fahrer döst
HO=Hornochse
HU=Hessisch Uganda
WUN=Waldmensch unter Naturschutz
BIT=Bier im Tank
GG=große Gauner
SIM=sitzt im Müll
KG=Karambolage gefällig?
HP=Heckenpisser
BIR=Bauer im Rausch
MSP=Macht sie platt
HAS=hupen, ausscheren, schimpfen
DÜW=Depp übt wieder
ER=ernst zu nehmendes Risiko
SAD=Sau auf Durchreise
TBB=taub, blind, blöd
VK=verursacht Kolonnen
FÜ=Fahrer übt
MOS=Meine Oma schiebt
HOM=Hupe ohne Motor
WUG=Windbeutel und Gauner
ERB=erste Rate bezahlt
PS=Pfälzisch Sibirien
AA=aggressiver Alkoholiker
FRG=Freigänger
LU=Loser unterwegs
DEG=Damenrad, erster Gang
BB=bissle blöd
DLG=Deutschlands letzte Gegend
BAD=Bauer auf Drogen
AIC=Arsch im Cockpit
BL=Bauernlümmel
FFB=Fahrer fährt besoffen
VS=Vorsicht, Schwabe
RV=Rentnerverein
RO=rasender Ochse
FN=Führerschein Nebensache
GAP=größter anzunehmender Penner

39 Schalke- und Bayern-Fans

Der sehr erfolgreiche Fußballverein FC Bayern München hat weit verstreut seine Fanklubs; der in den vergangenen Jahren nicht ganz so erfolgreiche Verein FC Schalke 04 hat vor allem rund um Gelsenkirchen seine Fans. Man wird praktizierender Fan, weil der Verein in der Nähe sein Stadion hat und auch ein paar Freunde dorthin gehen – man also ein Bedürfnis nach regionaler Identität verspürt. Oder man wird Fan, weil man Erfolge mitfeiern möchte. Die unsichtbare Bayern-München-Grenze bildet der Main. Südlich davon gibt es nur wenige bayernunfreundliche Gegenden (um Kaiserslautern und Freiburg). Bayern-Fans nördlich des Mains müssen mit dem Spott jener lokal beheimateten Fans rechnen, die behaupten, gerade in den Niederlagen beweise sich die Liebe zu einem Verein. Interessant ist, dass sich im Osten (mit Ausnahme Südthüringens, wo nahezu bayerische Verhältnisse herrschen) ähnlich viele Bayern- wie Schalke-Fanklubs gegründet haben. Offenbar sind die Ossis, was den Fußball angeht, nicht ganz so erfolgshungrig wie die Wessis.

Quelle: Leibniz-Institut für Länderkunde; S. Adler; A. Holzmann

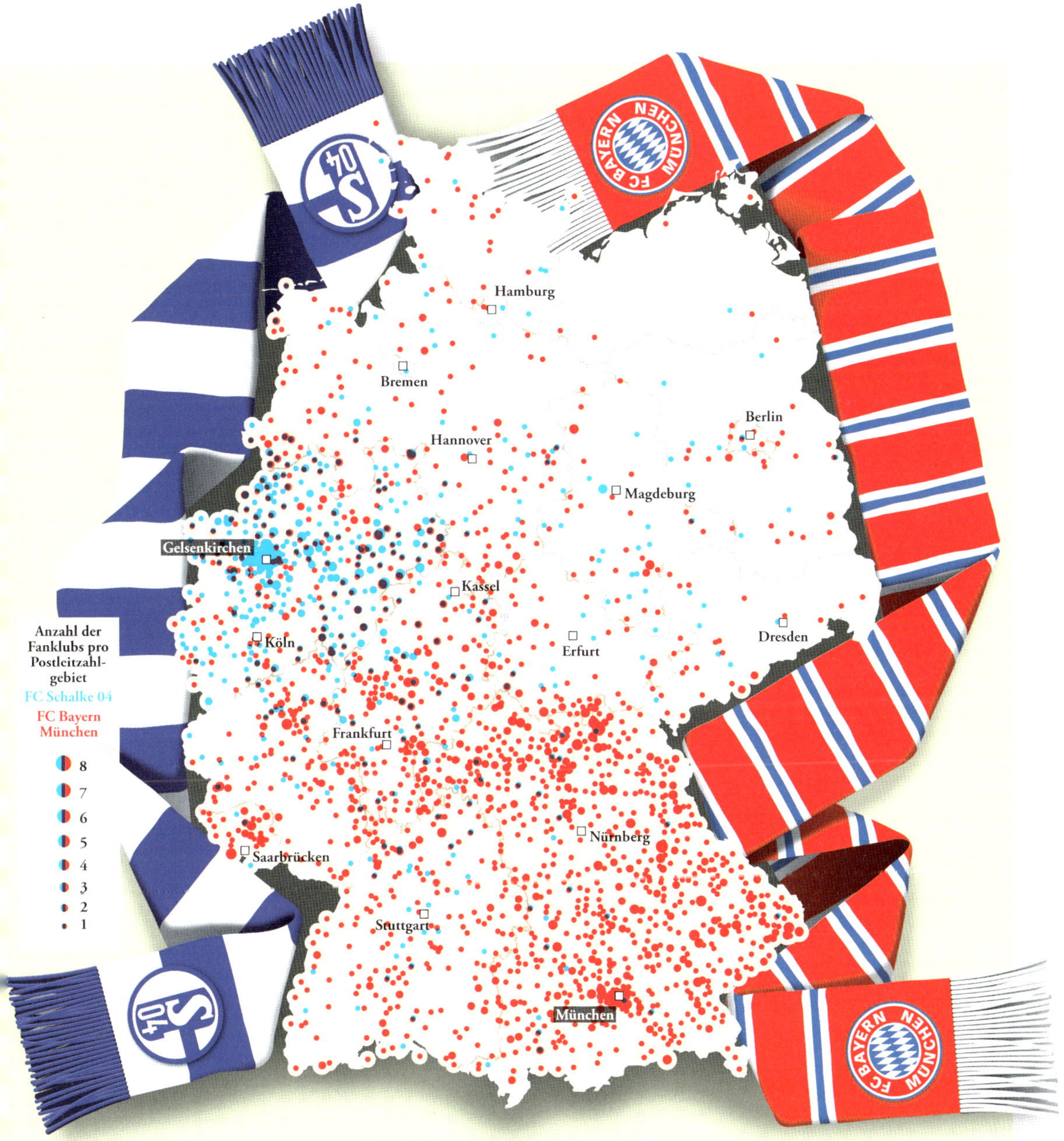

Hamburg
Bremen
Berlin
Hannover
Magdeburg
Gelsenkirchen
Kassel
Anzahl der Fanklubs pro Postleitzahlgebiet
FC Schalke 04
FC Bayern München
8
7
6
5
4
3
2
1
Köln
Erfurt
Dresden
Frankfurt
Nürnberg
Saarbrücken
Stuttgart
München

Griechen

Wer Schulden hat, erntet Mitleid und bekommt vielleicht Besuch von Peter Zwegat, so ist das normalerweise. Der griechische Staat und seine Bürger bekommen Häme. Nicht nur von *Bild*, sondern zum Beispiel auch von der *Rheinischen Post* aus Düsseldorf. Titelzeile vom 4. Mai 2010: *Die Privilegien der Griechen* (»sitzen in obskuren staatlichen Gremien«, es gibt »Extrageld« für »pünktliches Erscheinen am Arbeitsplatz«). Das ist fies, zumal in Düsseldorf viele Griechen leben, von denen die wenigsten von Extrageld leben. Die Griechen kamen vor genau 50 Jahren (es wurde in Bonn Jubiläum gefeiert, ein Staatsminister sprach), der Westen und und der Süden riefen sie an Hochöfen und Fließbänder. Bald prosperierte der Süden, griechische Eltern waren bemüht, die Kinder gingen recht oft aufs Gymnasium. Griechen waren die beliebteren Ausländer. Sie durften den ersten Ausländer in der *Lindenstraße* stellen, den Kneipier Panaiotis Sarikakis. Sein Lokal schrieb jedoch bereits nach rund hundert Folgen rote Zahlen. Typisch halt. Das war jetzt wirklich Spaß.

Quelle: Statistisches Bundesamt

Hamburg 0,3
Region
Hannover 0,5
Berlin 0,3
Dresden 0,1
Wuppertal 1,4
Hagen 1,5
Düsseldorf 1,6
Märkischer Kreis 1,5
Offenbach 2,7
Schweinfurt 1,2
Kreis Groß-Gerau 1,5
Odenwaldkreis 1,3
Ludwigshafen 1,2
Fürth 1,9
Nürnberg 1,7
Schwabach 1,2
Kreis Ludwigsburg 1,3
Rems-Murr-Kreis 1,8
Stuttgart 2,1
Kreis Esslingen 1,5
Kreis Böblingen 1,2
Kreis Reutlingen 1,4
Kreis Dachau 1,5
München 1,4
Anteil von Griechen
an der Gesamt-
bevölkerung in Prozent
(Stand vom 31.12.2009)
0 bis 0,1
0,1
0,5
1,0
1,5
2,0
2,7
Städte und Kreise
mit über 1 Prozent

41 Kletterwände

Anders als dem Skifahren auf künstlichen Hängen haftet dem Klettern an künstlichen Felsen kaum das Image des Lächerlichen an. Der Klettersport ist ein zwar neuer, doch ernst genommener Volkssport, mehr als 300 000 Deutsche gehen ihm nach. Die erste künstliche Kletterwand entstand 1970 aus Spritzbeton am Berliner Teufelsberg, weil die Westberliner von den richtigen Felsen abgeschnitten waren. Weit bis in die Neunziger kletterte an Kunstwänden vor allem, wer für die Natur trainierte. Seit 1992 wird auch in Hallen geklettert, nur anfangs sträubten sich einige Mitglieder des Deutschen Alpenvereins gegen diese Anlagen. Im Süden, wo die Alpen nah sind, gibt es mehr Kletterwände, doch der Norden holt gut auf. Köln und Berlin sind besonders kletterfreundlich, hier wohnen viele körperbewusste Akademiker. Wobei erwähnt werden muss, dass die Rheinländer wie die Niederländer das Klettern mit der *Toprope*-Sicherung bevorzugen, dank der man sich kaum noch weh tun kann – eine Variante, die wenigstens in Bayern als Klettern für Flachlandbewohner belächelt wird.

Quelle: Deutscher Alpenverein

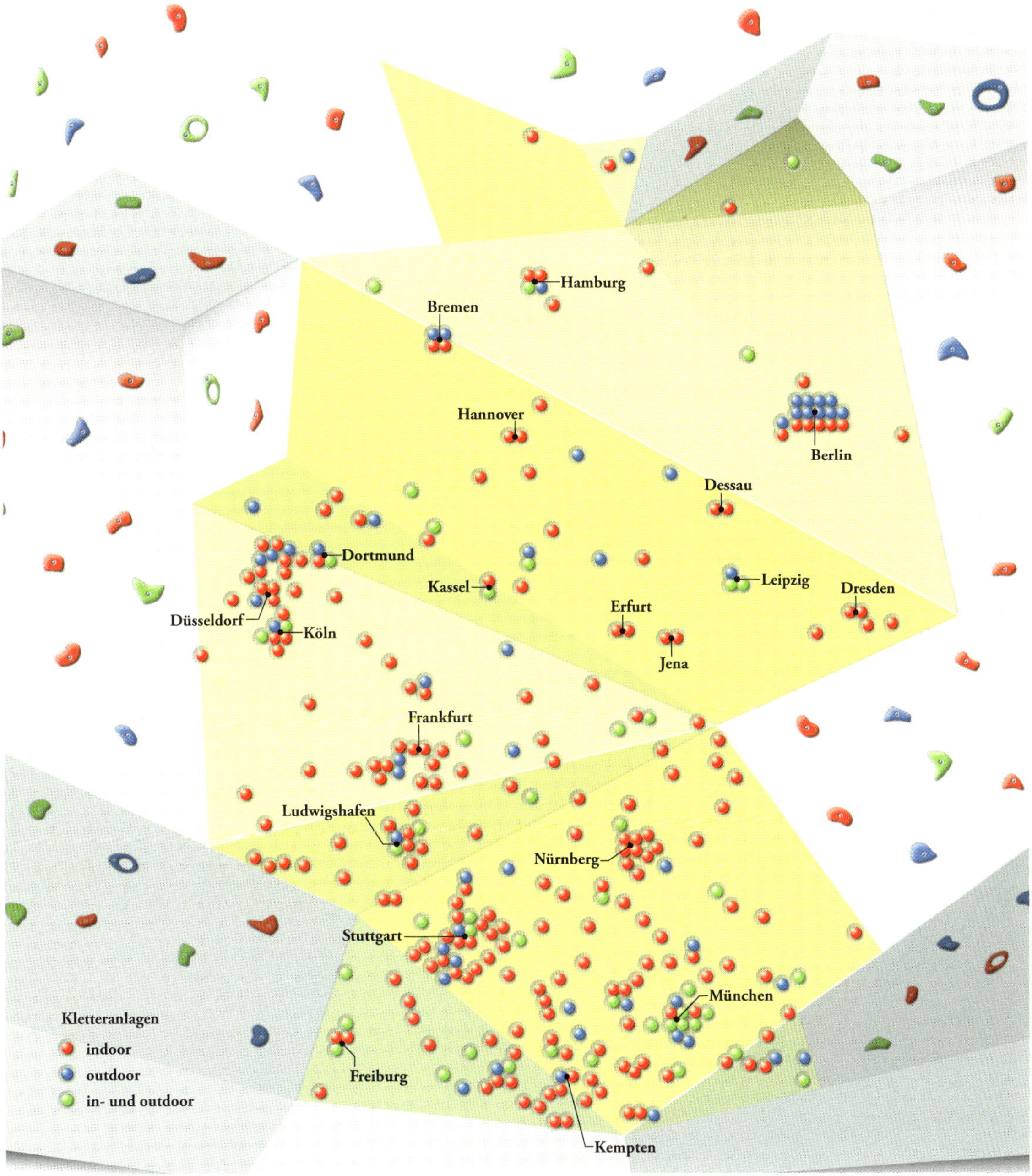
Hamburg
Bremen
Hannover
Berlin
Dessau
Dortmund
Leipzig
Kassel
Dresden
Erfurt
Düsseldorf
Köln
Jena
Frankfurt
Ludwigshafen
Nürnberg
Stuttgart
München
Freiburg
Kempten
Kletteranlagen
indoor
outdoor
in- und outdoor

42 Lottospieler

Poker ist die großspurige, Lotto die kleinbürgerliche Variante des Glücksspiels. Wer sehr wenig Geld hat, spielt selten Lotto. Wer gebildet ist, spielt eher nicht, weil er etwas von Wahrscheinlichkeitsrechnung zu verstehen glaubt und behauptet, es sei dumm, ein Spiel zu spielen, bei dem der Großteil der Einnahmen an den Staat geht. Es sei wahrscheinlicher, vom Blitz erschlagen zu werden, als im Lotto zu gewinnen, heißt es (was nicht stimmt). Dabei spielen Bildungsbürger deshalb nicht, weil sie oft gut verdienen und sich einen Urlaub im Indischen Ozean auch so leisten können. Es spielt die untere Mittelschicht, hat das Max-Planck-Institut herausgefunden, und es spielen vor allem Menschen auf dem Land (weil es dort weniger Abwechslung gibt und sich leichter Tippgemeinschaften bilden). Außerdem diejenigen, die katholisch-schicksalsgläubig sind (siehe Rheinland und Bayern) und nicht protestantisch-sparsam (siehe Schwaben und Ostdeutschland). Von Duselbayern sollte im Lotto also nie die Rede sein. Die Bayern haben sich das Glück verdient.

Quelle: Microm

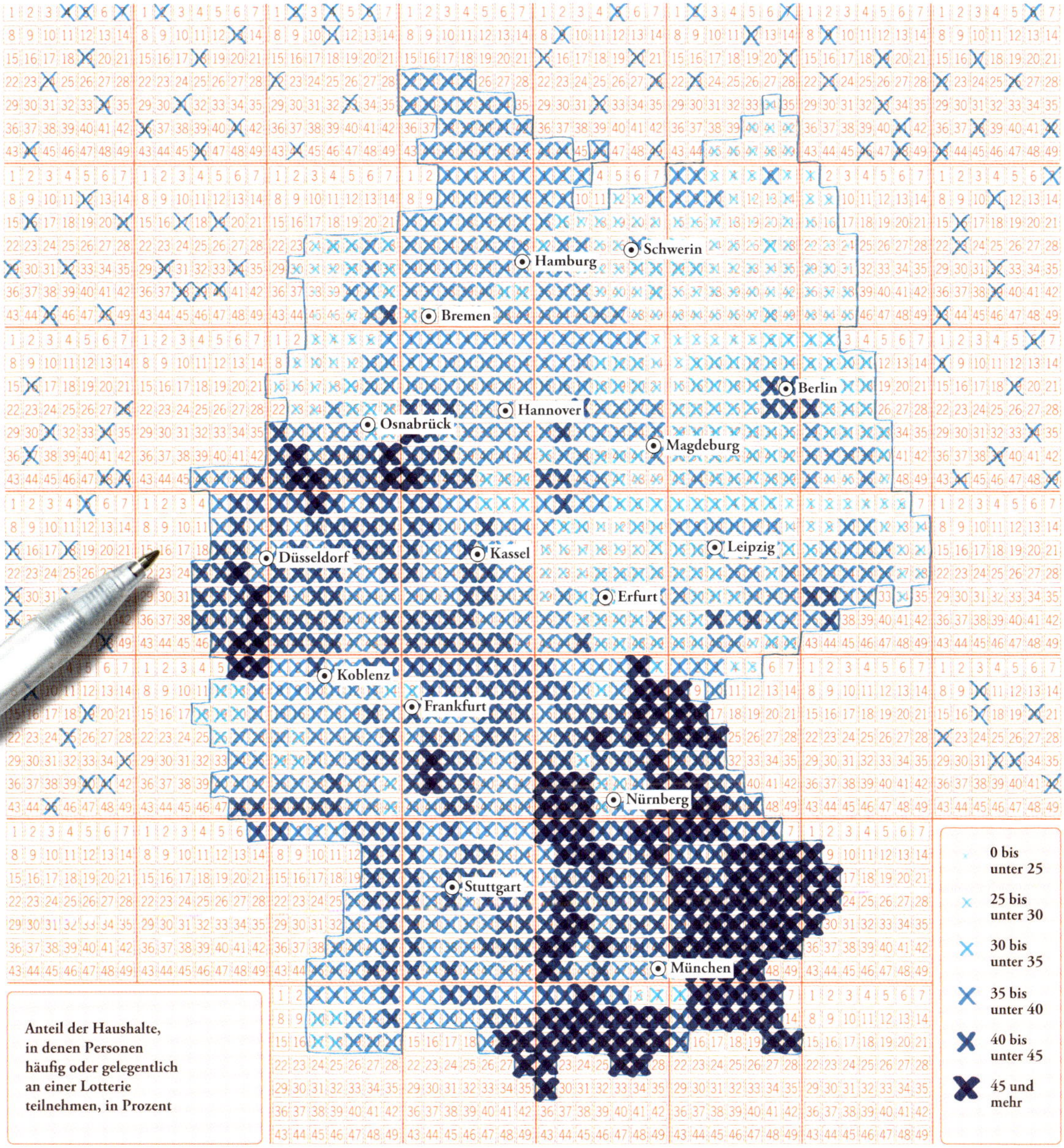

Anteil der Haushalte, in denen Personen häufig oder gelegentlich an einer Lotterie teilnehmen, in Prozent

43 WM-Spieler

München, welches den erfolgreichsten deutschen Fußballverein stellt, brachte neun Nationalspieler hervor, die an einer WM teilnahmen. Gelsenkirchen, das viel weniger Einwohner als München hat und eine etwas weniger erfolgreiche Bundesligamannschaft, zählt 14 Nationalspieler – keine andere Stadt hatte so viele. Nordrhein-Westfalen hat eine ganze Reihe weiterer WM-Städte, aus denen Düren herausragt: fünf Spieler bei nach heutiger Zählung nicht einmal 93 000 Einwohnern. Natürlich weiß man, dass der Fußball im Ruhrpott und drumherum groß wurde, weil er das Spiel der Arbeiter war. Aber Düren liegt schon ziemlich weit weg vom Ruhrpott. Und was ist mit Kolbermoor in Bayern? Aus dieser Kleinstadt kam Paul Breitner, nun, drei Jahrzehnte später, folgt Bastian Schweinsteiger. Vielleicht entfalten Nationalspieler einen Sog, selbst wenn sie nicht mehr da sind: Offenbar bleibt es nicht ohne Folgen für die Gehirne der Jungen, wenn ihre Väter von den Männern erzählen, die nur ein paar Straßen weiter wohnten und sich den größten Jungentraum erfüllten.

Recherche: Fritz Schaap

Geburtsorte aller Spieler, die seit 1934 bei Fußballweltmeisterschaften der Männer für Deutschland antraten, sowie die Anzahl der Spieler pro Ort

44 Alte Mühlen

Wer sich nicht wenigstens ein bisschen freut, wenn er eine alte Mühle am Horizont entdeckt, dem ist wahrscheinlich auch sonst nicht mehr zu helfen. Mühlen sind neben Leuchttürmen die beliebtesten Zweckgebäude – nur viel häufiger als die Leuchttürme. Bis zur Industrialisierung gab es überall Mühlen, wo Menschen wohnten – im Norden Wind-, im Süden Wassermühlen –, um Müllern, Schmieden und Zimmermännern das Leben leichter zu machen. Ungefähr jede hundertste Mühle ist erhalten geblieben. Sie überlebten vor allem in industrialisierten Gegenden, weil sich dort schon im 19. Jahrhundert, als es plötzlich dampfte und rauchte, Menschen fanden, die ein Bedürfnis verspürten, die sinnlos herumstehenden Mühlen zu retten. Besonders viele frühe Denkmalschützer gab es zwischen Rhein und Ruhr – und in Sachsen. Später mochte auch die DDR die Mühlen (mehr als alles andere Alte), von wegen Arbeiter-und-Bauern-Staat. In Bayern gab es wohl zu viele Schlösser, die man stattdessen schützen konnte.

Quelle: Leibniz-Institut für Länderkunde; Nationalatlas aktuell; DGM e.V.

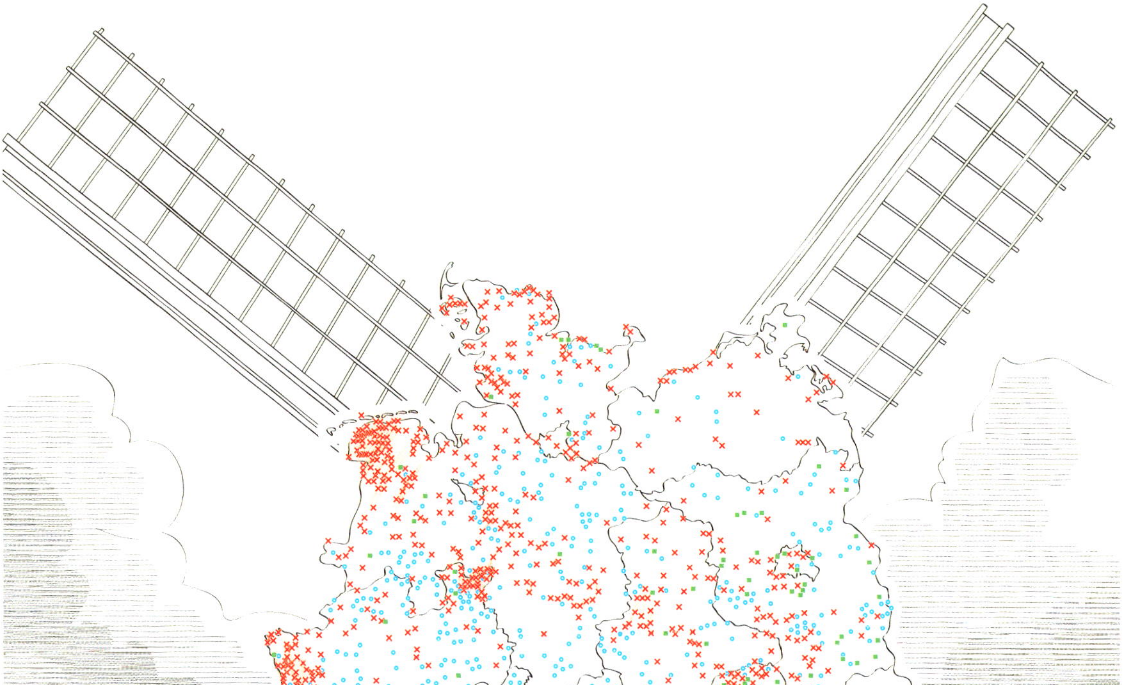

Historische Mühlen
Windmühlen
Wassermühlen
sonstige Mühlen
(z. B. Rossmühlen)

45 FKK-Bäder

Rasch auf die Karte geschaut, könnte man denken: Ach, so nacktbadeversessen sind die Ostdeutschen ja doch nicht. Stimmt aber nicht ganz. Im Sommer 1991 hätte die Karte ganz anders ausgesehen: Es gab im Osten fast gar keine FKK-Bäder. Der DDR-Bewohner badete »wild« nackt, wie das hieß, auf normalen Badewiesen, ohne dass ein Schild oder eine Sichtschutzhecke ihn in der Nacktbadezone von Bekleideten getrennt hätten. Es wurde unter Soziologen darüber debattiert, weshalb der Osten es so gerne nackt mochte; am häufigsten wird dem Umstand, dass es sonst nicht so viel Freiheit gab, die größte Bedeutung zugemessen. Wenn heute der Osten ähnlich dicht von offiziellen FKK-Badewiesen besiedelt ist wie der Westen, ist dies ein Beleg dafür, wie sich der Westen, der schon immer im festen Regelwerk nackt war, seine Bedürfnisse durchgesetzt hat (übrigens ist Südhessen eine Art Hochburg, wo es in den Siebzigern besonders beliebt war, Aktivist zu sein – für die DKP, gegen AKWs oder für FKK). Der Westen hat die Ossis, was das Nacktbaden anbelangt, erst zu Zonis gemacht.

Quelle: Drei Brunnen Verlag

Sylt
Föhr
Amrum
Sankt Peter-Ording
Fehmarn
Dahme
Grömitz
Hiddensee
Rügen
Usedom
Cuxhaven
Schillig
Wiefelstede
Oldenburg
Hamburg
Mölln
Schwerin
Bremen
Faßberg
Drosedow
Zwenzow
Marienwerder
Wandlitz
Berlin
Brandenburg
Hannover
Braunschweig
Salzgitter
Alt-Schadow
Bagenz
Münster
Paderborn
Duisburg
Bad Arolsen
Halle
Leipzig
Düsseldorf
Marburg
Gießen
Neu-Anspach
Ilmenau
Diez
Frankfurt
Darmstadt
Altrip
Regensburg
Karlsruhe
Achern
Ulm
Günzburg
Geisenfeld
Kissing
München
Freiburg
Edling
Neuenburg
Weingarten
Konstanz
FKK-Badeplätze
1
2
3
4
5
9

46 Kampfhunde

Natürlich kann niemand wissen, welche Hunderassen wirklich böse sind und welche eher gut. Die Karte zeigt, wie unterschiedlich in den Bundesländern über die Gefährlichkeit der Hunderassen gedacht wird – nämlich überall anders, so als würde Kampfhund-Bingo gespielt. Was »gefährlich« bedeutet, ob ein gefährlicher Hund an die Leine muss oder einen Maulkorb braucht, ist in jedem Land ebenfalls unterschiedlich geregelt. All dies wäre dann gute Politik, wenn Hunde in Bremen anders ticken würden als in Bayern. So ist es aber ja sehr wahrscheinlich nicht. Immer wenn ein Mensch von so einem Tier totgebissen wird, heißt es überall, das Problem seien nicht die Hunde, sondern die Besitzer. Kann ja sein. Aber weil besonders Menschen, die ein schweres Problem mit sich selbst haben, Tiere anschaffen, vor denen die Nachbarn Angst haben, wäre es zwar nicht in jedem Fall gerecht, aber für das Allgemeinwohl besser, wenn keine Hunderasse mehr gehalten werden dürfte, die ab und zu Menschen tötet. Fürs Erste sei Hundephobikern am ehesten Mecklenburg-Vorpommern empfohlen.

Recherche: Friederike Milbradt

ʼunderassen und die Anzahl
er Bundesländer, in denen sie
s gefährlich oder vermutlich
efährlich aufgeführt werden

- (American) Pitbull Terrier (14)
- (American) Staffordshire Terrier (14)
- Bullterrier (12)
- Staffordshire Bullterrier (12)
- Dogo Argentino (8)
- Fila Brasileiro (8)
- Mastiff (7)
- Mastin Español (7)
- Mastino Napoletano (7)
- Tosa Inu (7)
- Bullmastiff (6)
- Dogue de Bordeaux (5)
- Rottweiler (5)
- Alano (3)
- American Bulldog (3)
- Cane Corso (2)
- Kangal (Karabash) (2)
- Kaukasischer Owtscharka (2)
- Perro de Presa Canario (Dogo Canario) (2)
- Perro de Presa Mallorquin (2)
- Bandog (1)
- Dobermann (1)

assen mit rotem
ennbuchstaben werden
ls gefährlich aufgeführt

ei Rassen mit grauem
ennbuchstaben
ird die Gefährlichkeit
ermutet, kann
ber im Einzelfall
urch einen Wesenstest
iderlegt werden

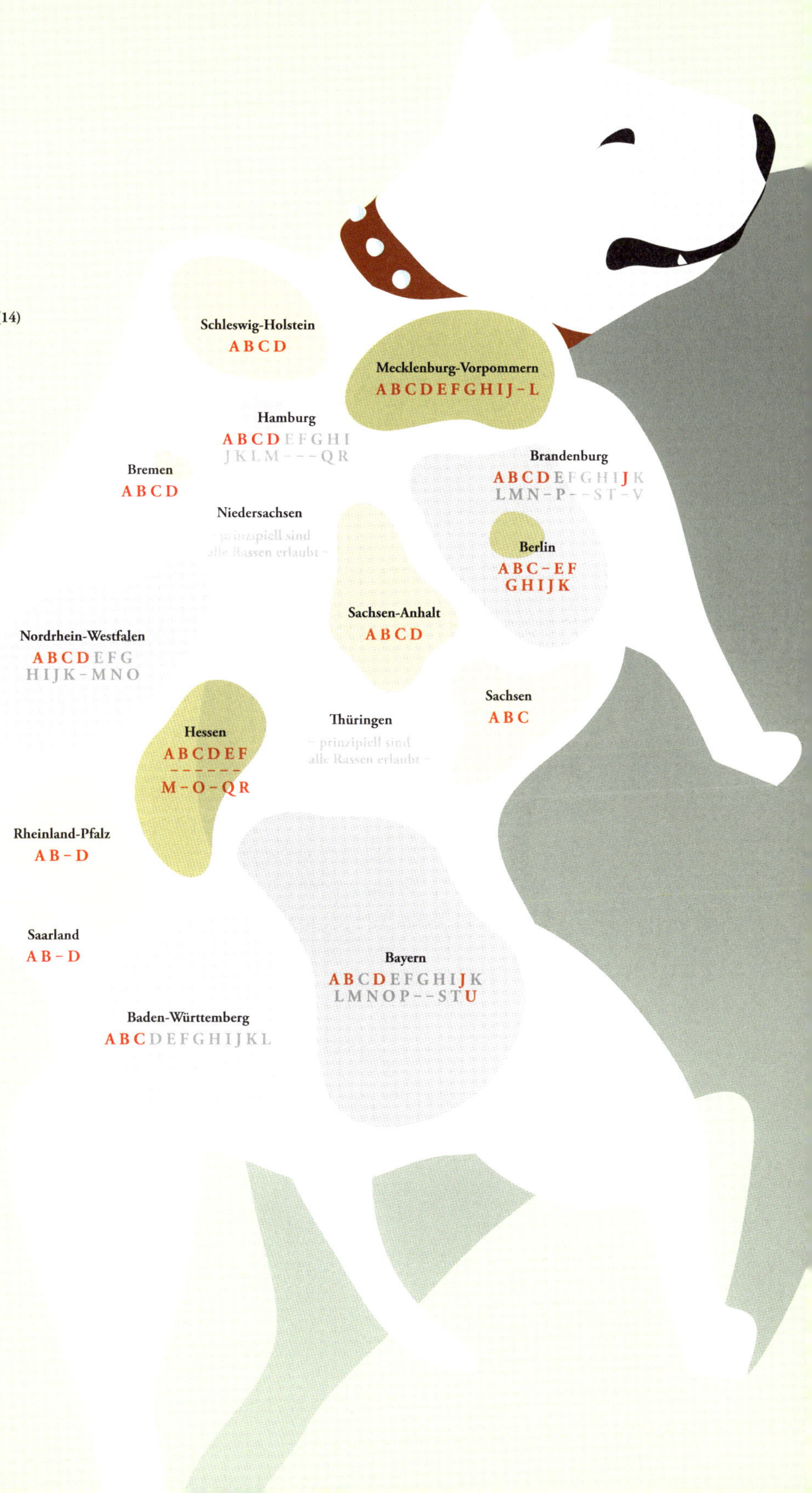

Waldorfschulen

Nicht in Waldorf, sondern in Stuttgart wurde die erste Waldorfschule gegründet. Es war Emil Molt, der Direktor der Waldorf-Astoria-Zigarettenfabrik, der dem Anthroposophen Rudolf Steiner 1919 den Auftrag gab, für die Kinder seiner Arbeiter auf der Stuttgarter Uhlandshöhe eine Schule einzurichten, in der es keine Noten gab und keine Sitzenbleiber. Unter den Nazis verboten, wurden nach dem Krieg drei der ersten Schulen ebenfalls in und um Stuttgart gegründet. Es waren vor allem Eltern, die Waldorfschulen ins Leben riefen. Einen Plan, wie sich die Schulen übers Land ausbreiten sollten, gab es daher nie. Ihre Blüte hatte die Idee in der zweiten Hälfte der Siebziger, als die Kinder der Studenten von 68 in die Schule kamen. In Bayern entstanden sehr wenige, hier bekämpften die katholischen Pfarrer die Schulen wie eine Sekte. Früher hatten die Eltern vor allem idealistische Motive, heute wünschen sich nicht wenige, dass ihre Kinder ihre Soft Skills verbessern, die im Arbeitsleben scheinbar immer wichtiger werden. Vielleicht haben die Schwaben das schon früher geahnt als andere.

Quelle: Bund der freien Waldorfschulen

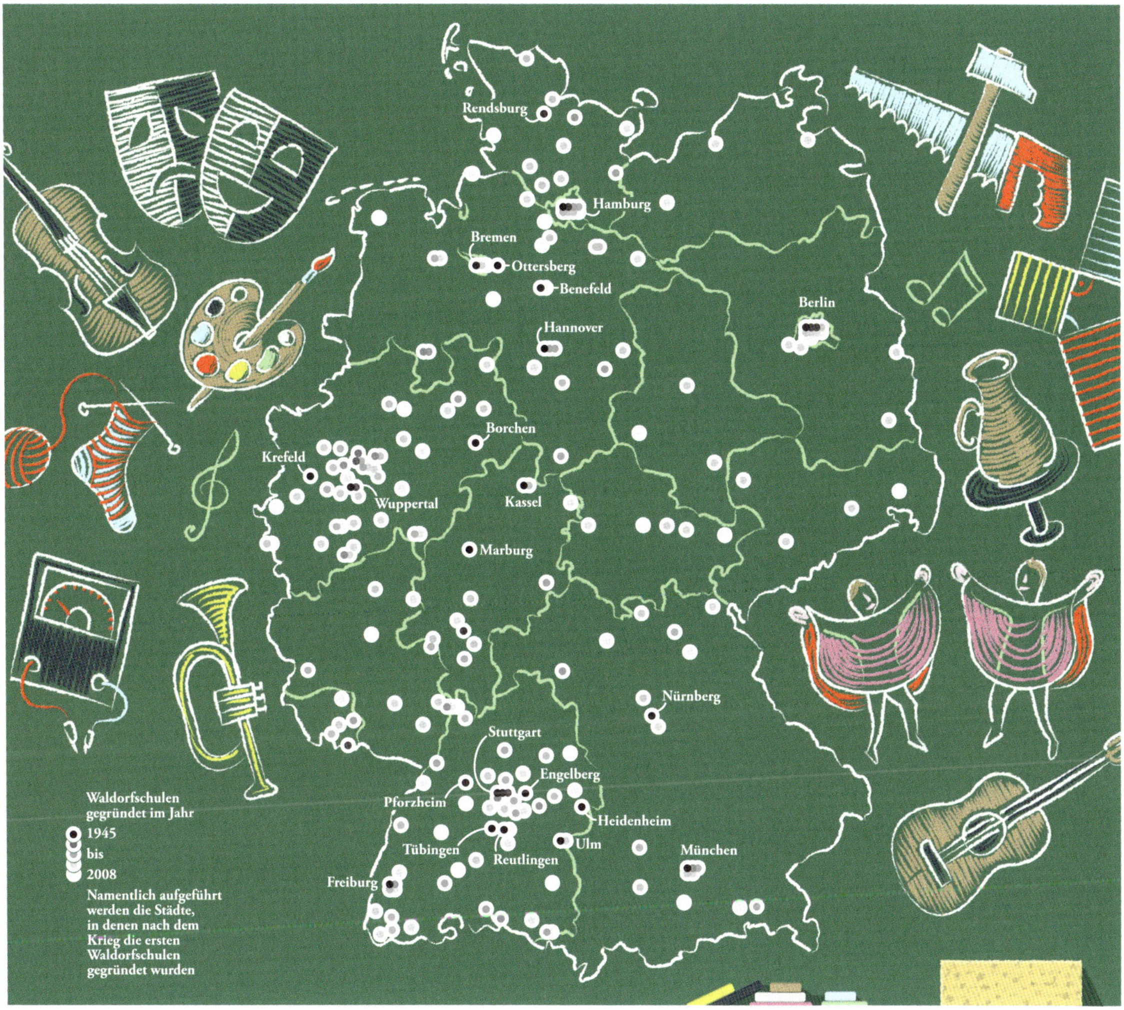
Rendsburg
Hamburg
Bremen
Ottersberg
Benefeld
Hannover
Berlin
Borchen
Krefeld
Wuppertal
Kassel
Marburg
Nürnberg
Stuttgart
Engelberg
Pforzheim
Heidenheim
Tübingen
Reutlingen
Ulm
München
Freiburg
Waldorfschulen gegründet im Jahr
1945
bis
2008
Namentlich aufgeführt werden die Städte, in denen nach dem Krieg die ersten Waldorfschulen gegründet wurden

48 Lange Nächte

Kinder in Sommerfreizeiten werden oft mit dem Argument, sie finde nachts statt, zu einer Wanderung gelockt, zu der sie bei Tageslicht niemals Lust hätten. Das Prinzip Nachtwanderung haben ein paar Berliner Kulturpolitiker angewandt, als sie 1997 die erste »Lange Nacht« erfanden: die Lange Nacht der Museen. Sie zog Menschen an, die tagsüber dasselbe hätten sehen können, aber weil es draußen dunkel war, war es aufregender. Die Lange Nacht der Museen war ein Erfolg, sie fand Ableger: In den Langen Nächten der Wissenschaften wurden Labore und in den Langen Nächten der Jugendkultur Clubs geöffnet, obwohl Clubs selten tagsüber geöffnet sind. Auch im Ausland wurde die Idee inzwischen nachgeahmt, und so sind die Langen Nächte wie Lena und »unsere junge Mannschaft« ein Symbol des neuen Deutschlands. Früher waren unsere Sperrstunden berüchtigt. Natürlich könnte man spotten, dass es umso mehr Lange Nächte gibt, je langweiliger die Nächte sonst sind. Paderborn könnte ein Indiz dafür sein. Aber warum gibt es dann in Saarbrücken keine einzige?

Recherche: Friederike Milbradt

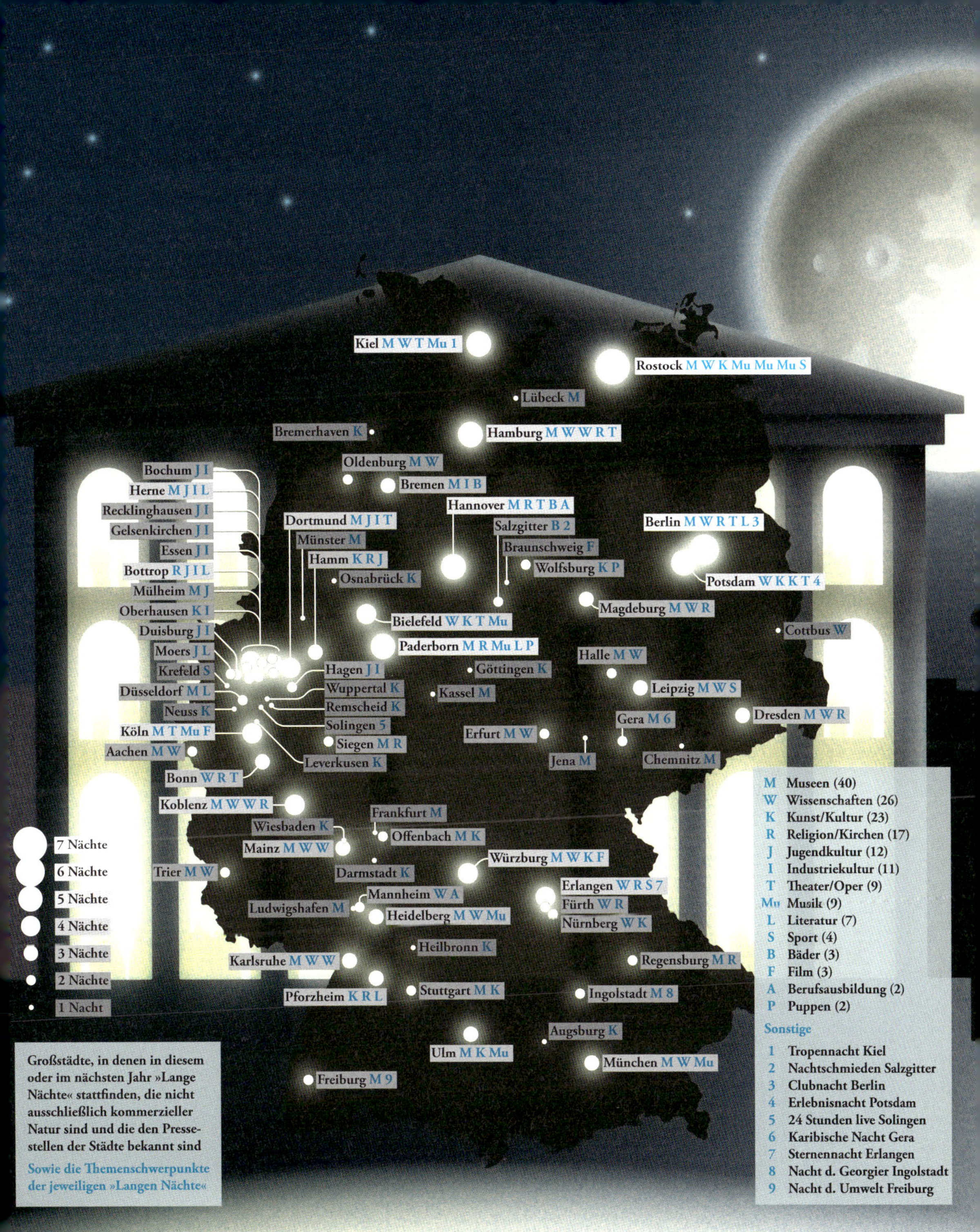
Kiel M W T Mu 1
Rostock M W K Mu Mu Mu S
Lübeck M
Bremerhaven K
Hamburg M W W R T
Oldenburg M W
Bremen M I B
Hannover M R T B A
Salzgitter B 2
Braunschweig F
Wolfsburg K P
Berlin M W R T L 3
Potsdam W K K T 4
Bochum J I
Herne M J I L
Recklinghausen J I
Gelsenkirchen J I
Essen J I
Bottrop R J I L
Mülheim M J
Oberhausen K I
Duisburg J I
Moers J L
Krefeld S
Düsseldorf M L
Neuss K
Köln M T Mu F
Aachen M W
Bonn W R T
Koblenz M W W R
Dortmund M J I T
Münster M
Hamm K R J
Osnabrück K
Bielefeld W K T Mu
Paderborn M R Mu L P
Magdeburg M W R
Cottbus W
Hagen J I
Wuppertal K
Remscheid K
Solingen 5
Siegen M R
Leverkusen K
Göttingen K
Kassel M
Halle M W
Leipzig M W S
Gera M 6
Dresden M W R
Erfurt M W
Jena M
Chemnitz M
Frankfurt M
Wiesbaden K
Offenbach M K
Mainz M W W
Trier M W
Darmstadt K
Würzburg M W K F
Mannheim W A
Ludwigshafen M
Heidelberg M W Mu
Erlangen W R S 7
Fürth W R
Nürnberg W K
Heilbronn K
Karlsruhe M W W
Regensburg M R
Pforzheim K R L
Stuttgart M K
Ingolstadt M 8
Augsburg K
Ulm M K Mu
München M W Mu
Freiburg M 9
7 Nächte
6 Nächte
5 Nächte
4 Nächte
3 Nächte
2 Nächte
1 Nacht
M Museen (40)
W Wissenschaften (26)
K Kunst/Kultur (23)
R Religion/Kirchen (17)
J Jugendkultur (12)
I Industriekultur (11)
T Theater/Oper (9)
Mu Musik (9)
L Literatur (7)
S Sport (4)
B Bäder (3)
F Film (3)
A Berufsausbildung (2)
P Puppen (2)
Sonstige
1 Tropennacht Kiel
2 Nachtschmieden Salzgitter
3 Clubnacht Berlin
4 Erlebnisnacht Potsdam
5 24 Stunden live Solingen
6 Karibische Nacht Gera
7 Sternennacht Erlangen
8 Nacht d. Georgier Ingolstadt
9 Nacht d. Umwelt Freiburg
Großstädte, in denen in diesem oder im nächsten Jahr »Lange Nächte« stattfinden, die nicht ausschließlich kommerzieller Natur sind und die den Pressestellen der Städte bekannt sind
Sowie die Themenschwerpunkte der jeweiligen »Langen Nächte«

49 Literaturklassiker

Wenn die Handlung eines Romans nicht nur einen roten Faden hätte, sondern tatsächlich ein Bindfaden wäre, gespannt zwischen den Orten der Handlung, dann würde sich am Zusammenfluss von Rhein und Main ein Knäuel ergeben – zumindest wenn man, wie auf dieser Karte, Klassiker der Literatur untersucht. Warum spielt ein Roman, wo er spielt? Zum Rhein fühlten sich viele Schriftsteller hingezogen, weil er Schauplatz deutscher Legenden ist. Oft wählten die Schriftsteller Orte, die ihnen vertraut waren, nicht selten sogar ihre Geburtsorte (Grimmelshausen beschrieb Gelnhausen, Theodor Fontane Neuruppin, Gottfried Keller Zürich). So konnte man sicher sein, dass sich der Leser nicht über Ortsunkenntnis beschwerte. Städtenamen sind natürlich auch ein Mittel, um Stimmung zu erzeugen. Im Sylt-Zürich-Roman geht es dekadent zu, im Bautzen-Stettin-Roman eher düster. Umgekehrt wirken Bücher auch: Der Leser denkt an Lübeck und denkt nicht nur an das echte – sondern an das Lübeck, das er aus den *Buddenbrooks* kennt.

Recherche: Enrique Garcia de la Garza,
Friederike Gräff, Philipp Wurm

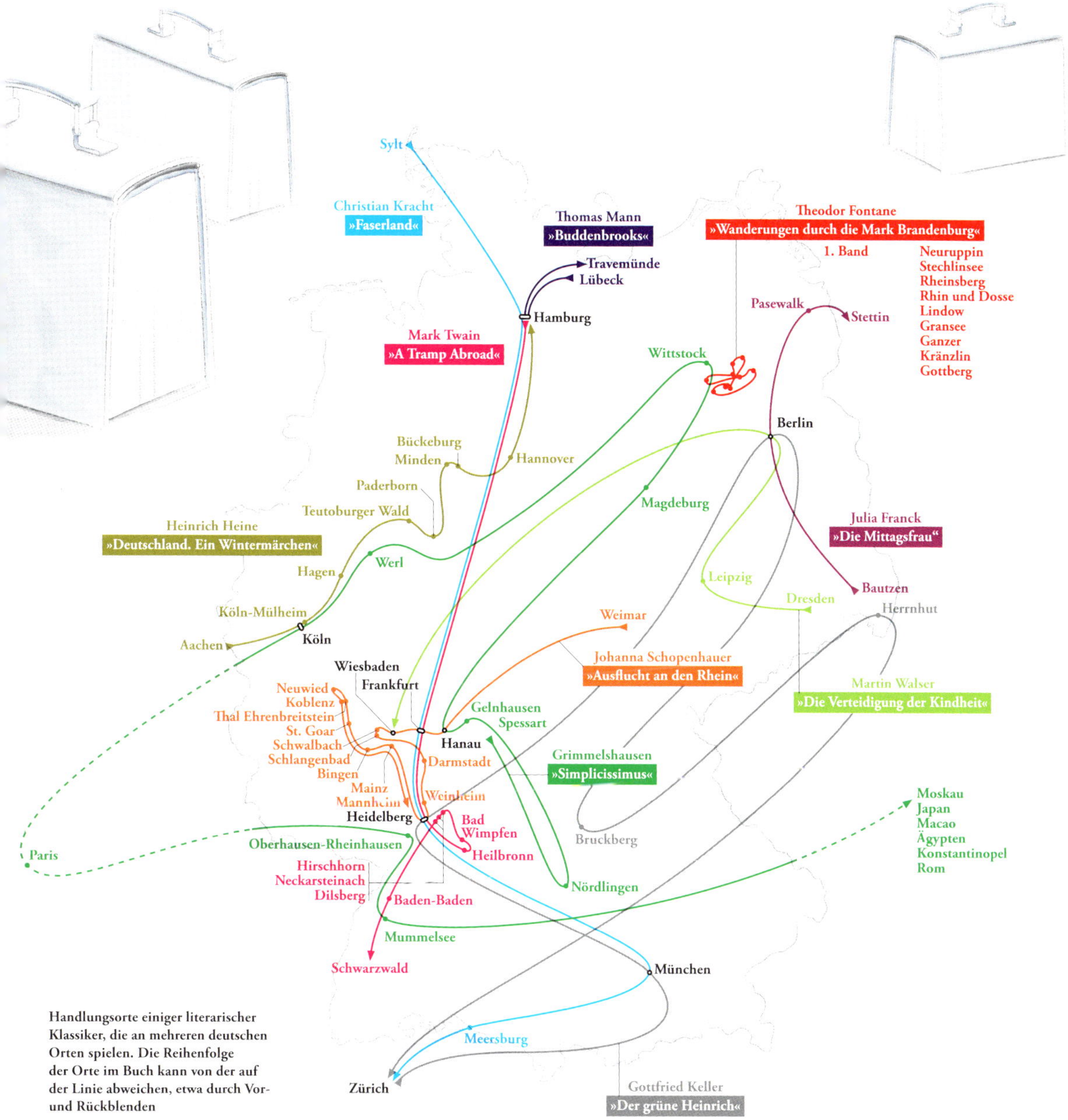

Handlungsorte einiger literarischer Klassiker, die an mehreren deutschen Orten spielen. Die Reihenfolge der Orte im Buch kann von der auf der Linie abweichen, etwa durch Vor- und Rückblenden

Äquatoren

Sooft von den Norddeutschen und den Süddeutschen gesprochen wird, so unklar ist, wo die Grenze verläuft zwischen den beiden Landeshälften. In Berlin oder Hamburg zum Beispiel gelten schon Hessen als Süddeutsche, für die wiederum erst Baden-Württemberger und Bayern. Bayern selbst sprechen gerne vom Weißwurstäquator, welcher eine Grenze meint, die zwischen einer weißwurstaffinen Lebensweise und einer weißwurstfernen Lebensweise verläuft. Bereits diese Grenze ist nicht eindeutig definiert, je nach Quelle ist es mal der Main und mal die Donau. Zieht man andere Indikatoren fürs Süddeutschsein hinzu (Weißbier brauen, grüß Gott sagen, Schafkopf spielen, bei Aldi Süd statt bei Aldi Nord einkaufen), so zeigt sich, dass es noch komplizierter wird. Lauter Äquatoren! Es gibt also einen Streifen um den Main herum, eine Art neutralen Korridor, in dem die Menschen, die dort wohnen, es sich frei aussuchen können, ob sie als Süddeutsche gelten wollen oder nicht. Wenn es zwischen Ost und West auch so wäre: Blöd wär's nicht.

Quelle: Deutscher Sprachatlas, ASS Verlag
und eigene Recherchen

Guten Tag
Grüß Gott
Aldi Nord
Aldi Süd
»Weißwurst-Äquator«
Main
Rhein
Frankfurt
Main
Bayreuth
Würzburg
Heidelberg
»Weißwurst-Äquator«
Donau
Donau
keine Weißbier-Brauereien
Weißbier-Brauereien
München
Guten Tag
Grüß Gott
kein Schafkopf
Schafkopf

51 Neue Stadionnamen

In der Hamburger U-Bahn. Zwei Fußballfans, vielleicht 20, unterhalten sich. »Für mich«, sagt der erste, »wird die AOL-Arena immer die AOL-Arena bleiben.« Der zweite nickt. So ist das mit der Nostalgie. Noch vor ein paar Jahren, als die ersten Fußballstadien kommerzielle Namen bekamen, waren sich Fans sicher, dass sie den alten Namen auf ewig treu sein würden. Zum Beispiel in Leverkusen: Ulrich-Haberland-Stadion! Wie herrlich sich das doch aussprechen ließ in Radiomoderatorendehnung, wie unsinnlich waren dagegen all die neuen Dreibuchstaben- und Kunstnamen. Die neuen Namen würden nie den Weg in die Herzen der Fans finden, hieß es, all die Millionen für Namensrechte würden vergebens gezahlt worden sein. In Wirklichkeit gewöhnen sich die Fans schnell daran. Wenn die Firma lange genug zahlt, wird den Jungen ein neuer Name so leicht von den Lippen gehen wie den Alten Ulrich Haberland, der übrigens auch nur ein Chemiekonzern-Manager war.

Recherche: Fritz Schaap

Umbenannte Fußballstadien (seit 1945) mit ihren neuen und früheren Namen und dem Jahr der Umbenennung von Fußballklubs der 1., 2. und 3. Liga

52 Eiscafés

Wer durch deutsche Innenstädte spaziert, kann leicht auf den Gedanken kommen, dass Cortina eine bedeutsame italienische Stadt sei. So oft sind Eisdielen nach ihr benannt, mehr als hundertmal im ganzen Land. Dabei ist Cortina d'Ampezzo doch nur ein Dorf von 6000 Einwohnern, in dem zuletzt 1956 richtig was los war, nämlich die Olympischen Winterspiele. Weil aber die erste Eismachergeneration in Deutschland fast komplett aus den Dolomiten kam und der Skiort Cortina d'Ampezzo damals als mondän galt, hat sich der Name fast ebenso gut verbreitet wie Venezia. Nur in Ostdeutschland gibt es kaum ein Eiscafé Cortina (und auch kaum ein Dolomiti). Als die westdeutschen Eisdielen-Familien nach der Wende ostdeutsche Filialen gründeten, wählten sie Namen, von denen sie annahmen, dass die auch kannte, wer zuletzt nicht nach Italien gereist war. Sie wussten offenbar nicht, dass ältere Ostdeutsche (die ihren Enkeln Eis kaufen) gute Erinnerungen mit Cortina verbanden: Der Skispringer Harry Glaß hatte dort die erste olympische Medaille überhaupt für die DDR gewonnen.

Quelle: gelbe-seiten.de

Eiscafé Venezia (388 Eisdielen)
Eiscafé Dolomiti (138)
Eiscafé Cortina (116)

53 Oktoberfeste

Fußballfans fordern bis heute singend, ihre Spieler mögen denen des FC Bayern die Lederhosen ausziehen. Das Lied ist längst Folklore, Anti-Folklore-Folklore, ernst meint die Lederhosenfeindlichkeit kaum jemand mehr. In Wirklichkeit nämlich ziehen sich die, die da singen, nicht selten selbst Lederhosen an, um fernab von München ein Oktoberfest zu feiern mit Fassanstich und Umstata. Die Tradition des Oktoberfest-Imitierens ist neben dem Public Viewing die wichtigste neue Volksfesttradition. Als einzige Nicht-Bayern finden die Schwaben an dieser Tradition kaum Gefallen, sie sind seit 165 Jahren damit beschäftigt, den Cannstädter Wasen zu feiern und für genauso gut wie das Oktoberfest zu halten. Die bayernfernen Oktoberfeste entstanden wohl, weil das Bayerische heute keine Angst mehr macht (siehe CSU und BayernLB). Und weil sich die Leute zwar nach Bräuchen sehnen (wegen Globalisierung und so), es aber peinlich fänden, die eigene Tracht rauszukramen und anzuziehen. Kompromiss: ironisch Oktoberfest feiern.

Recherche: Philipp Wurm

Oktoberfeste

…tädte, in denen
…n diesem Jahr
ein oder
zwei
…ktoberfeste
…ach bayerischer
…rt stattfinden.
…ngegeben
…st das Jahr des
…rsten Festes

54 Solardächer

In Wohngebieten fallen immer wieder architektonische Moden auf, die sich nicht Architekten, sondern die Bewohner ausgedacht haben. So war es in den Achtzigern im Westen beliebt, Garagen kunterbunt anzumalen (um die Garage vom Spießerimage zu befreien), im Osten waren nach der Wende dunkelviolette Dachziegel beliebt (weil es so lange wenig Farbe gab). Die auffälligste Mode heute ist die Solaranlage auf dem Dach. Sie zeigt weithin sichtbar, dass da ein ökologisch denkender Mensch wohnt. Sie ist ein Statussymbol, das vom Staat mitbezahlt wird. Laut Stiftung Warentest lohnen sich Solaranlagen als Geldanlage sogar, wenn gar nicht so oft die Sonne scheint. Und so kam es, dass die Zellen nicht nur im Süden Freunde fanden, wo die Sonne häufig vorbeischaut. Besonders viele Solardächer gibt es sogar im Nordwesten, dem stark bewölkten Eck des Landes. Es gibt dort aber viele Einfamilienhäuser, viele Bauernhöfe und offenbar auch genügend Geld, um es anzulegen. Vielleicht glauben die Niedersachsen auch, dass sich so die Sonne anlocken lässt.

Quelle: Bundesnetzagentur

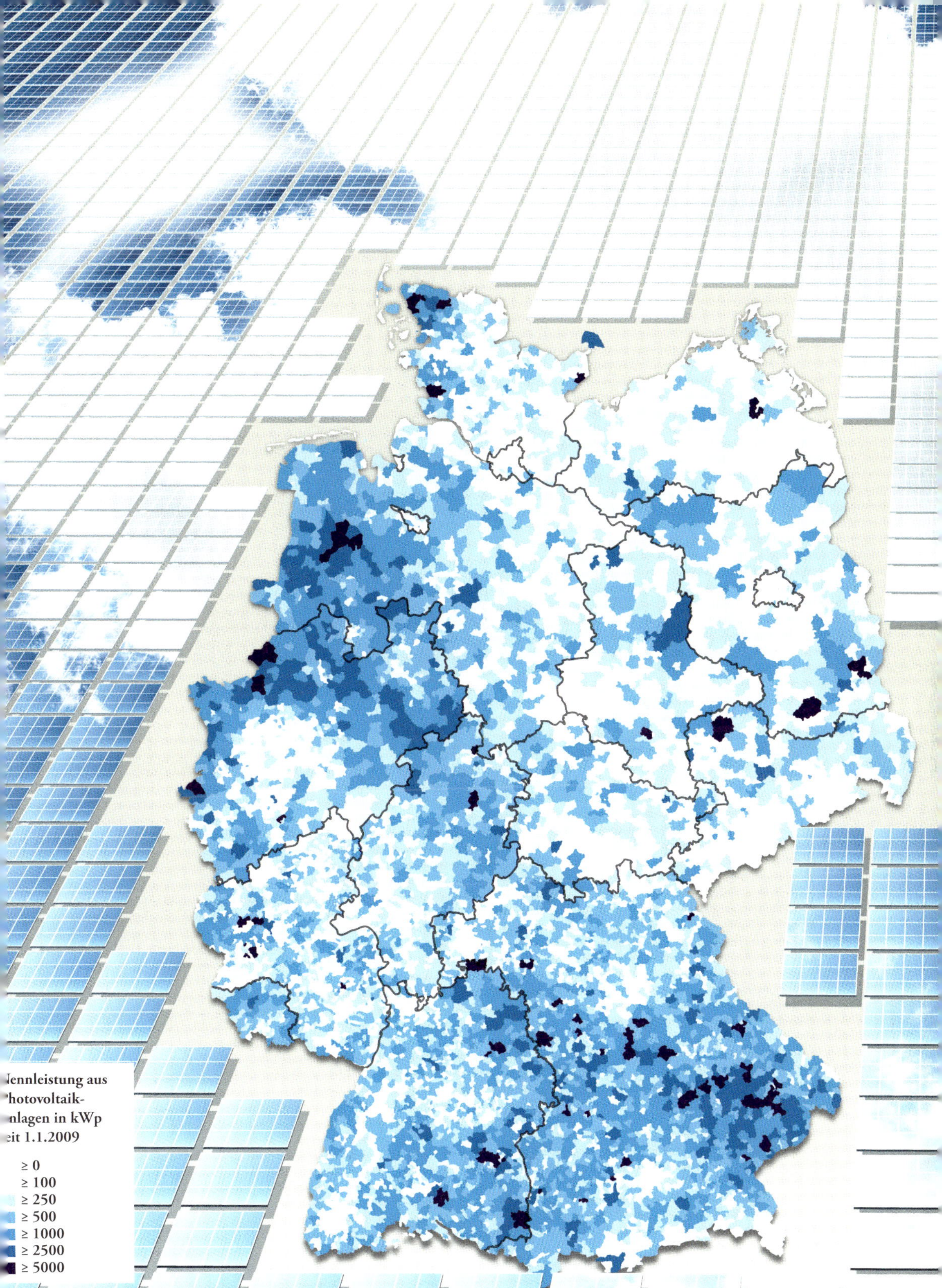
ennleistung aus
hotovoltaik-
nlagen in kWp
eit 1.1.2009
≥ 0
≥ 100
≥ 250
≥ 500
≥ 1000
≥ 2500
≥ 5000

55 Marathonläufe

In Berlin laufen sie seit 1974, dort ging es vier Jahre nach New York los. Damals war dieser Sport etwas für Extremisten, die von der trägen Mehrheit als verrückt angesehen wurden, malträtierten sie doch freiwillig ihren Körper. Inzwischen hat sich Deutschland marathonisiert, der Extremsport ist ein Volkssport geworden, und eine exponentiell wachsende Zahl von kleinen und größeren Städten will wenigstens ein bisschen so sein wie Berlin (die meisten Läufe haben weniger als 500 Teilnehmer, Berlin hat mehr als 30 000). In Hamburg finden gleich neun Marathonläufe statt, ein deutscher Rekord. Jeder will heute ausdauernd sein, starken Willen beweisen, vor Gesundheit nur so strotzen. Man sucht laufend nach einem Sinn. Manche, Männer vor allem, schreiben in ihre Bewerbung: »teilgenommen am Berlin-Marathon 2007«. So bekommt das Wort Lebenslauf eine neue Bedeutung. Nur die Bayern machen nicht ganz so begeistert mit. Vielleicht haben die bayerische Seele und der bayerische Körper wenig Interesse an einer Plackerei, die einem der liebe Gott nicht dankt.

Recherche: Enrique Garcia de la Garza

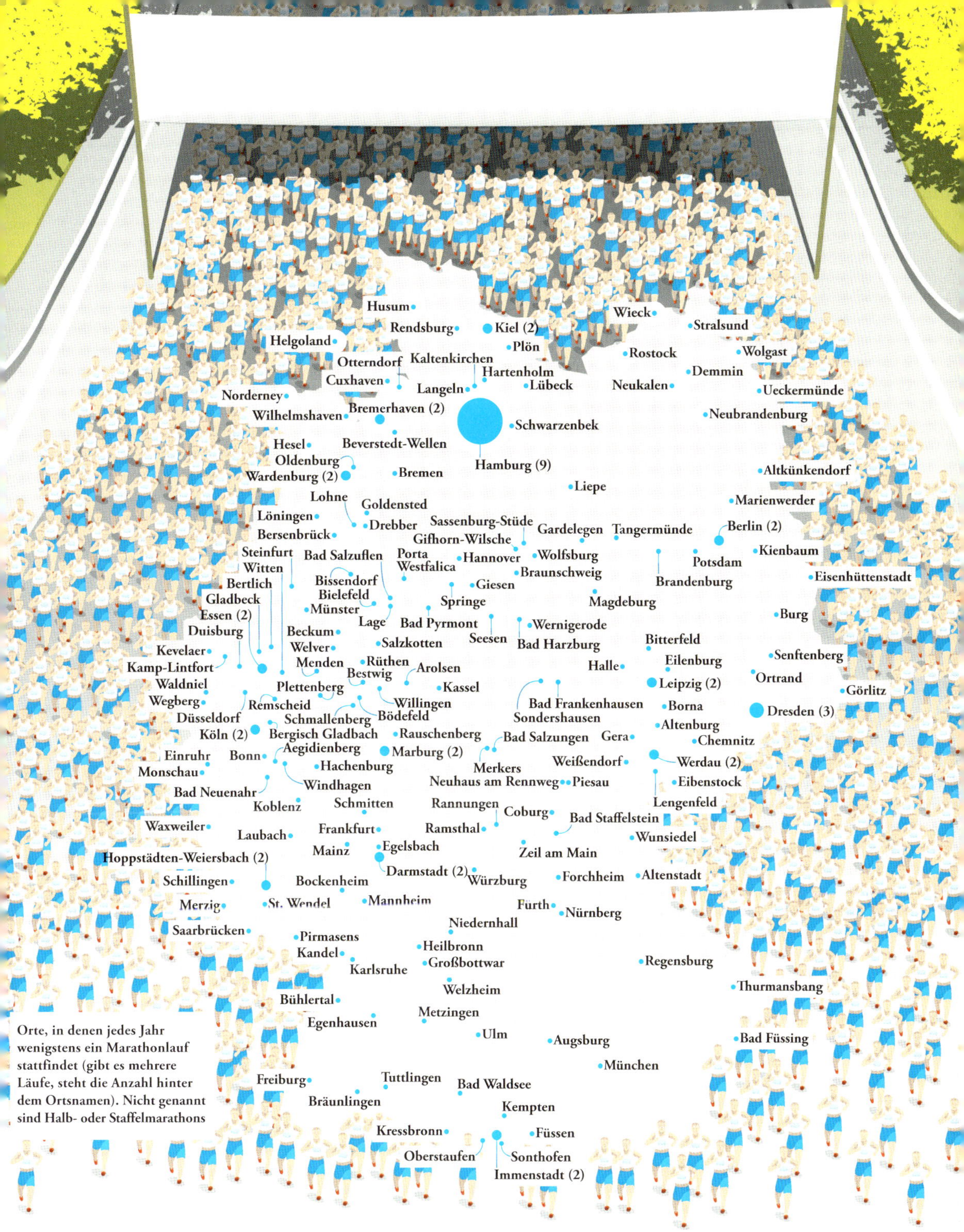

Orte, in denen jedes Jahr wenigstens ein Marathonlauf stattfindet (gibt es mehrere Läufe, steht die Anzahl hinter dem Ortsnamen). Nicht genannt sind Halb- oder Staffelmarathons

56 Ost-West-Vornamen

Wie gut das geklappt hat mit der Einheit, so nach 20 Jahren. Super! Jedenfalls was die Namen der Kinder anbelangt, die heute auf die Welt kommen. Ihre Eltern nennen sie, egal wo sie wohnen, Lea oder Leon. Sie wollen ihren Kindern ersparen, was ihnen selbst widerfahren ist: auf die Herkunft angesprochen zu werden, wenn sie nur ihre Vornamen sagen. Die Karte zeigt die Namensverteilung aus dem Telefonbuch 1998, es geht also um Leute, die heute mindestens etwa 30 Jahre alt sind. Diese Menschen konnten als Volk zusammenwachsen, wie sie wollten, und selbst wenn sie heirateten: Ihren Vornamen wurden sie nicht los. Die Unterschiede sind subtil, keinesfalls heißen Ostdeutsche alle Peggy oder Maik. Einen Hang zum etwas exotischeren Vornamen haben sie schon. Doreen ist eigentlich englisch, Steffen dänisch, Marko ist die deutsche Schreibweise des italienischen Marco. Mark, im Westen sehr beliebt, kam im Osten fast gar nicht vor. Damit haben die Eltern ihrem Kind nach der Wende wenigstens folgenden Spruch erspart: »Schaut mal, da kommt der Ost-Mark.«

Quelle: gen-evolu.de

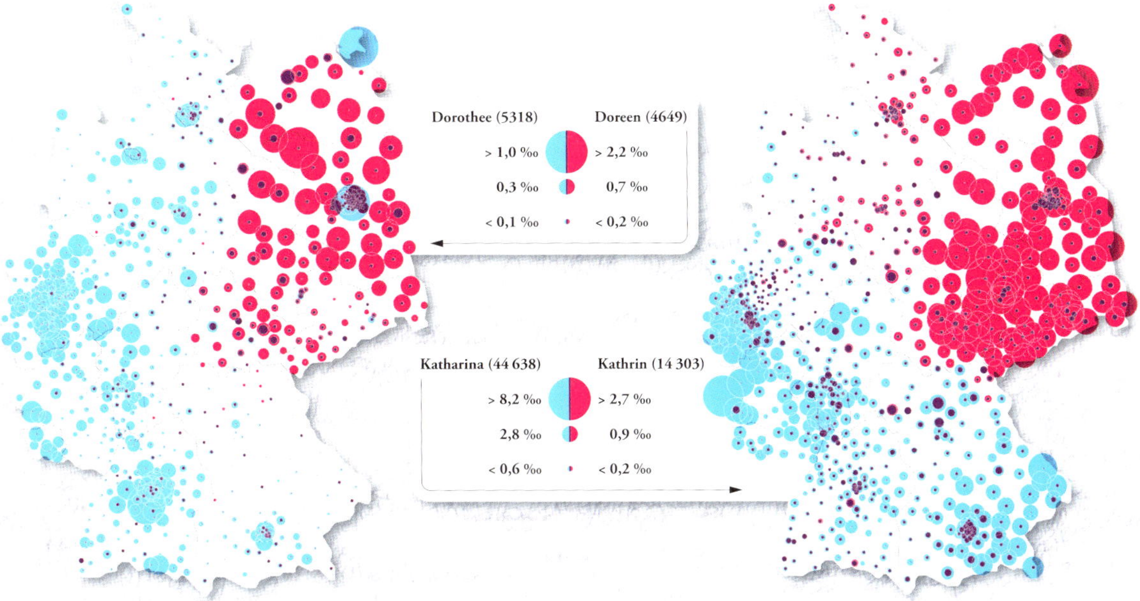

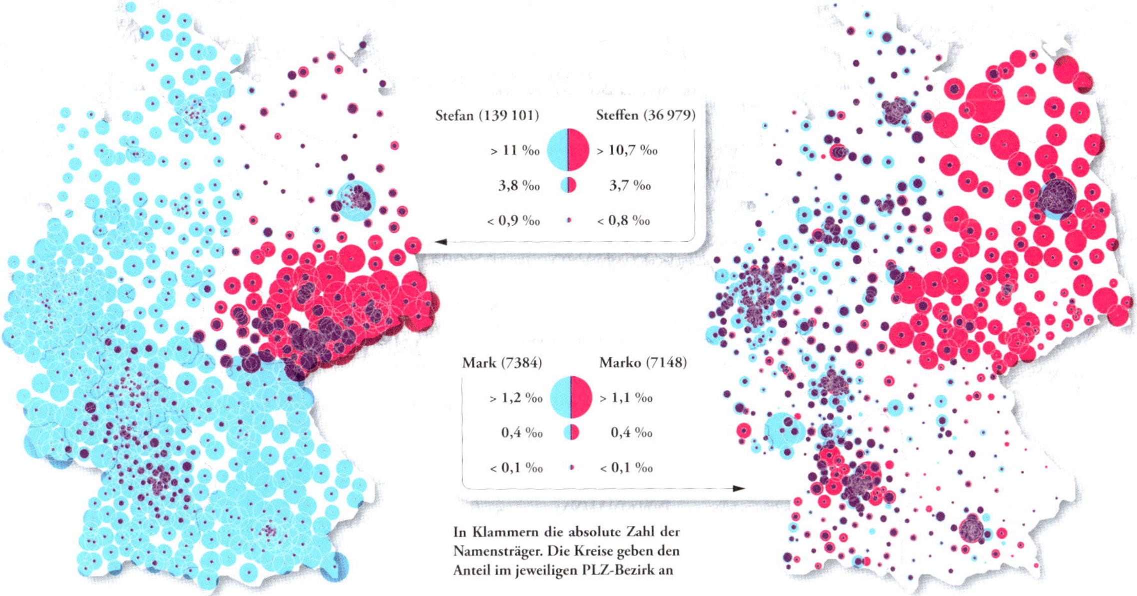

In Klammern die absolute Zahl der Namensträger. Die Kreise geben den Anteil im jeweiligen PLZ-Bezirk an

57 Drogenfunde

Wenn die Polizei irgendwo im Sauerland oder in Bayern eine Riesenladung Kokain oder Haschisch aufspürt, dann lesen sich die Nachrichten in den Lokalzeitungen oft, nun ja, leicht euphorisiert. *226 Kilo Hasch: Riesiger Drogenfund in Amberg!* Solche Funde sind der Stolz der Provinz. Selten fehlt der Hinweis, dass es sich um einen der größten Funde bundesweit handele. Und tatsächlich wurden die größten Drogenfunde in der Provinz gemacht. Es ist nämlich so: Drogen kommen, wenn sie nicht vom Zoll entdeckt werden (siehe Hamburg), erst mal in die unauffälligen Gegenden, wo man sie besser versteckt glaubt. Nach Berlin, Köln oder München gelangen sie erst in kleinen Mengen. Kaum ein Lastwagenfahrer, der Drogen herbeischafft, ist offenbar so blöd, gleich bis Berlin-Neukölln durchzufahren, um dort vor vieler Augen auszuladen. Dass auf dem Land mehr Drogen gefunden werden, liegt auch daran, dass Marihuana oft aus einheimischer Produktion stammt, es gibt da gewisse technische Fortschritte. Und auf dem Land kennt man sich mit der Pflanzenzucht seit je besser aus.

Quelle: Bundeskriminalamt

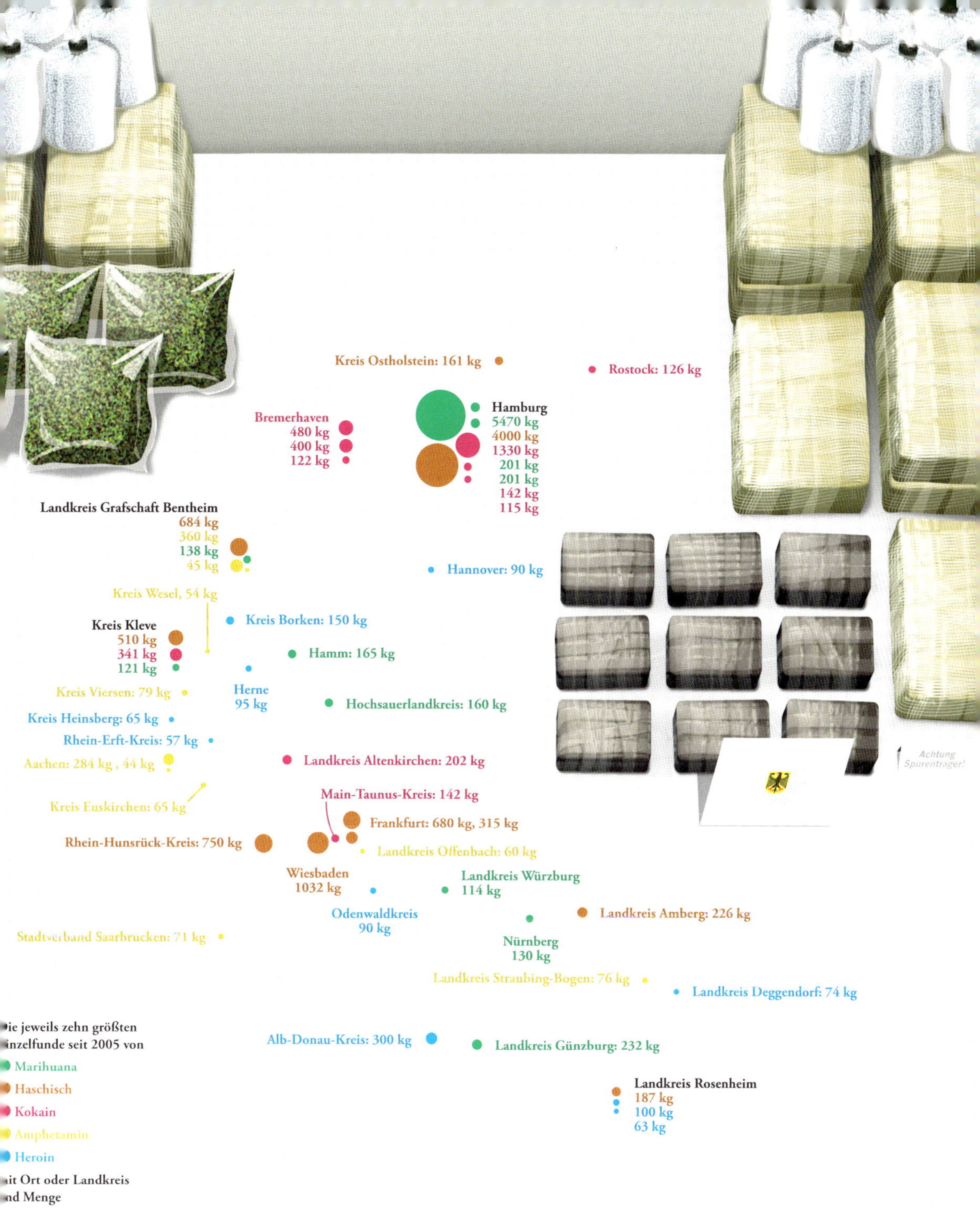
Kreis Ostholstein: 161 kg
Rostock: 126 kg
Bremerhaven
480 kg
400 kg
122 kg
Hamburg
5470 kg
4000 kg
1330 kg
201 kg
201 kg
142 kg
115 kg
Landkreis Grafschaft Bentheim
684 kg
360 kg
138 kg
45 kg
Hannover: 90 kg
Kreis Wesel, 54 kg
Kreis Kleve
510 kg
341 kg
121 kg
Kreis Borken: 150 kg
Hamm: 165 kg
Kreis Viersen: 79 kg
Herne
95 kg
Hochsauerlandkreis: 160 kg
Kreis Heinsberg: 65 kg
Rhein-Erft-Kreis: 57 kg
Aachen: 284 kg , 44 kg
Landkreis Altenkirchen: 202 kg
Achtung Spurenträger!
Kreis Euskirchen: 65 kg
Main-Taunus-Kreis: 142 kg
Frankfurt: 680 kg, 315 kg
Rhein-Hunsrück-Kreis: 750 kg
Landkreis Offenbach: 60 kg
Wiesbaden
1032 kg
Landkreis Würzburg
114 kg
Odenwaldkreis
90 kg
Landkreis Amberg: 226 kg
Stadtverband Saarbrücken: 71 kg
Nürnberg
130 kg
Landkreis Straubing-Bogen: 76 kg
Landkreis Deggendorf: 74 kg
Alb-Donau-Kreis: 300 kg
Landkreis Günzburg: 232 kg
Landkreis Rosenheim
187 kg
100 kg
63 kg
ie jeweils zehn größten
inzelfunde seit 2005 von
Marihuana
Haschisch
Kokain
Amphetamin
Heroin
it Ort oder Landkreis
nd Menge

58 Wo wird gearbeitet?

Wann immer man in den letzten 20 Jahren das Deutschland der Arbeit betrachtete, bot sich das gleiche traurige Bild: Dem Westen geht es so weit okay, dem Osten geht es sehr schlecht. Das liegt daran, dass immer nur die Arbeitslosenquoten gezeigt werden. Würde man nicht den Anteil der Arbeitslosen an allen Berufstätigen und Arbeitssuchenden zeigen, sondern, wie hier, den Anteil der Arbeitenden an allen Menschen, stünde der Osten plötzlich super da. Im Osten haben mehr Menschen einen Job, gemessen an der gesamten Bevölkerung. Klingt verrückt, ist aber so. Und das liegt daran, dass Frauen im Westen oft nicht arbeiten und sich auch nicht arbeitslos melden. Auch gibt es im Westen wohl mehr Reiche, die es nicht nötig haben zu arbeiten. Und es gibt im Osten weniger Kinder. Besonders hoch ist die Beschäftigungsquote, so der Fachbegriff, direkt an der alten innerdeutschen Grenze: Die Ostdeutschen pendeln in den Westen, sie sind viel beweglicher als die Westdeutschen. Sie strengen sich an. Auch das fällt einem auf der Arbeitslosenkarte normalerweise nicht auf.

Quelle: Agentur für Arbeit

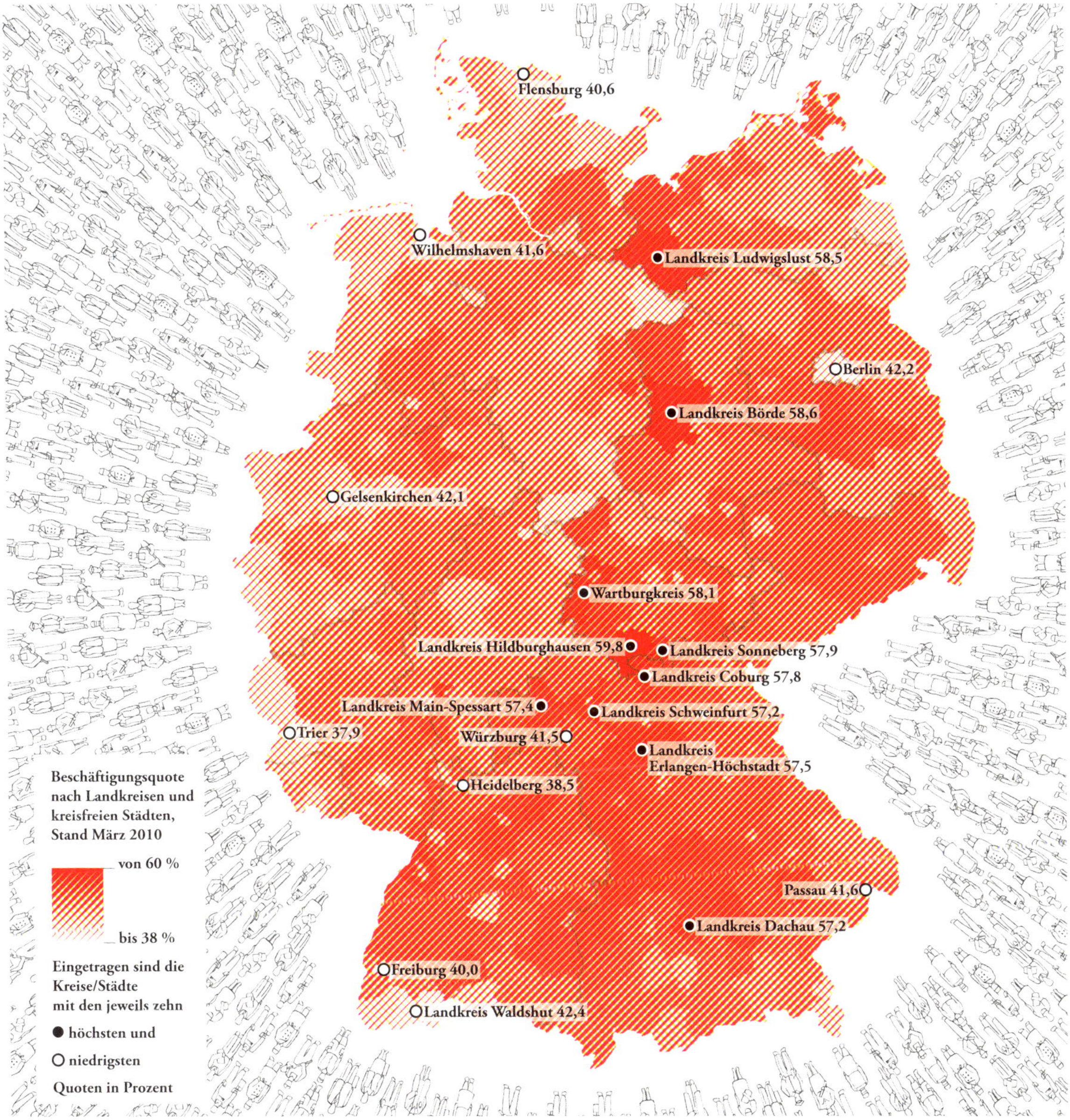
Flensburg 40,6
Wilhelmshaven 41,6
Landkreis Ludwigslust 58,5
Berlin 42,2
Landkreis Börde 58,6
Gelsenkirchen 42,1
Wartburgkreis 58,1
Landkreis Hildburghausen 59,8
Landkreis Sonneberg 57,9
Landkreis Coburg 57,8
Landkreis Main-Spessart 57,4
Landkreis Schweinfurt 57,2
Trier 37,9
Würzburg 41,5
Landkreis Erlangen-Höchstadt 57,5
Heidelberg 38,5
Passau 41,6
Landkreis Dachau 57,2
Freiburg 40,0
Landkreis Waldshut 42,4
Beschäftigungsquote nach Landkreisen und kreisfreien Städten, Stand März 2010
von 60 %
bis 38 %
Eingetragen sind die Kreise/Städte mit den jeweils zehn
höchsten und
niedrigsten
Quoten in Prozent

59 Dax-Vorstände

Nach der Wende war viel von »alten Seilschaften« die Rede. Gemeint waren ehemalige DDR-Kader, die, verbunden wie Bergsteiger, sich untereinander zum Aufstieg verhalfen. Gab es sicher, so etwas. Aber die Seilschaften im Westen waren offenbar wirksamer, zumindest in den Vorstandsetagen. Unter den mehr als hundert Vorstandsmitgliedern der Dax-Unternehmen ist nur einer, der in der DDR aufgewachsen ist: Torsten Jeworrek, geboren 1961 in Oschersleben. Er studierte Mathematik in Magdeburg, heute ist er bei der Münchener Rück (der andere Ossi, im sächsischen Glauchau geboren, siedelte früh mit seinen Eltern in den Westen über; die beiden Berliner sind Westberliner). Aber vielleicht gibt es doch noch mehr Ostdeutsche im Dax – bei Telekom, SAP oder Fresenius. Diese drei weigern sich nämlich, die Herkunft ihrer Vorstände preiszugeben – nur von einigen ist sie bekannt –, als sollte niemand über die Wurzeln der Macht Bescheid wissen. Übrigens ist der einzige in der Türkei Geborene Dieter Zetsche, der Daimler-Chef. Sein Vater baute dort Staudämme.

Recherche: Nele Heinevetter

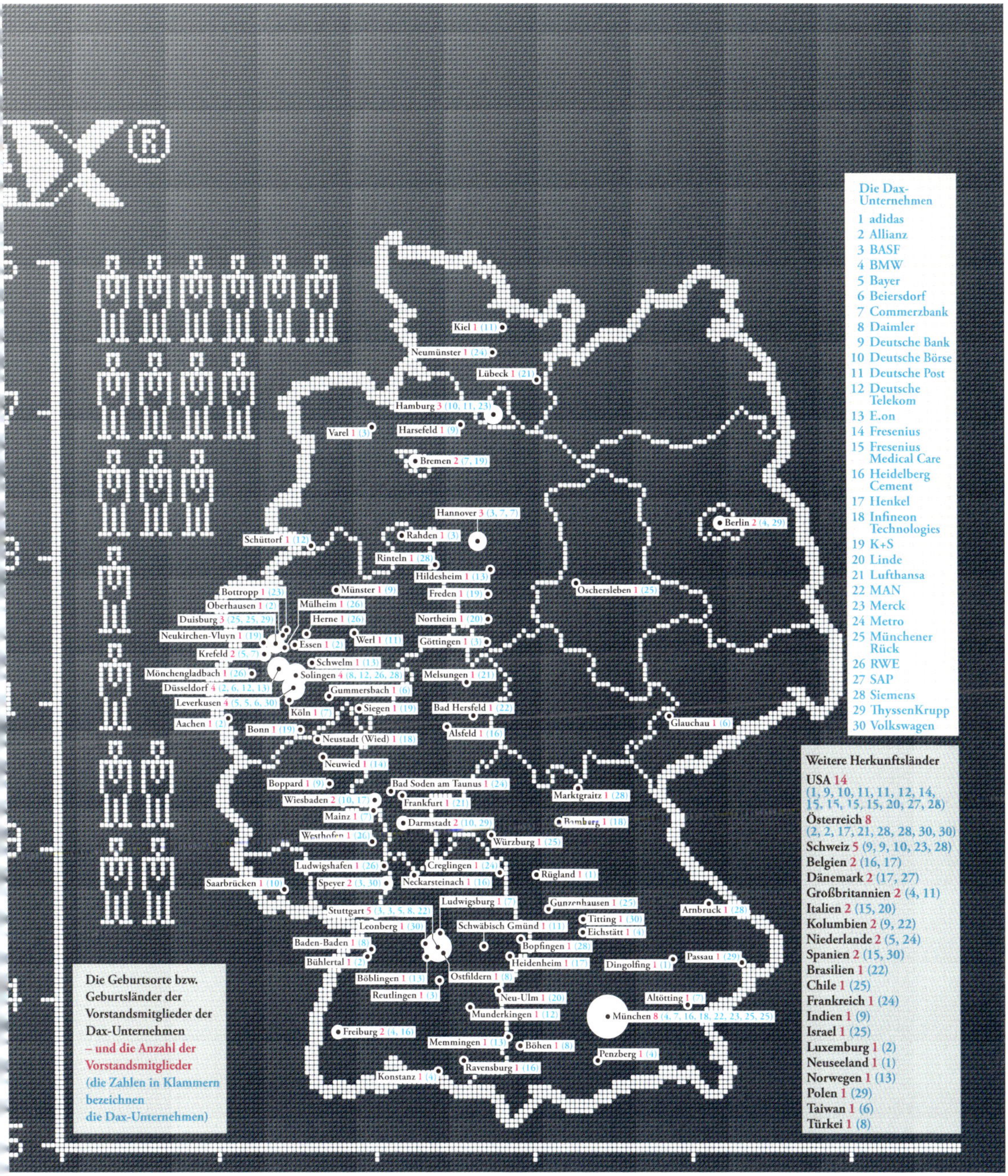
AX®
Kiel 1 (11)
Neumünster 1 (24)
Lübeck 1 (21)
Hamburg 3 (10, 11, 23)
Varel 1 (3)
Harsefeld 1 (9)
Bremen 2 (7, 19)
Hannover 3 (3, 7, 7)
Berlin 2 (4, 29)
Schüttorf 1 (12)
Rahden 1 (3)
Rinteln 1 (28)
Hildesheim 1 (13)
Bottropp 1 (23)
Münster 1 (9)
Freden 1 (19)
Oschersleben 1 (25)
Oberhausen 1 (2)
Mülheim 1 (26)
Duisburg 3 (25, 25, 29)
Herne 1 (26)
Northeim 1 (20)
Neukirchen-Vluyn 1 (19)
Werl 1 (11)
Essen 1 (2)
Göttingen 1 (3)
Krefeld 2 (5, 7)
Schwelm 1 (13)
Mönchengladbach 1 (26)
Solingen 4 (8, 12, 26, 28)
Melsungen 1 (21)
Düsseldorf 4 (2, 6, 12, 13)
Gummersbach 1 (6)
Leverkusen 4 (5, 5, 6, 30)
Köln 1 (7)
Siegen 1 (19)
Bad Hersfeld 1 (22)
Glauchau 1 (6)
Aachen 1 (2)
Bonn 1 (19)
Neustadt (Wied) 1 (18)
Alsfeld 1 (16)
Neuwied 1 (14)
Boppard 1 (9)
Bad Soden am Taunus 1 (24)
Marktgraitz 1 (28)
Wiesbaden 2 (10, 17)
Frankfurt 1 (21)
Mainz 1 (7)
Darmstadt 2 (10, 29)
Bamberg 1 (18)
Westhofen 1 (26)
Würzburg 1 (25)
Ludwigshafen 1 (26)
Creglingen 1 (24)
Rügland 1 (1)
Saarbrücken 1 (10)
Speyer 2 (3, 30)
Neckarsteinach 1 (16)
Ludwigsburg 1 (7)
Gunzenhausen 1 (25)
Arnbruck 1 (28)
Stuttgart 5 (3, 3, 5, 8, 22)
Titting 1 (30)
Leonberg 1 (30)
Schwäbisch Gmünd 1 (11)
Eichstätt 1 (4)
Baden-Baden 1 (8)
Bopfingen 1 (28)
Bühlertal 1 (2)
Heidenheim 1 (17)
Dingolfing 1 (1)
Passau 1 (29)
Böblingen 1 (13)
Ostfildern 1 (8)
Reutlingen 1 (3)
Neu-Ulm 1 (20)
Altötting 1 (7)
Munderkingen 1 (12)
München 8 (4, 7, 16, 18, 22, 23, 25, 25)
Freiburg 2 (4, 16)
Memmingen 1 (13)
Böhen 1 (8)
Penzberg 1 (4)
Konstanz 1 (4)
Ravensburg 1 (16)
Die Dax-Unternehmen
1 adidas
2 Allianz
3 BASF
4 BMW
5 Bayer
6 Beiersdorf
7 Commerzbank
8 Daimler
9 Deutsche Bank
10 Deutsche Börse
11 Deutsche Post
12 Deutsche Telekom
13 E.on
14 Fresenius
15 Fresenius Medical Care
16 Heidelberg Cement
17 Henkel
18 Infineon Technologies
19 K+S
20 Linde
21 Lufthansa
22 MAN
23 Merck
24 Metro
25 Münchener Rück
26 RWE
27 SAP
28 Siemens
29 ThyssenKrupp
30 Volkswagen
Weitere Herkunftsländer
USA 14 (1, 9, 10, 11, 11, 12, 14, 15, 15, 15, 15, 20, 27, 28)
Österreich 8 (2, 2, 17, 21, 28, 28, 30, 30)
Schweiz 5 (9, 9, 10, 23, 28)
Belgien 2 (16, 17)
Dänemark 2 (17, 27)
Großbritannien 2 (4, 11)
Italien 2 (15, 20)
Kolumbien 2 (9, 22)
Niederlande 2 (5, 24)
Spanien 2 (15, 30)
Brasilien 1 (22)
Chile 1 (25)
Frankreich 1 (24)
Indien 1 (9)
Israel 1 (25)
Luxemburg 1 (2)
Neuseeland 1 (1)
Norwegen 1 (13)
Polen 1 (29)
Taiwan 1 (6)
Türkei 1 (8)
Die Geburtsorte bzw. Geburtsländer der Vorstandsmitglieder der Dax-Unternehmen
– und die Anzahl der Vorstandsmitglieder
(die Zahlen in Klammern bezeichnen die Dax-Unternehmen)

60 Martinsbräuche

Die bürgerliche Schicht verachtet das neuerdings auch in Deutschland zelebrierte Halloween so einhellig, dass sie eigentlich längst auf die Idee hätte kommen müssen, dem etwas entgegenzusetzen und alte Bräuche wiederzubeleben. Dazu gibt diese Karte allerhand Anregung. Kaum ein christliches Fest ist bei Kindern so bekannt und hat so viele regional unterschiedliche Bräuche wie der Martinstag am 11. November. Die meisten davon gibt es im katholischen Rheinland. Aber sogar das protestantische Erfurt hat einen Martinsbrauch, der allerdings offiziell nicht dem heiligen Martin aus dem 4. Jahrhundert gewidmet ist, der seinen Mantel mit dem Bettler teilt, sondern an Martin Luther erinnern soll. In der akademischen Schicht gibt es seit Jahren bereits eine große Begeisterung für alles vergessene Regionale, für Äpfel aus Brandenburg und Wein aus der Pfalz. Wenn in geschätzten drei bis sieben Jahren vom Sankt-Martins-Hype die Rede sein wird, will diese Rubrik schon mal nicht schuld gewesen sein.

Recherche: Florian Bamberg

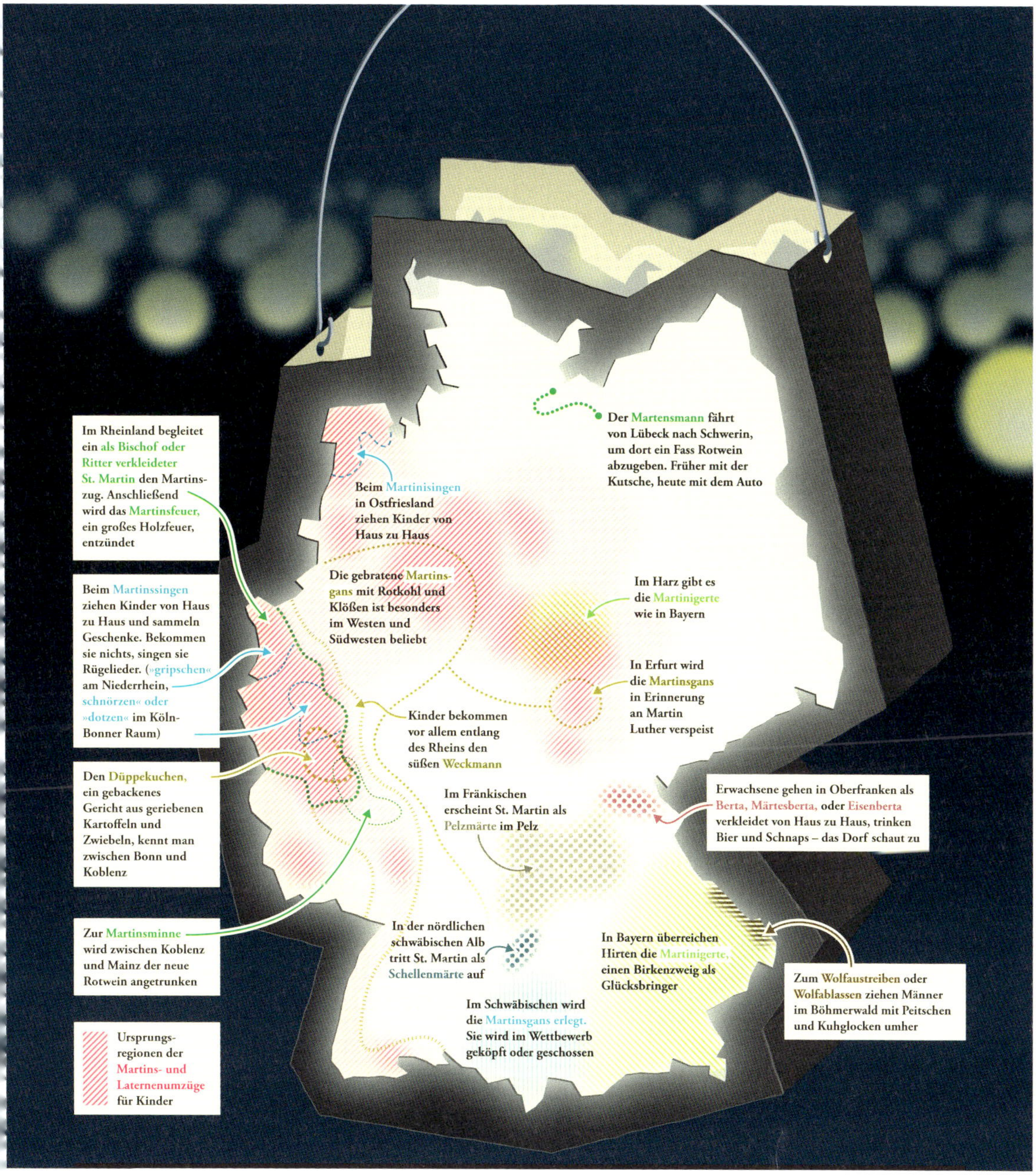
Im Rheinland begleitet ein als Bischof oder Ritter verkleideter St. Martin den Martinszug. Anschließend wird das Martinsfeuer, ein großes Holzfeuer, entzündet
Beim Martinisingen in Ostfriesland ziehen Kinder von Haus zu Haus
Der Martensmann fährt von Lübeck nach Schwerin, um dort ein Fass Rotwein abzugeben. Früher mit der Kutsche, heute mit dem Auto
Beim Martinssingen ziehen Kinder von Haus zu Haus und sammeln Geschenke. Bekommen sie nichts, singen sie Rügelieder. (»gripschen« am Niederrhein, »schnörzen« oder »dotzen« im Köln-Bonner Raum)
Die gebratene Martinsgans mit Rotkohl und Klößen ist besonders im Westen und Südwesten beliebt
Im Harz gibt es die Martinigerte wie in Bayern
In Erfurt wird die Martinsgans in Erinnerung an Martin Luther verspeist
Kinder bekommen vor allem entlang des Rheins den süßen Weckmann
Den Düppekuchen, ein gebackenes Gericht aus geriebenen Kartoffeln und Zwiebeln, kennt man zwischen Bonn und Koblenz
Im Fränkischen erscheint St. Martin als Pelzmärte im Pelz
Erwachsene gehen in Oberfranken als Berta, Märtesberta, oder Eisenberta verkleidet von Haus zu Haus, trinken Bier und Schnaps – das Dorf schaut zu
Zur Martinsminne wird zwischen Koblenz und Mainz der neue Rotwein angetrunken
In der nördlichen schwäbischen Alb tritt St. Martin als Schellenmärte auf
In Bayern überreichen Hirten die Martinigerte, einen Birkenzweig als Glücksbringer
Zum Wolfaustreiben oder Wolfablassen ziehen Männer im Böhmerwald mit Peitschen und Kuhglocken umher
Im Schwäbischen wird die Martinsgans erlegt. Sie wird im Wettbewerb geköpft oder geschossen
Ursprungsregionen der Martins- und Laternenumzüge für Kinder

61

Internetlöcher

Auch wenn 2010 das Jahr ist, in dem Feuilleton und Buchautoren die Vorzüge des Offline-Seins entdeckten: In Wirklichkeit nervt es die meisten, nicht reinzukommen ins Netz. Die großen Firmen, die Telekom etwa, stellen Masten auf und verlegen Kabel, wenn es sich lohnt. Es lohnt sich aber nicht überall. Im Osten wohnen die Leute zu weit auseinander, und in Rheinland-Pfalz machen die vielen Berge die Sache teuer. So entstand dort eine Art Tal der Verbindungslosen. Diese Menschen wehren sich, sie gründen Bürgerinitiativen, »DSL für ganz Sippersfeld« zum Beispiel hat laut Eigenauskunft 25 »Mitstreiter«. Es kam schon vor, dass sich Bürger samstags mit der Schippe trafen, um eigenhändig Glasfaserkabel zu vergraben. Die Bürgermeister unterstützen das. Es ist nämlich so: Wo kein schnelles Internet, da fallen die Grundstückspreise. Junge Familien wollen ins Grüne, aber nicht ohne Internet. In Rheinland-Pfalz jedoch spricht mancher Bürgermeister noch von »der Post«, die das regeln müsse. Und hatte nicht Kurt Beck zumindest vor kurzem noch ein Faxgerät im Dienstwagen?

Quelle: BKG, BMWI und TÜV Rheinland

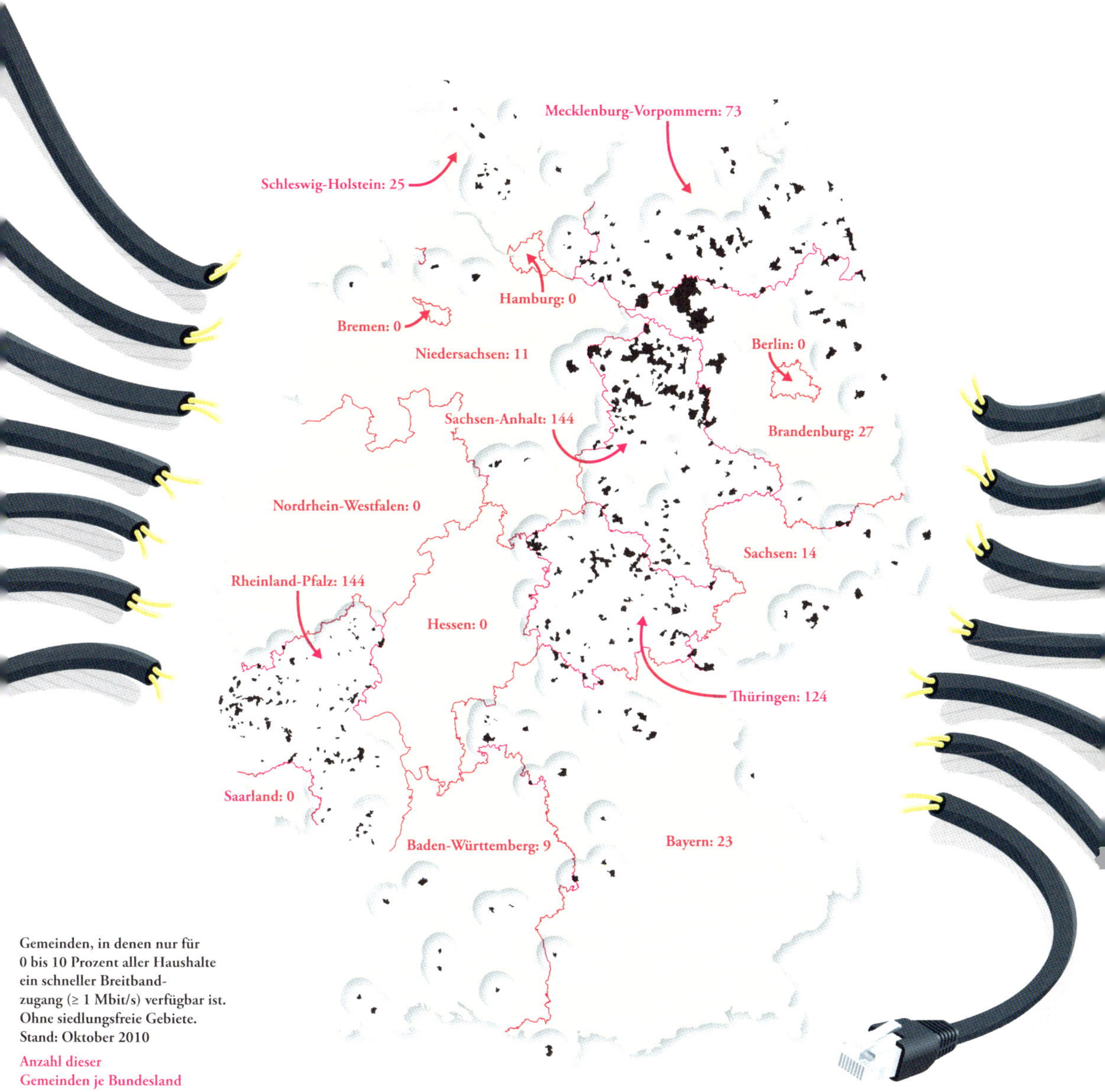

Gemeinden, in denen nur für 0 bis 10 Prozent aller Haushalte ein schneller Breitbandzugang (≥ 1 Mbit/s) verfügbar ist. Ohne siedlungsfreie Gebiete. Stand: Oktober 2010

Anzahl dieser Gemeinden je Bundesland

62 Autounfälle

Eigentlich denken westdeutsche Autofahrer ja so über die ostdeutschen: in schlechten Autos nicht richtig fahren gelernt, seit der Wende aus Übermut immer zu schnell. Tatsächlich aber verursachen die Mecklenburg-Vorpommern im Schnitt die geringsten Schäden im ganzen Land. Mögliche Ursachen: Wo weniger Leute unterwegs sind, gibt es weniger Unfälle (daher auch die hohen Werte in den Großstädten); im Norden liegt seltener Schnee; der Norddeutsche hat tatsächlich ein ruhigeres Gemüt als der Süddeutsche; wenn es doch mal scheppert, kostet die Stoßstange eines, sagen wir, Dacia 500 Euro, nicht 1500 wie die eines Mercedes; die Straßen sind kilometerlang kerzengerade und nicht so kurvig wie im Allgäu, wo die höchsten Schadensquoten gemessen wurden. Hier gibt es einfach zu viele Serpentinen. Ein Trost: Ein alter deutscher Formel-1-Weltmeister kommt aus Kerpen bei Köln, der junge Weltmeister kommt aus Heppenheim bei Darmstadt. Die Chance, im Rennsport zu reüssieren, ist offenbar größer, wenn man aus Gegenden stammt, in denen es auch mal kracht.

Quelle: GDV

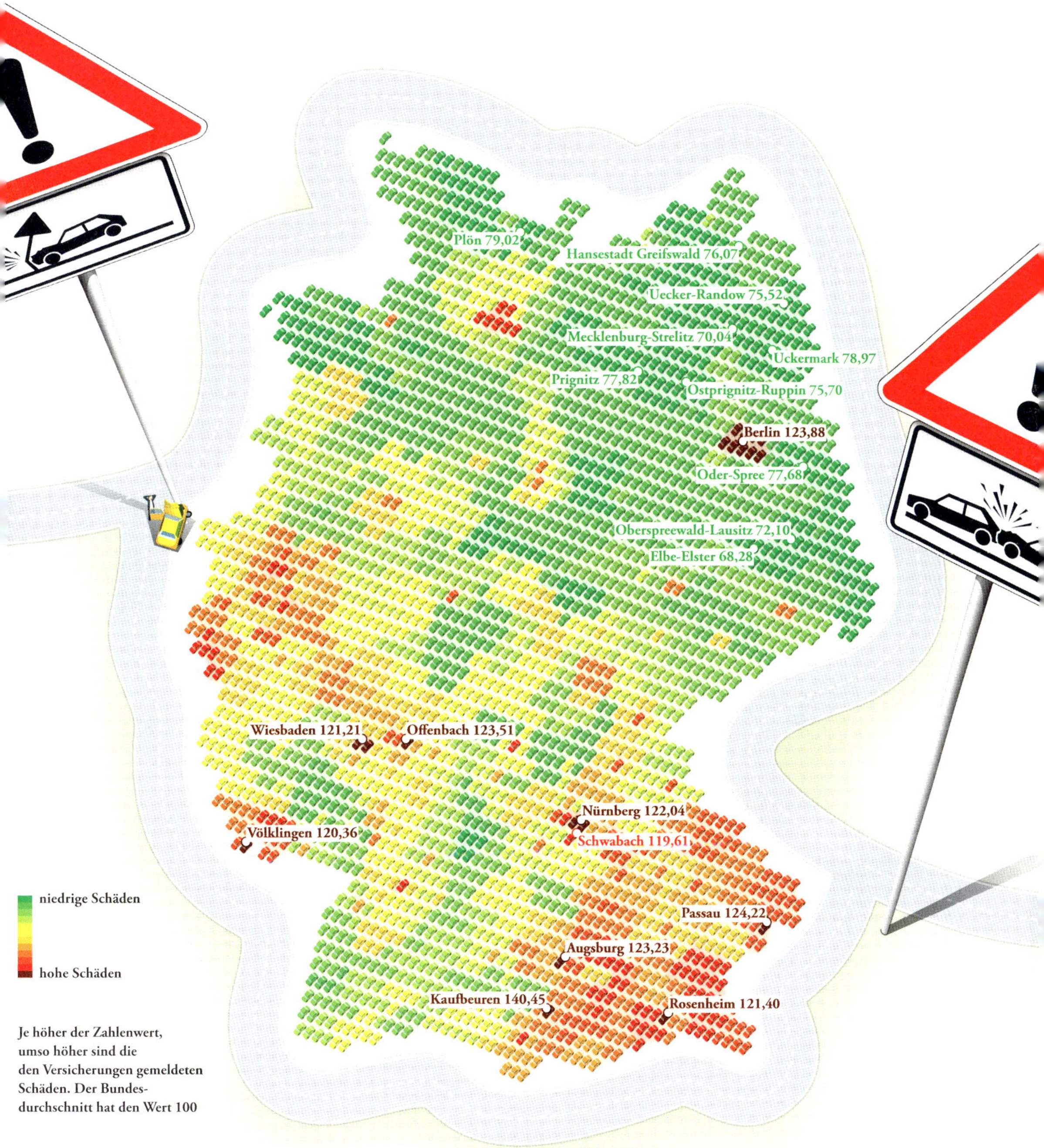

Je höher der Zahlenwert, umso höher sind die den Versicherungen gemeldeten Schäden. Der Bundesdurchschnitt hat den Wert 100

63

Bürgerbegehren

Der Volksaufstand gegen Stuttgart 21 hat sich angekündigt: Nirgendwo gab es so viele Bürgerbegehren wie im Süden. Dort existiert diese Form der Demokratie am längsten, dort sind die Hürden niedrig: In manchen bayerischen Städten genügen drei Prozent der Stimmen, und schon wird ein Bürgerbegehren zugelassen. So was gibt es sonst nur in Hamburg. Es ist kein Zufall, dass gerade Bürger in reichen Gegenden aufbegehren, wo viele Akademiker leben, sie wissen, wie es geht – und haben mehr als andere das, was Politologen »immaterielle Wünsche« nennen: Sie wollen weniger Lärm, keine Strahlung von Mobilfunkmasten (der Hit der Neunziger), keine Verunstaltung durch Windräder (der größte Hit seit drei Jahren). Der Osten hat eher materielle Sorgen. Aber darüber kann man kaum abstimmen in der Kommunalpolitik. Es sei denn, ein westdeutscher Bauunternehmer kommt, wie nach der Wende geschehen, und versucht, der Gemeinde eine zu große Kläranlage aufzuschwatzen. Das wäre für die Bewohner teuer geworden. Sie stimmten für mehr Geld – und gegen Bevormundung.

Quelle: Datenbank Bürgerbegehren (Uni Wuppertal, Uni Marburg und mehr Demokratie e. V.)

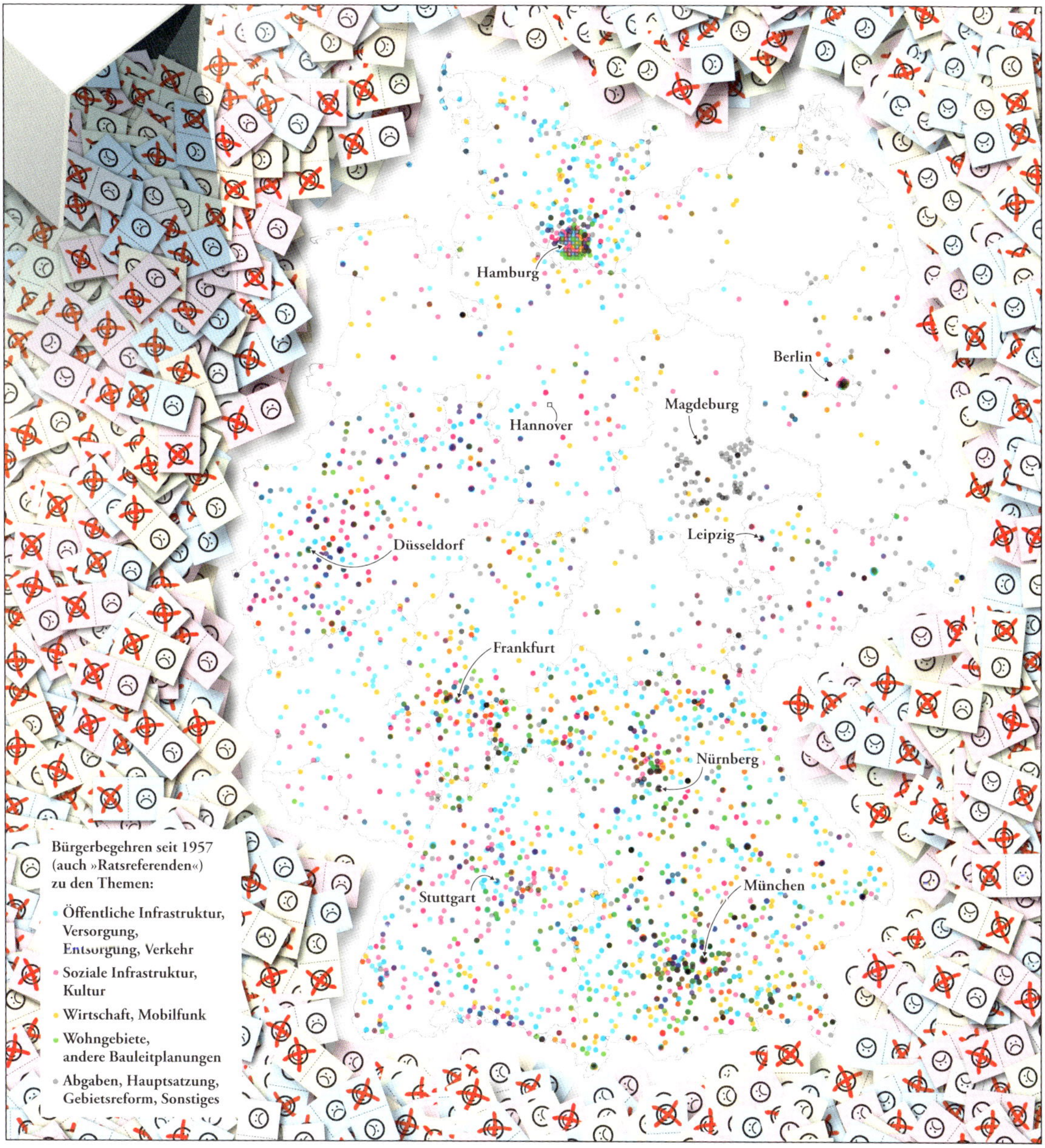
Hamburg
Berlin
Magdeburg
Hannover
Leipzig
Düsseldorf
Frankfurt
Nürnberg
Stuttgart
München
Bürgerbegehren seit 1957 (auch »Ratsreferenden«) zu den Themen:
Öffentliche Infrastruktur, Versorgung, Entsorgung, Verkehr
Soziale Infrastruktur, Kultur
Wirtschaft, Mobilfunk
Wohngebiete, andere Bauleitplanungen
Abgaben, Hauptsatzung, Gebietsreform, Sonstiges

64 Dienstwagen

Es ist gar nicht so lange her, da wollte VW eine Edelmarke werden, mit der es sich angeben lässt. Das hat sich geändert. Es fuhren laut unserer Umfragen von allen Großstadtbürgermeistern gerade mal zwei den VW Phaeton. Fast kann einem der Wolfsburger Oberbürgermeister ein wenig leidtun, denn er hat sicher keine andere Wahl, als VW zu fahren, so wie der Bochumer den Opel und der Kölner den Ford. Den übrigen Bürgermeistern kommt es kaum darauf an, Volkstümlichkeit zu beweisen. Man fährt gerne die großen Autos (mit Ausnahme des Essener Oberbürgermeisters, der einen Škoda sein Eigen nennt – nach Auskunft seiner Mitarbeiter als Beweis für seinen Sparwillen). Die S-Klasse von Mercedes ist, so scheint es, besonders bei OBs in Landeshauptstädten beliebt, vielleicht wollen sie ja mit den Ministern dort mithalten. Zwei Amtsträger haben einen Kompromiss gefunden: eine S-Klasse mit Hybridmotor. Nur im Osten scheut man den Mercedes, das große Symbol des Kapitalismus. Der Cottbuser Oberbürgermeister hat gar kein eigenes Fahrzeug. Er muss sich eins im Fuhrpark ausleihen.

Recherche: Florian Bamberg

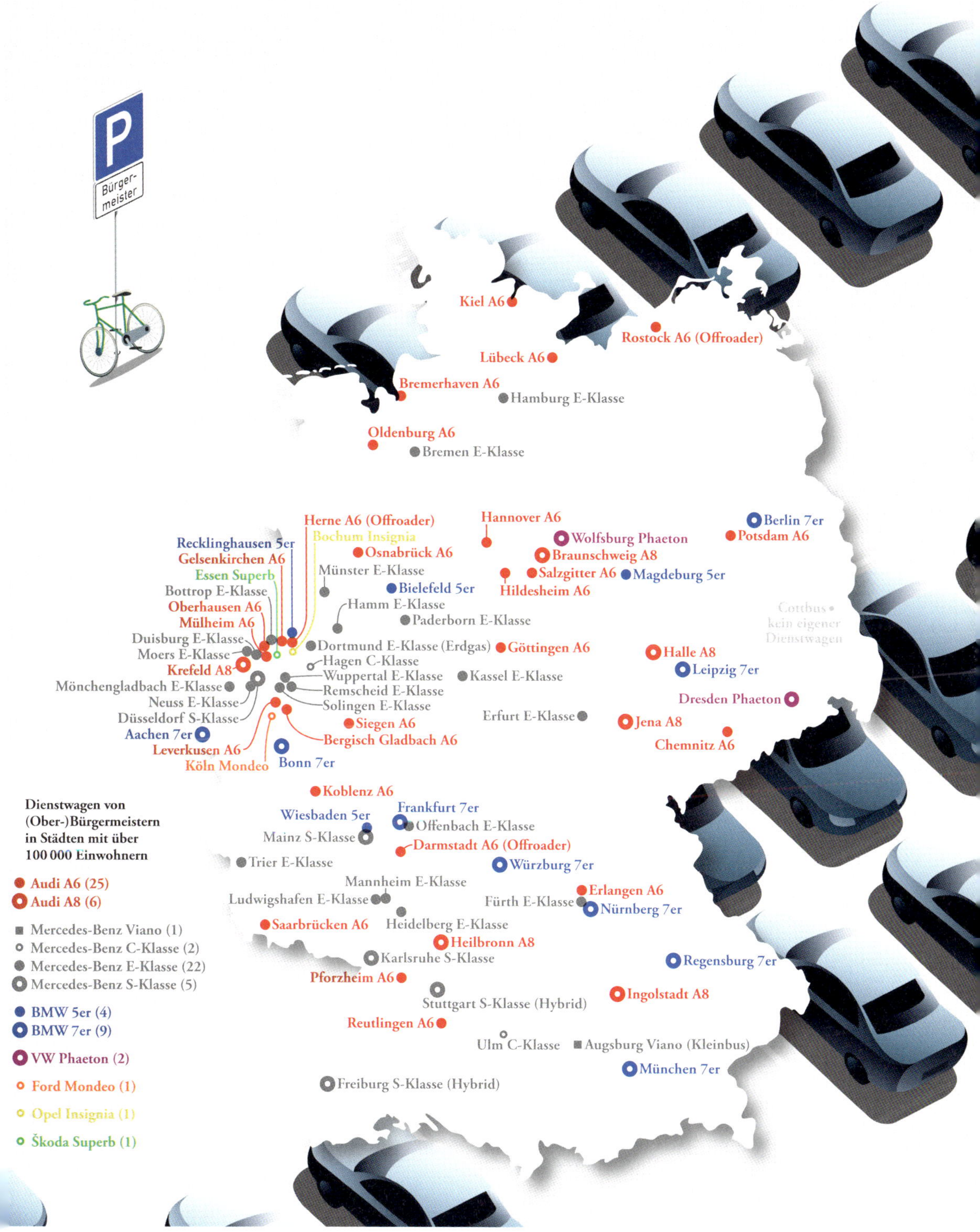
P
Bürger-
meister
Kiel A6
Rostock A6 (Offroader)
Lübeck A6
Bremerhaven A6
Hamburg E-Klasse
Oldenburg A6
Bremen E-Klasse
Herne A6 (Offroader)
Bochum Insignia
Recklinghausen 5er
Gelsenkirchen A6
Essen Superb
Bottrop E-Klasse
Oberhausen A6
Mülheim A6
Duisburg E-Klasse
Moers E-Klasse
Krefeld A8
Mönchengladbach E-Klasse
Neuss E-Klasse
Düsseldorf S-Klasse
Aachen 7er
Leverkusen A6
Köln Mondeo
Bonn 7er
Osnabrück A6
Münster E-Klasse
Bielefeld 5er
Hamm E-Klasse
Paderborn E-Klasse
Dortmund E-Klasse (Erdgas)
Hagen C-Klasse
Wuppertal E-Klasse
Remscheid E-Klasse
Solingen E-Klasse
Siegen A6
Bergisch Gladbach A6
Hannover A6
Wolfsburg Phaeton
Braunschweig A8
Salzgitter A6
Magdeburg 5er
Hildesheim A6
Göttingen A6
Kassel E-Klasse
Erfurt E-Klasse
Berlin 7er
Potsdam A6
Cottbus
kein eigener
Dienstwagen
Halle A8
Leipzig 7er
Dresden Phaeton
Jena A8
Chemnitz A6
Koblenz A6
Wiesbaden 5er
Frankfurt 7er
Mainz S-Klasse
Offenbach E-Klasse
Darmstadt A6 (Offroader)
Trier E-Klasse
Würzburg 7er
Mannheim E-Klasse
Ludwigshafen E-Klasse
Fürth E-Klasse
Erlangen A6
Nürnberg 7er
Saarbrücken A6
Heidelberg E-Klasse
Heilbronn A8
Karlsruhe S-Klasse
Regensburg 7er
Pforzheim A6
Stuttgart S-Klasse (Hybrid)
Ingolstadt A8
Reutlingen A6
Ulm C-Klasse
Augsburg Viano (Kleinbus)
München 7er
Freiburg S-Klasse (Hybrid)
Dienstwagen von
(Ober-)Bürgermeistern
in Städten mit über
100 000 Einwohnern
Audi A6 (25)
Audi A8 (6)
Mercedes-Benz Viano (1)
Mercedes-Benz C-Klasse (2)
Mercedes-Benz E-Klasse (22)
Mercedes-Benz S-Klasse (5)
BMW 5er (4)
BMW 7er (9)
VW Phaeton (2)
Ford Mondeo (1)
Opel Insignia (1)
Škoda Superb (1)

65 Instrumentenbauer

Die vielleicht wichtigste Gegend ist hier nicht zu sehen: das Egerland im Böhmerwald, im heutigen Tschechien. Dort wurde es im 16. Jahrhundert unrentabel, Eisenerz abzubauen. Etwas Neues wurde gesucht. Es gab wenig Weideland, viel Holz, die Winter waren lang. Die Ersten bauten Geigen und Zithern. Im 17. Jahrhundert wurden die Avantgardisten eines neuen Handwerks zum ersten Mal vertrieben: Protestanten flohen vor der Gegenreformation ins nahe Vogtland. Sie bauten weiter Instrumente, ihre Gegend hieß bald Musikwinkel. Von 1850 an wurde in Massen produziert, mehr als die Hälfte aller Musikinstrumente der Welt kam von hier. Das zweite große Zentrum des Instrumentenbaus entstand ebenfalls durch eine Flucht – wieder aus Böhmen: Nach 1945 flohen Deutschstämmige aus dem Egerland. Sie ließen sich fast geschlossen in der Gegend um Bubenreuth in Franken nieder, wo es ein bisschen aussah wie daheim. Sie brauchten einander, der eine baute Geigenhälse, der andere Stege, der Dritte die Decken. Die Tradition hielt sich. Wer flüchtet, klammert sich gerne an sie.

Quelle: Leibniz-Institut für Länderkunde und miz.org

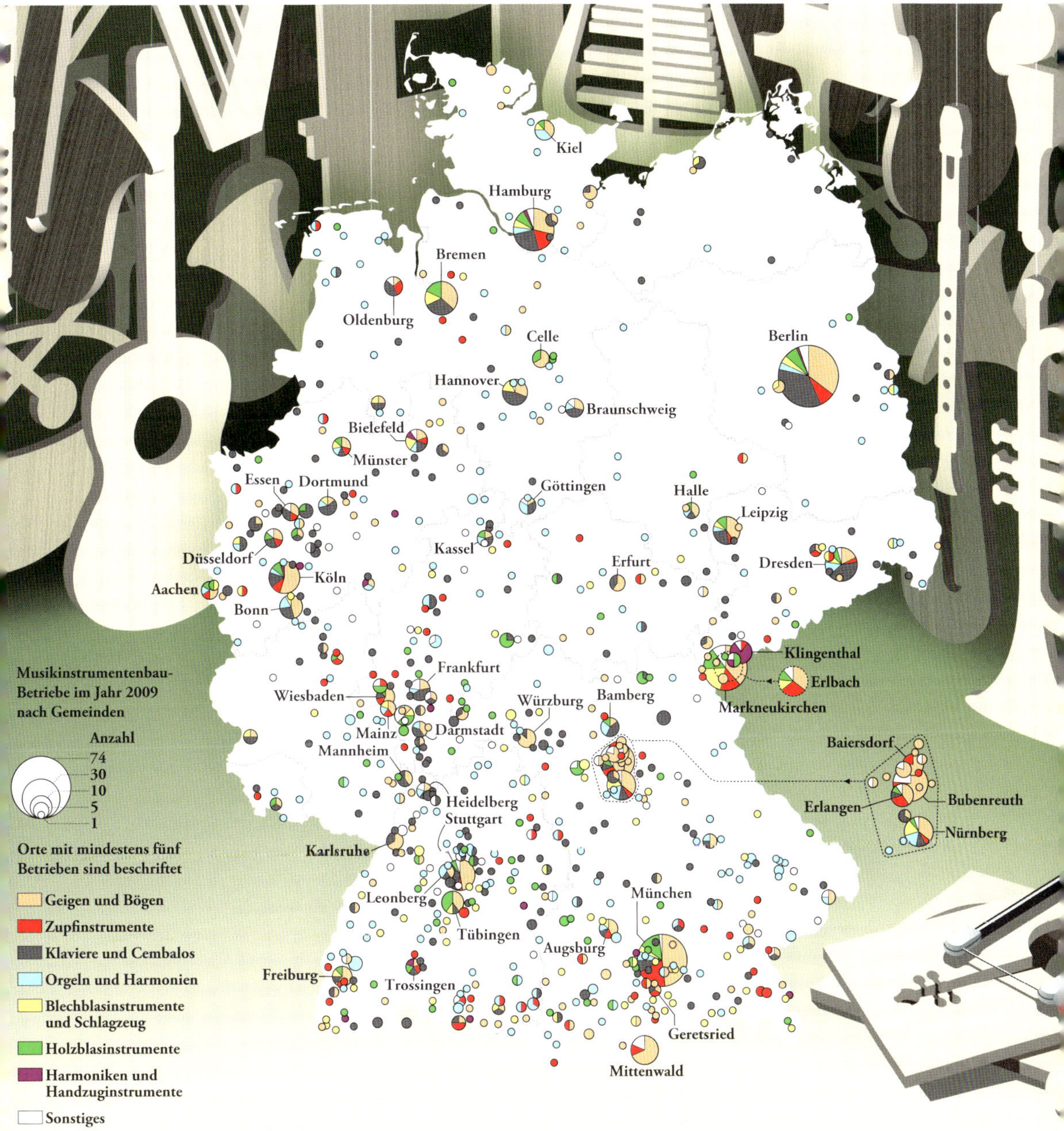
Kiel
Hamburg
Bremen
Oldenburg
Celle
Berlin
Hannover
Braunschweig
Bielefeld
Münster
Essen
Dortmund
Göttingen
Halle
Leipzig
Düsseldorf
Kassel
Erfurt
Dresden
Aachen
Köln
Bonn
Klingenthal
Erlbach
Markneukirchen
Frankfurt
Wiesbaden
Würzburg
Bamberg
Mainz
Darmstadt
Mannheim
Baiersdorf
Heidelberg
Stuttgart
Erlangen
Bubenreuth
Nürnberg
Karlsruhe
Leonberg
München
Tübingen
Augsburg
Freiburg
Trossingen
Geretsried
Mittenwald
Musikinstrumentenbau-Betriebe im Jahr 2009 nach Gemeinden
Anzahl
74
30
10
5
1
Orte mit mindestens fünf Betrieben sind beschriftet
Geigen und Bögen
Zupfinstrumente
Klaviere und Cembalos
Orgeln und Harmonien
Blechblasinstrumente und Schlagzeug
Holzblasinstrumente
Harmoniken und Handzuginstrumente
Sonstiges

66 Kirchgänger

Der Katholik hat, ob er es weiß oder nicht, die heilige Pflicht, sonntags zur Messe zu gehen, nicht nur im Advent. Martin Luther hat diese Pflicht für seine Leute abgeschafft, weil er fand, man solle vor allem im Leben und nicht in der Kirche ein guter Christ sein. So kommt es, dass bis heute Katholiken ungefähr drei- bis viermal so oft zum Gottesdienst gehen wie Protestanten. Bis zum 17. Jahrhundert verlotterte die Frömmigkeit der Lutheraner dermaßen, dass Pietisten und Erwecker die Leute wieder in die Gotteshäuser trieben. Das gelang vor allem dort, wo charismatische Menschen den Pietismus vertraten – in Württemberg, aber auch in Sachsen, dort war ein gewisser Nikolaus Ludwig von Zinzendorf populär. Im Osten hat später die DDR Stimmung gegen die Kirche gemacht – auch ein Grund für den größeren Anteil der Kirchgänger. Denn es blieb nur Kirchenmitglied, wer wirklich überzeugt war, man nennt das den Effekt des »heiligen Rests«. Die Werte für die größeren Städte legen nahe: Der größte Feind der Frömmigkeit ist eh nicht der Sozialismus, sondern die Urbanität.

Quelle: DBK, EKD

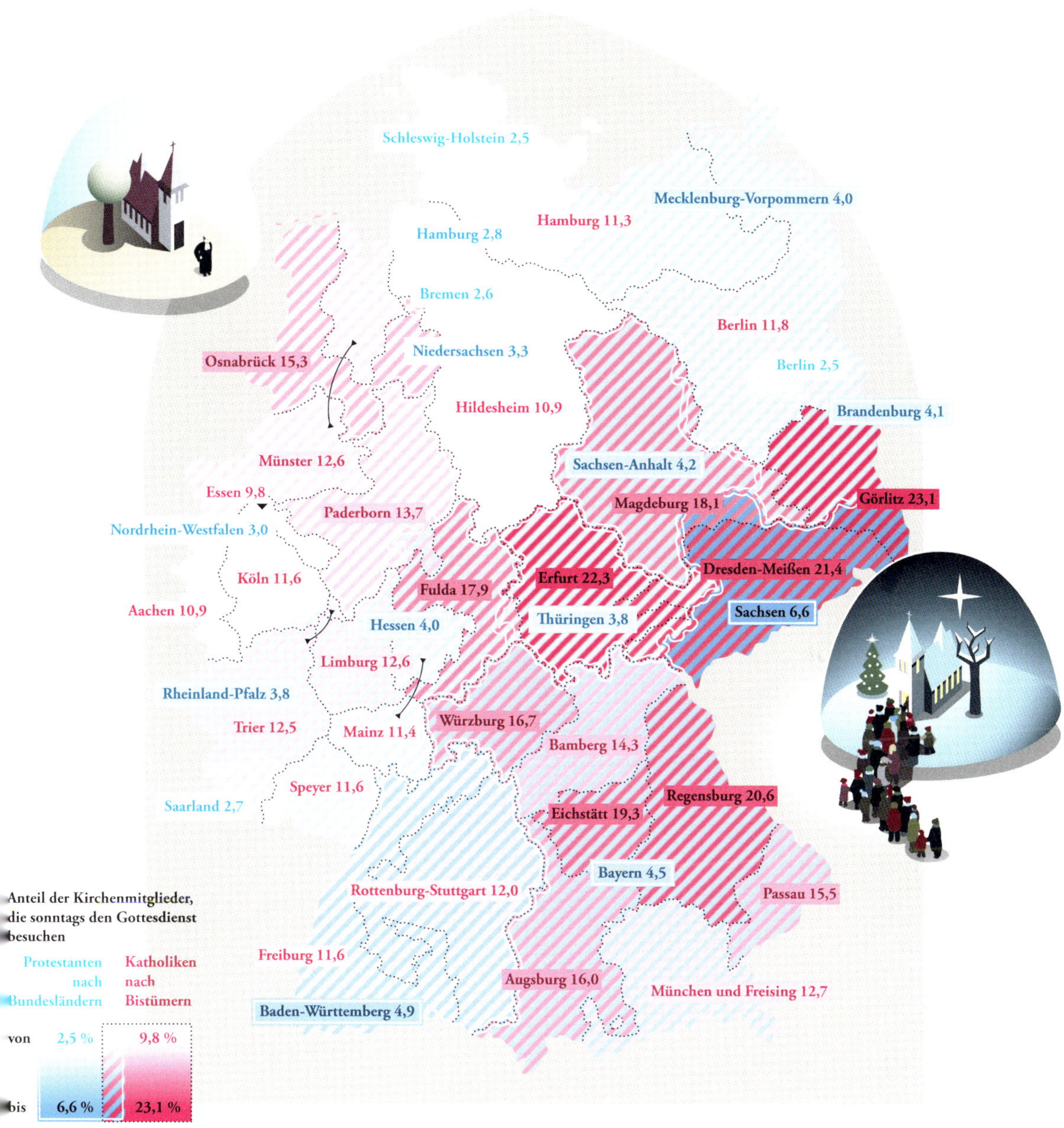
Schleswig-Holstein 2,5
Mecklenburg-Vorpommern 4,0
Hamburg 11,3
Hamburg 2,8
Bremen 2,6
Berlin 11,8
Osnabrück 15,3
Niedersachsen 3,3
Berlin 2,5
Hildesheim 10,9
Brandenburg 4,1
Münster 12,6
Sachsen-Anhalt 4,2
Essen 9,8
Magdeburg 18,1
Görlitz 23,1
Paderborn 13,7
Nordrhein-Westfalen 3,0
Dresden-Meißen 21,4
Köln 11,6
Erfurt 22,3
Fulda 17,9
Sachsen 6,6
Aachen 10,9
Thüringen 3,8
Hessen 4,0
Limburg 12,6
Rheinland-Pfalz 3,8
Trier 12,5
Würzburg 16,7
Mainz 11,4
Bamberg 14,3
Speyer 11,6
Saarland 2,7
Regensburg 20,6
Eichstätt 19,3
Bayern 4,5
Rottenburg-Stuttgart 12,0
Passau 15,5
Anteil der Kirchenmitglieder, die sonntags den Gottesdienst besuchen
Protestanten nach Bundesländern
Katholiken nach Bistümern
Freiburg 11,6
Augsburg 16,0
München und Freising 12,7
Baden-Württemberg 4,9
von 2,5 % 9,8 %
bis 6,6 % 23,1 %

67

TV-Comedians

Der Humor der Rheinländer ist ein Klischee. Aber ein wahres – zumindest wenn man das, was das Fernsehen in Deutschland derzeit als Humor anbietet, tatsächlich als Humor akzeptiert. Von allen Comedians und Kabarettisten, die regelmäßig in den Sendern ARD, ZDF, RTL, Sat.1 und ProSieben auftreten, sind gleich zehn in Köln zur Welt gekommen. Und eine ganze Menge in Orten, die von dort aus mit der S-Bahn zu erreichen sind. Wahrscheinlich ist es so: Weil alle zu den Rheinländern sagen, sie seien sicher lustig, glauben die das irgendwann selbst und gewinnen Zutrauen in die Kunst, Anekdoten so zu erzählen, dass die Zuhörer lachen müssen. Natürlich spielt auch der Karneval eine Rolle und der vergleichsweise neue Umstand, dass in Köln RTL und die Stefan-Raab-Firma Brainpool, die Vorreiter des Genres, ihren Sitz haben. Wenn man als Hamburger oder Stuttgarter angesichts dieser Karte übellaunig wird, möge man sich trösten: Möglicherweise versteht man im Rest des Landes ihren Humor nur nicht so ganz.

Recherche: Florian Bamberg

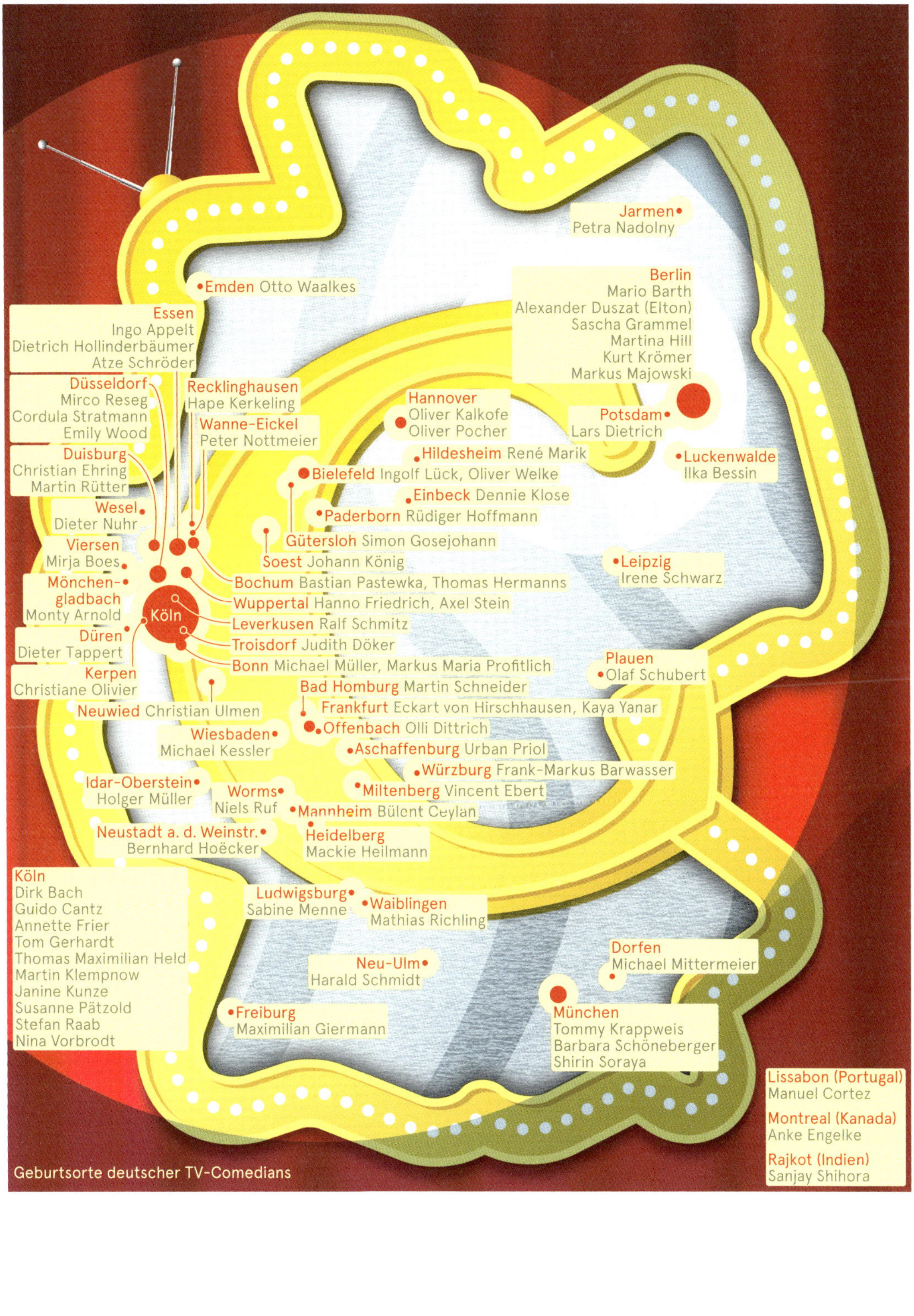

Geburtsorte deutscher TV-Comedians

68 Junge Frauen, junge Männer

So um die 20 stellt sich der Mensch die Frage: Zieh ich zu Hause aus oder nicht? Männer bleiben oft, Frauen gehen oft, das ist erforscht, und für die Gründe hat die Wissenschaft ein paar Thesen: Der junge Mann weiß nicht, wie sich eine Waschmaschine bedienen lässt, oder er will es nicht wissen, er findet eher eine Arbeit in der Gegend, als Handwerker zum Beispiel. Die junge Frau hingegen weiß, wie man wäscht, sie will zur Uni, und sie hat auch noch heute manchmal Ärger mit dem Vater, der sagt: »In meinem Haus übernachtet kein fremder Mann!« Frauen, zumindest jene Anfang 20, sind unerschrocken. Und so ziehen sie – vor allem aus ärmeren Gegenden – in die Großstädte und finden sich dort unter überdurchschnittlich vielen Frauen wieder. Besonders weiblich sind die Uni-Städte, bis auf Aachen, wo auf 100 Männer weniger als 80 Frauen kommen. Es liegt an den technischen Fächern der Uni. Die Stimmung auf den Erstsemesterpartys dort ähnelt vermutlich der auf Stadtfesten in Mecklenburg-Vorpommern.

Quelle: Leibniz-Institut für Länderkunde,
Nationalatlas aktuell, T. Leibert

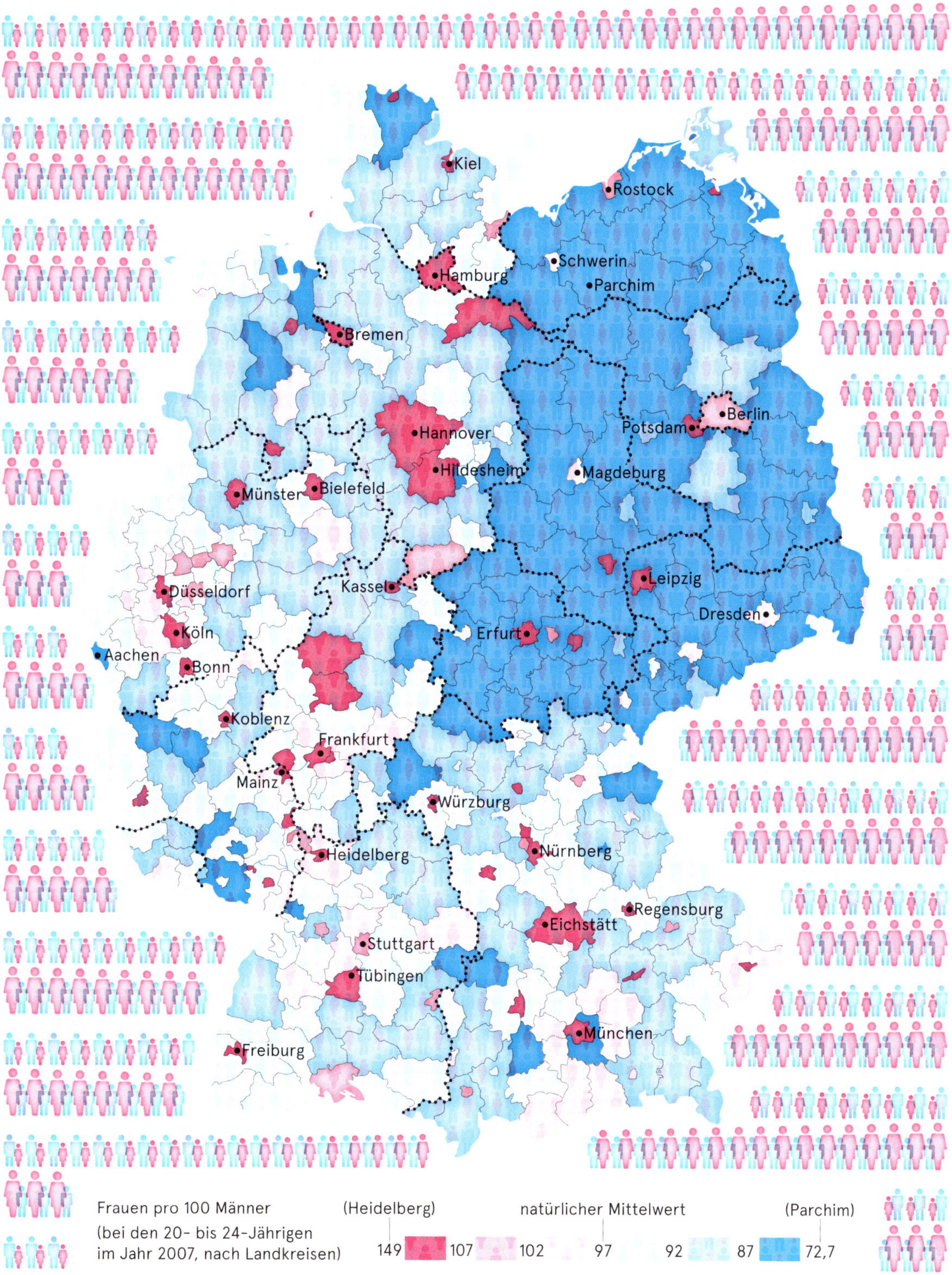

Kiel
Rostock
Schwerin
Parchim
Hamburg
Bremen
Berlin
Potsdam
Hannover
Hildesheim
Magdeburg
Münster
Bielefeld
Leipzig
Kassel
Düsseldorf
Dresden
Erfurt
Köln
Aachen
Bonn
Koblenz
Frankfurt
Mainz
Würzburg
Nürnberg
Heidelberg
Regensburg
Eichstätt
Stuttgart
Tübingen
München
Freiburg
Frauen pro 100 Männer
(bei den 20- bis 24-Jährigen
im Jahr 2007, nach Landkreisen)
(Heidelberg)
natürlicher Mittelwert
(Parchim)
149
107
102
97
92
87
72,7

69 Fernsehserien

Wer wüsste schon, wie Darmstadt aussieht, gäbe es das Fernsehen nicht? Oder wie Celle, das Saarland, der Hunsrück? Man fährt da nicht hin, um Urlaub zu machen. Man hält da nicht mal auf der Durchreise. Wer dort keine Verwandten oder Freunde und keinen Job hat, für den ist das unbekanntes Land, unbekannter als der Addo-Elephant-Nationalpark in Südafrika. Die Fernsehserien aber geben jedem, der will, das Gefühl, eine fremde Gegend und Mentalität zu kennen. Das Bild der viel bereisten Städte ist durch die Serien geprägt. Glaubt man nicht? Gut, dann schließe man die Augen und denke an München. Ganz schnell ist man dann im Restaurant Crème de la Crème aus *Kir Royal* oder in einer der Grünwalder *Derrick*-Villen. Die Reichen von Sylt hingegen hatten nie eine wirklich beachtete Serie. Wenn selbst diese prominenteste aller deutschen Inseln noch unverfilmt ist, dann muss einem ausnahmsweise mal nicht bange werden um die deutsche Fernsehlandschaft. Es ist längst noch nicht alles erzählt.

Quelle: Fiona Geuß

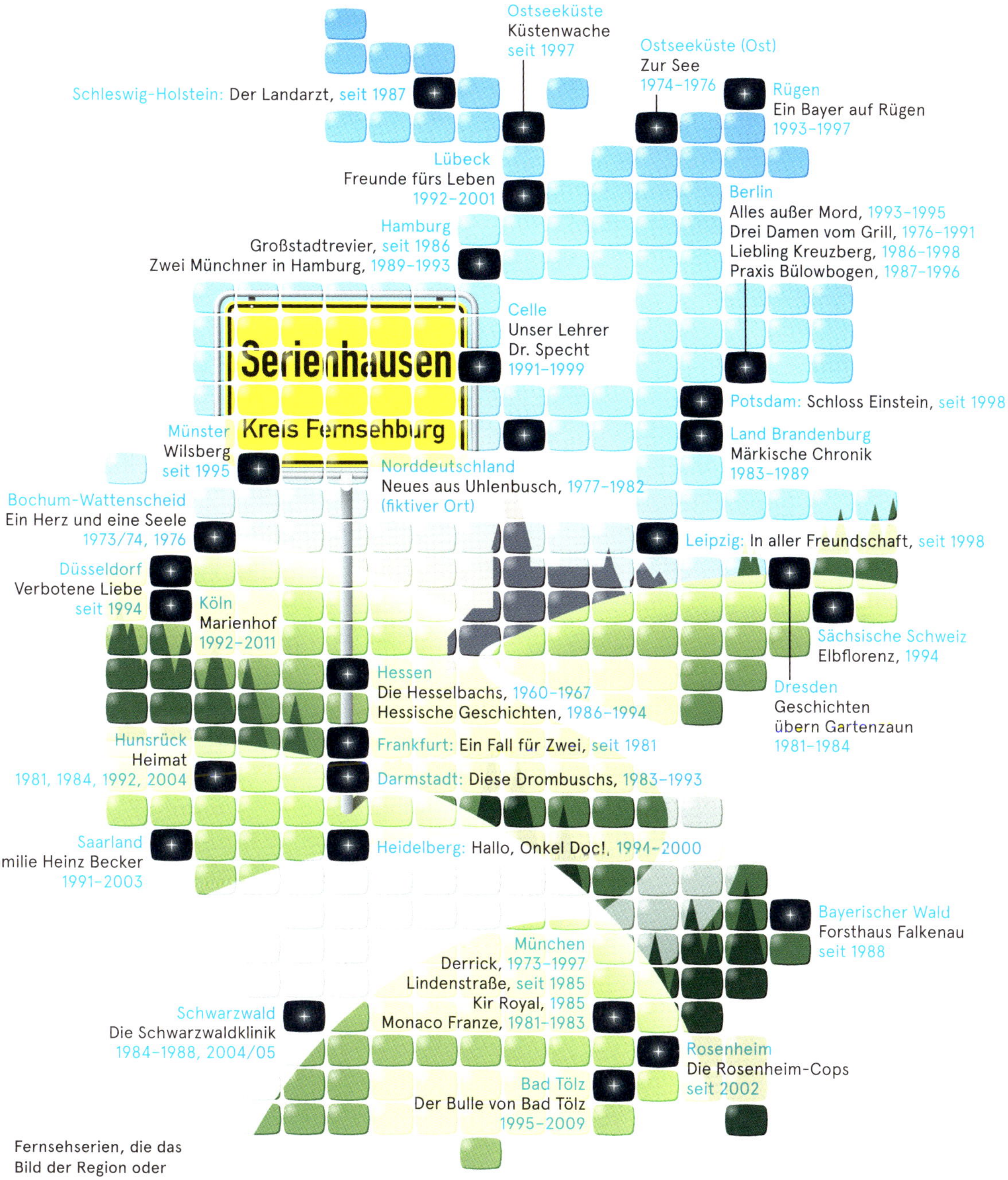

Fernsehserien, die das Bild der Region oder Stadt, in der sie spielen, geprägt haben

70 Orchesterleben, Orchestersterben

Zeichnete man eine Karte der Orchester Italiens, Frankreichs oder Englands, würde sich um Rom, Paris oder London alles ballen, im weiten Land wäre es recht leer. In Deutschland hingegen sind die Orchester gut verteilt, sogar Celle, Hof und Neubrandenburg sind versorgt. Als sich die Orchester im 18. Jahrhundert entwickelten, war das Land zersplittert, jeder Fürstenhof wollte ein eigenes haben. Später gründete die DDR mehr neue Orchester als die Bundesrepublik, weil sie sich als Kulturstaat sah. So gab es 1990 vor allem im Osten recht viele, und weil jedermann sparen wollte oder musste, sparten viele an den Orchestern, auch im Westen. Etliche wurden zusammengelegt oder ganz geschlossen. Interessanterweise wurde aber seit den Berliner Symphonikern (die nur noch als Projektorchester existieren) im Jahr 2004 kein Orchester mehr aufgelöst – durch die ganze Finanzkrise hindurch nicht eines. Offenbar ahnt man inzwischen, dass die Verluste, die man mit der Musik machen kann, vergleichsweise gering sind.

Quelle: Deutsches Musikinformationszentrum, Leibniz-Institut für Länderkunde

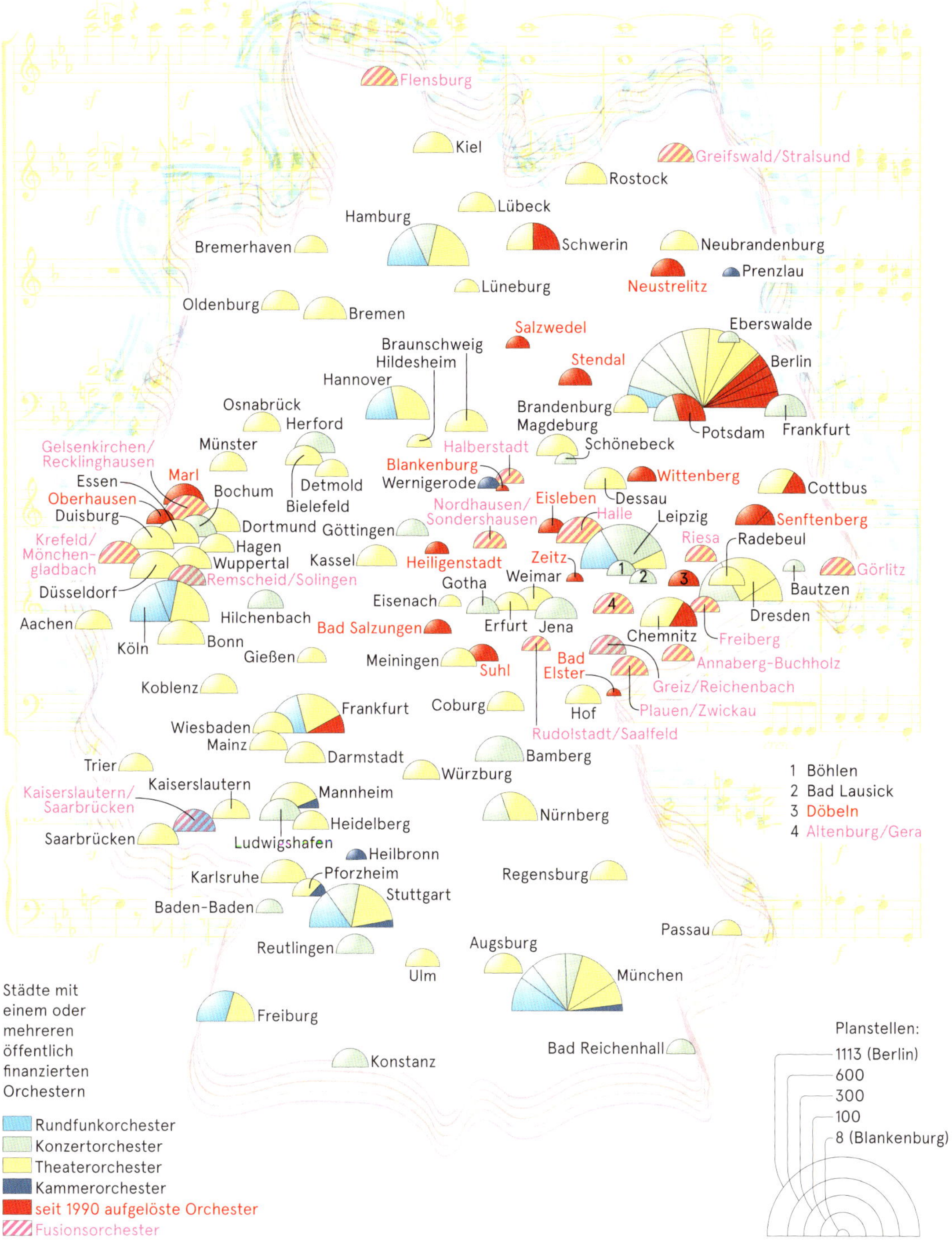

Flensburg
Kiel
Greifswald/Stralsund
Rostock
Lübeck
Hamburg
Schwerin
Neubrandenburg
Bremerhaven
Prenzlau
Lüneburg
Neustrelitz
Oldenburg
Bremen
Salzwedel
Eberswalde
Braunschweig
Hildesheim
Stendal
Berlin
Hannover
Osnabrück
Herford
Brandenburg
Magdeburg
Potsdam
Frankfurt
Münster
Halberstadt
Schönebeck
Gelsenkirchen/
Recklinghausen
Marl
Blankenburg
Wernigerode
Wittenberg
Essen
Bochum
Detmold
Dessau
Cottbus
Oberhausen
Bielefeld
Nordhausen/
Sondershausen
Eisleben
Duisburg
Dortmund
Göttingen
Halle
Leipzig
Senftenberg
Krefeld/
Mönchen-
gladbach
Hagen
Riesa
Radebeul
Wuppertal
Kassel
Heiligenstadt
Zeitz
Görlitz
Remscheid/Solingen
Gotha
Weimar
Düsseldorf
Eisenach
Bautzen
Dresden
Aachen
Hilchenbach
Erfurt
Jena
Chemnitz
Bad Salzungen
Freiberg
Köln
Bonn
Gießen
Meiningen
Suhl
Bad
Elster
Annaberg-Buchholz
Greiz/Reichenbach
Koblenz
Coburg
Hof
Plauen/Zwickau
Frankfurt
Wiesbaden
Rudolstadt/Saalfeld
Mainz
Darmstadt
Bamberg
Trier
Würzburg
1 Böhlen
2 Bad Lausick
3 Döbeln
4 Altenburg/Gera
Kaiserslautern/
Saarbrücken
Kaiserslautern
Mannheim
Nürnberg
Heidelberg
Saarbrücken
Ludwigshafen
Heilbronn
Karlsruhe
Pforzheim
Regensburg
Stuttgart
Baden-Baden
Passau
Reutlingen
Augsburg
Ulm
München
Städte mit
einem oder
mehreren
öffentlich
finanzierten
Orchestern
Freiburg
Planstellen:
1113 (Berlin)
600
300
100
8 (Blankenburg)
Bad Reichenhall
Konstanz
Rundfunkorchester
Konzertorchester
Theaterorchester
Kammerorchester
seit 1990 aufgelöste Orchester
Fusionsorchester

71 Regionale Lebensmittel

Vieles, was mit »Regional« beginnt, klingt ein bisschen öde: Regionalfernsehen, Regionalplanung, Regionalliga. Nur die Regionallebensmittel, die mögen neuerdings fast alle, weil es ja gut ist, wenn das Essen schnell vom Feld oder Stall auf den Tisch kommt. Gemeinsam mit den Etiketten »Bio« und »Fairtrade« befriedigt »regional« die Sehnsucht nach vernünftigem Konsum. Am liebsten würde mancher Marmelade oder Senf kaufen, die alle Etiketten zugleich tragen – aber »regional« und »Fairtrade« schließen einander leider aus. Inzwischen ist eine ganze Reihe von Regionalmarken entstanden, deren Produkte in ganz normalen Läden zu kaufen sind. Meist tragen sie Namen, die das Lokale betonen, sie nennen sich »Heimat«, »Unser Land« oder »Von hier«, diese Marke gibt es gleich zweimal, im Allgäu und in Berlin-Brandenburg. Die beiden Initiativen streiten sich um die Namensrechte. Was seltsam ist, denn wo sollte der Super- oder Biomarkt stehen, in dem das eine »Von hier« mit dem anderen »Von hier« in Konkurrenz tritt?

Quelle: Bundesverband der Regionalbewegung, Institut für ländliche Strukturforschung

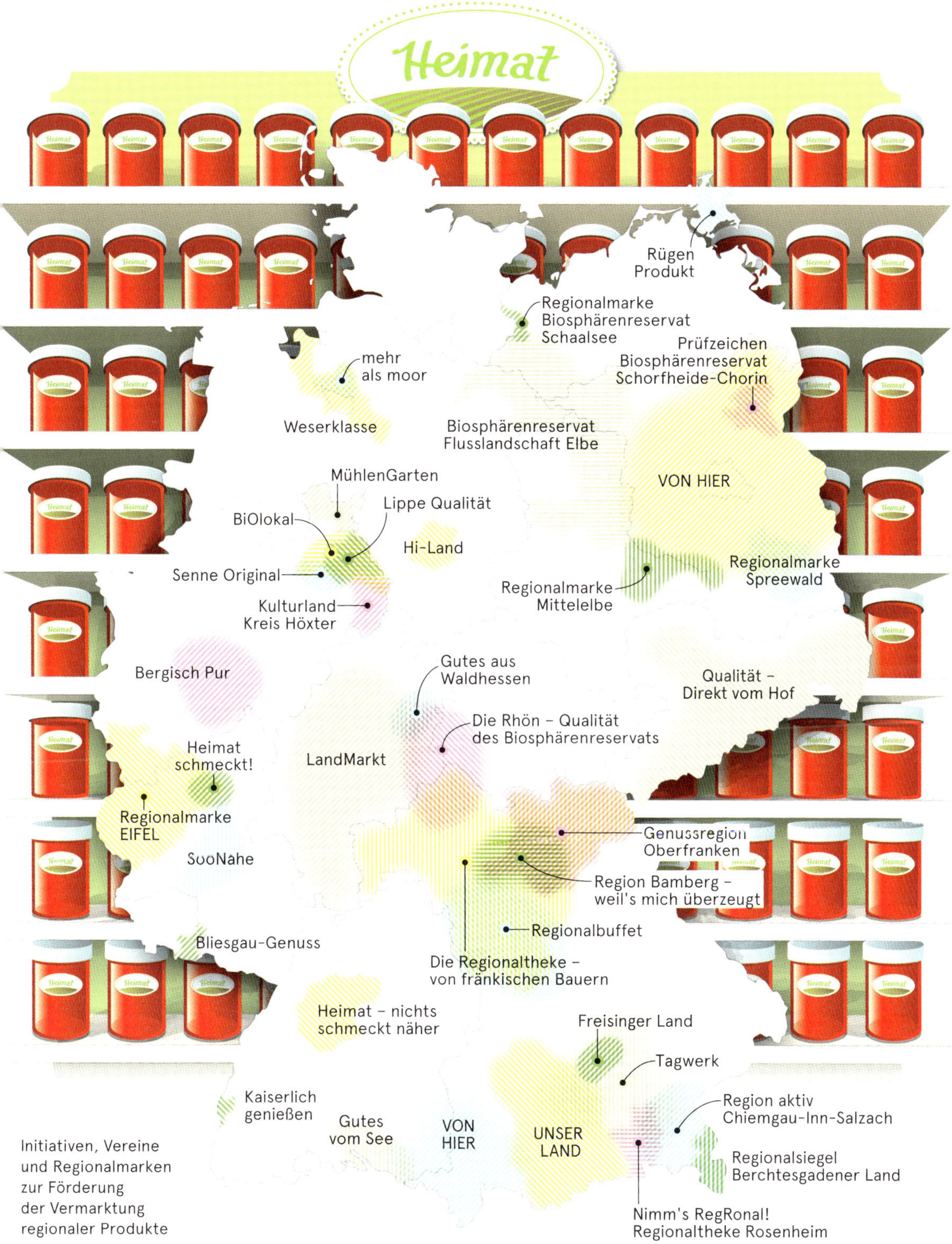

Initiativen, Vereine und Regionalmarken zur Förderung der Vermarktung regionaler Produkte

Zivis

Es wird kein deutscher Mann mehr gegen seinen Willen zum Wohltäter auf Zeit. Mit dem Wehrdienst fiel auch der Zivildienst und mit ihm eine der größten Fragen für Männer mit erstem Bart: Krieg oder Frieden? Realismus oder Idealismus? Panzerfaust oder Windel? Im Osten entschieden sich viel weniger Wehrpflichtige für den Zivildienst als im Westen, vielleicht, weil ihre Eltern, Onkel und Tanten seltener friedensbewegt waren. Der süddeutsche junge Mann verweigerte sich besonders gerne dem Wehrdienst. Alle Zivi-Hochburgen lagen in Bayern und Baden-Württemberg, in den kleineren Großstädten, wo es beschaulich, aber nicht hinterwäldlerisch zugeht. Wo man zwischen Studentenkneipe, Programmkino und Zivi-WG ein gutes Leben führen konnte. Vielleicht spielte die Religion eine Rolle, denn das Christentum ist ja recht pazifistisch. Und sicher geht es auch um Bildung und Wohlstand: Wer es sich leisten kann und was gelernt hat, der schaut, dass er dem unmittelbaren Kriegsgetümmel fernbleibt.

Quelle: Bundesamt für den Zivildienst und eigene Berechnungen

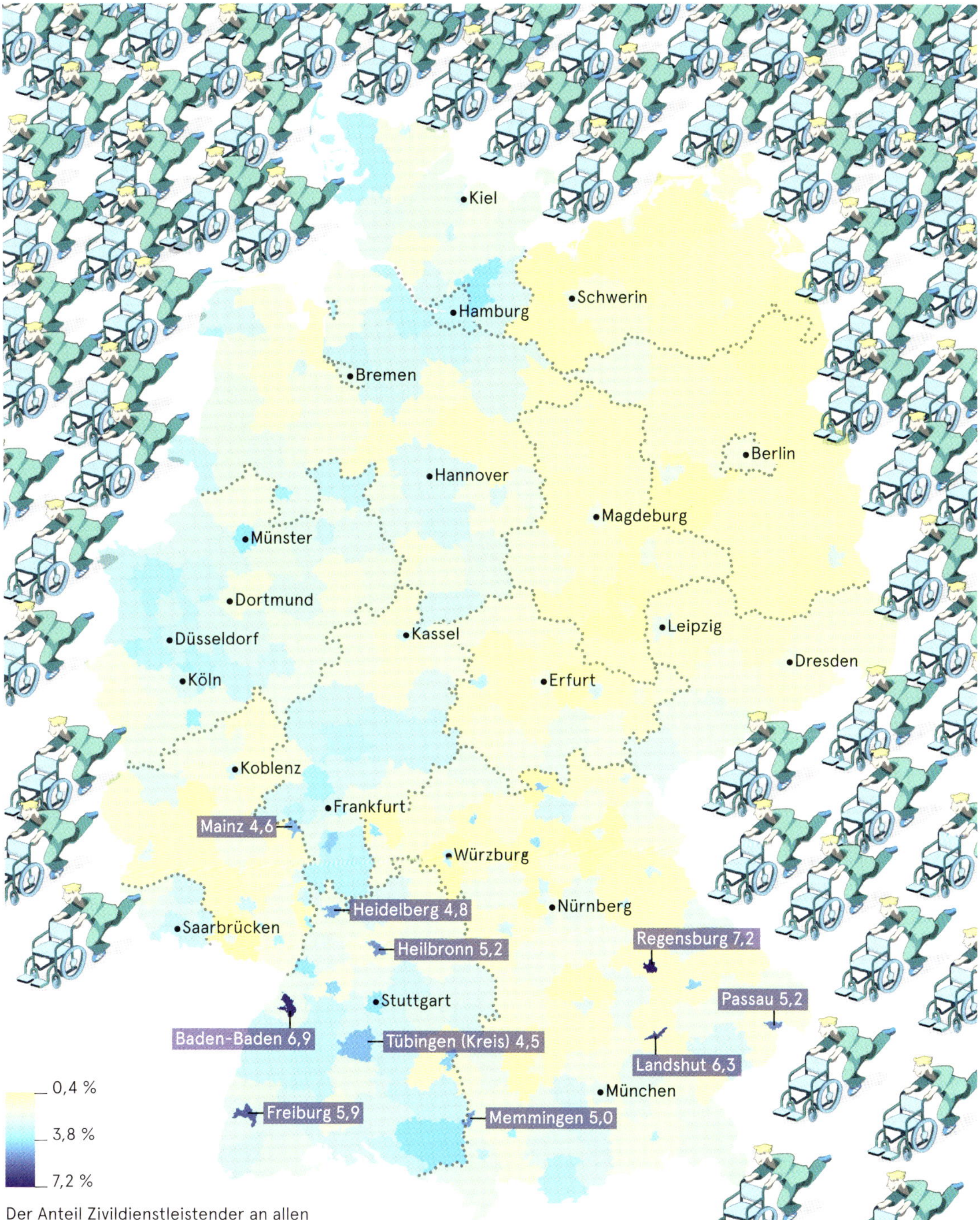

Der Anteil Zivildienstleistender an allen männlichen 18- bis 25-Jährigen nach Landkreisen und kreisfreien Städten. Sowie die Landkreise und kreisfreien Städte mit den zehn höchsten Werten

73 Besondere Backwaren

Urkunden, über die Jahre gesammelt und gerahmt im Verkaufsraum aufgehängt, sind der Stolz selbständiger Bäckereien. Der Name der Brot- oder Brötchensorte und der des Bäckers sind oft von Hand eingetragen, so dass der Kunde ahnt: Hier kommt es noch auf manuelle Fähigkeiten an. Die Prüfung ist freiwillig, und Tausende Bäcker unterziehen sich ihr, so beliebt sind die Urkunden. Die Karte zeigt eine Auswahl bekannter Brot- und Gebäcksorten, die im vorigen Jahr mit einer Goldmedaille ausgezeichnet wurden. Die besten Seelen – kleine Brote mit Kümmel und Salz – kommen noch immer aus Schwaben, die besten Brezeln werden südlich des Mains gebacken. Ausreißer sind rar, etwa jene einzige Brezel-Auszeichnung in Schleswig-Holstein. Bäcker ist ein Beruf, der oft vom Vater an den Sohn weitergegeben wird, samt dem Geheimnis guten Brotes. In Soest in Westfalen gibt es die Bäckerei Haverland, mit Gold ausgezeichnet für »Soester Pumpernickel«, sie backt ihn seit 1570 ohne längere Unterbrechung. In das Brot eingebacken ist auch so etwas wie Identität.

Quelle: IQBack

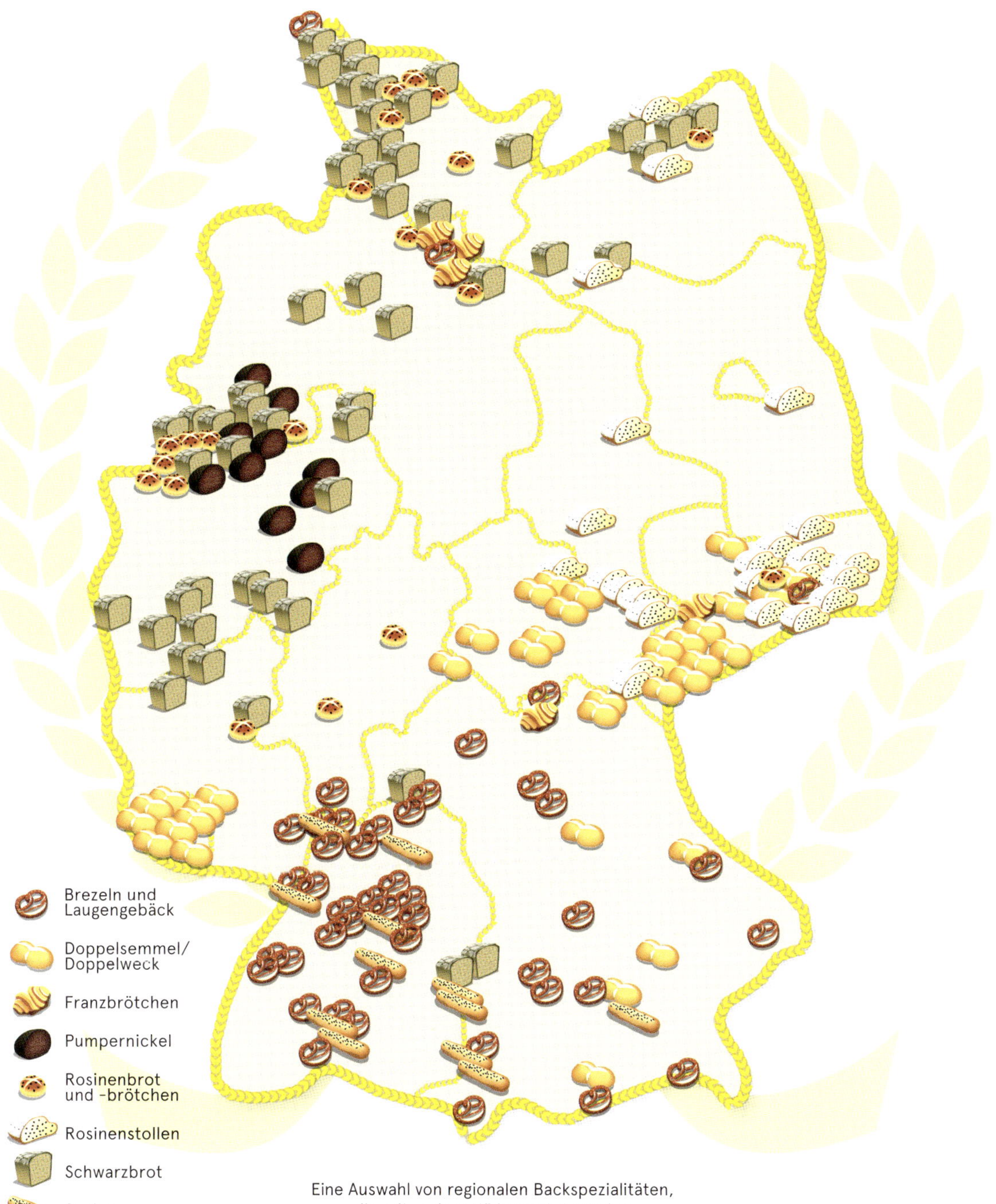

Eine Auswahl von regionalen Backspezialitäten,
die mit „sehr gut" bewertet wurden

74 Körpergewicht

Oft hört man, dass die Hanseaten wie überhaupt die Norddeutschen besonders groß gewachsen seien. Aber die Statistik lehrt, dass sich die Norddeutschen und die Süddeutschen, was die Länge vom Fuß bis zum Scheitel anbelangt, um kaum mehr als einen Zentimeter unterscheiden. Legen die Statistiker das Maßband hingegen um die Hüfte, werden die Unterschiede groß. In Bayern ist jeder siebte Mann und jede achte Frau sehr dick, in Mecklenburg-Vorpommern jeder und jede fünfte. Die Wissenschaft rätselt. Sicher ist nur, dass es, wenn es an Geld fehlt, oft auch an Wissen über gesundes Essen mangelt. Aber offenbar nicht immer: Die Bremer sind arm und schlank. Wichtig ist auch das Schönheitsideal der Nachbarschaft. In der Großstadt mag man es eher schlanker als auf dem Land. Es gibt eine Studie aus England, wonach dicker wird, wer es weiter bis zum nächsten Gemüsestand hat. Mecklenburg ist ein weites, leeres Land. Lange Straßen. Vielleicht wäre das eigene Gemüsebeet hier eine besonders schöne Idee. Kostet auch nicht viel.

Quelle: Statistisches Bundesamt

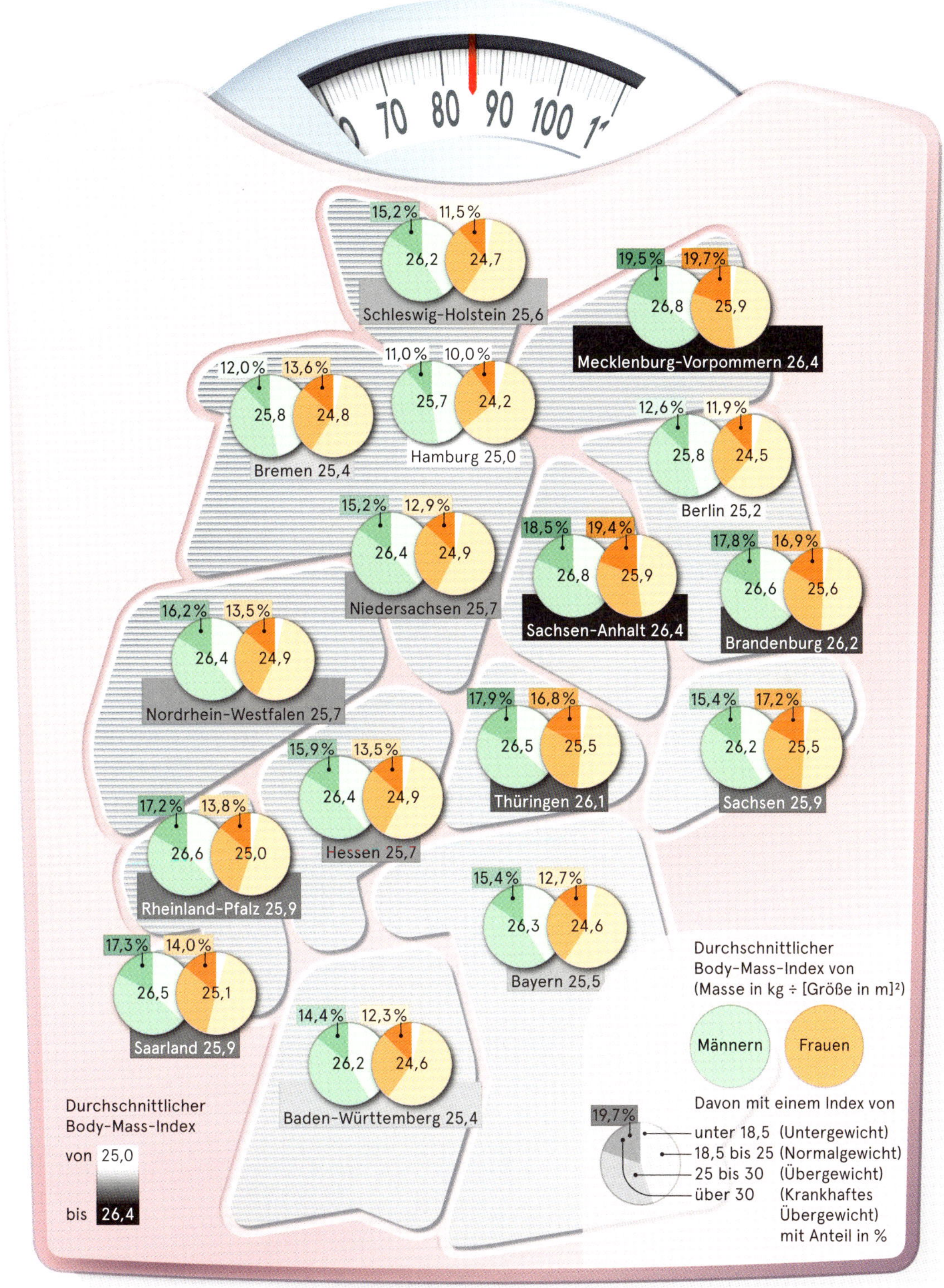

70 80 90 100
Schleswig-Holstein 25,6
15,2 % 26,2 11,5 % 24,7
Mecklenburg-Vorpommern 26,4
19,5 % 26,8 19,7 % 25,9
Bremen 25,4
12,0 % 25,8 13,6 % 24,8
Hamburg 25,0
11,0 % 25,7 10,0 % 24,2
Berlin 25,2
12,6 % 25,8 11,9 % 24,5
Niedersachsen 25,7
15,2 % 26,4 12,9 % 24,9
Sachsen-Anhalt 26,4
18,5 % 26,8 19,4 % 25,9
Brandenburg 26,2
17,8 % 26,6 16,9 % 25,6
Nordrhein-Westfalen 25,7
16,2 % 26,4 13,5 % 24,9
Thüringen 26,1
17,9 % 26,5 16,8 % 25,5
Sachsen 25,9
15,4 % 26,2 17,2 % 25,5
Hessen 25,7
15,9 % 26,4 13,5 % 24,9
Rheinland-Pfalz 25,9
17,2 % 26,6 13,8 % 25,0
Bayern 25,5
15,4 % 26,3 12,7 % 24,6
Saarland 25,9
17,3 % 26,5 14,0 % 25,1
Baden-Württemberg 25,4
14,4 % 26,2 12,3 % 24,6
Durchschnittlicher Body-Mass-Index von (Masse in kg ÷ [Größe in m]²)
Männern
Frauen
Davon mit einem Index von
19,7 %
unter 18,5 (Untergewicht)
18,5 bis 25 (Normalgewicht)
25 bis 30 (Übergewicht)
über 30 (Krankhaftes Übergewicht) mit Anteil in %
Durchschnittlicher Body-Mass-Index
von 25,0
bis 26,4

75 Fangen spielen

Es gibt ein Lied von BAP aus dem Jahr 1990, *Freio.* Darin geht es darum, dass Freio nicht gelte »en Bangkok«, »em Libanon« und »om Müll vun Bombay«. Wer nicht aus Köln kam, wunderte sich: Freio, hatte das was mit Freier zu tun? Nein, das rufen Kölner Kinder, wenn sie Fangen spielen und um sich an einem vereinbarten Haltepunkt auszuruhen, an einer Schaukel, einem Baumstamm, sicher vorm Fänger. Anders als bei Dialektbegriffen wie Brötchen/Schrippe/Semmel ahnt man hier nicht, dass man anderswo anders sagen könnte. Ist ja eine Kindervokabel, die später keiner braucht, der nicht Wolfgang Niedecken heißt (gute Besserung übrigens!). Die Uni Augsburg hat erforscht, wie der Haltepunkt wo heißt, so entstand die Karte. Viele Namen stehen für ein Gefäß (»Bütt«, »Pott«) oder sind lautmalerisch (»Zick«). Die Wissenschaftler hatten allerdings Mühe, genug Leute zu finden, die ihnen die Begriffe nennen konnten. Man spielt nicht mehr so oft Fangen. Freio gilt nicht mal mehr in Köln, könnte man singen.

Quelle: Uni Augsburg, Philologisch-Historische Fakultät, S. Elspaß und R. Möller

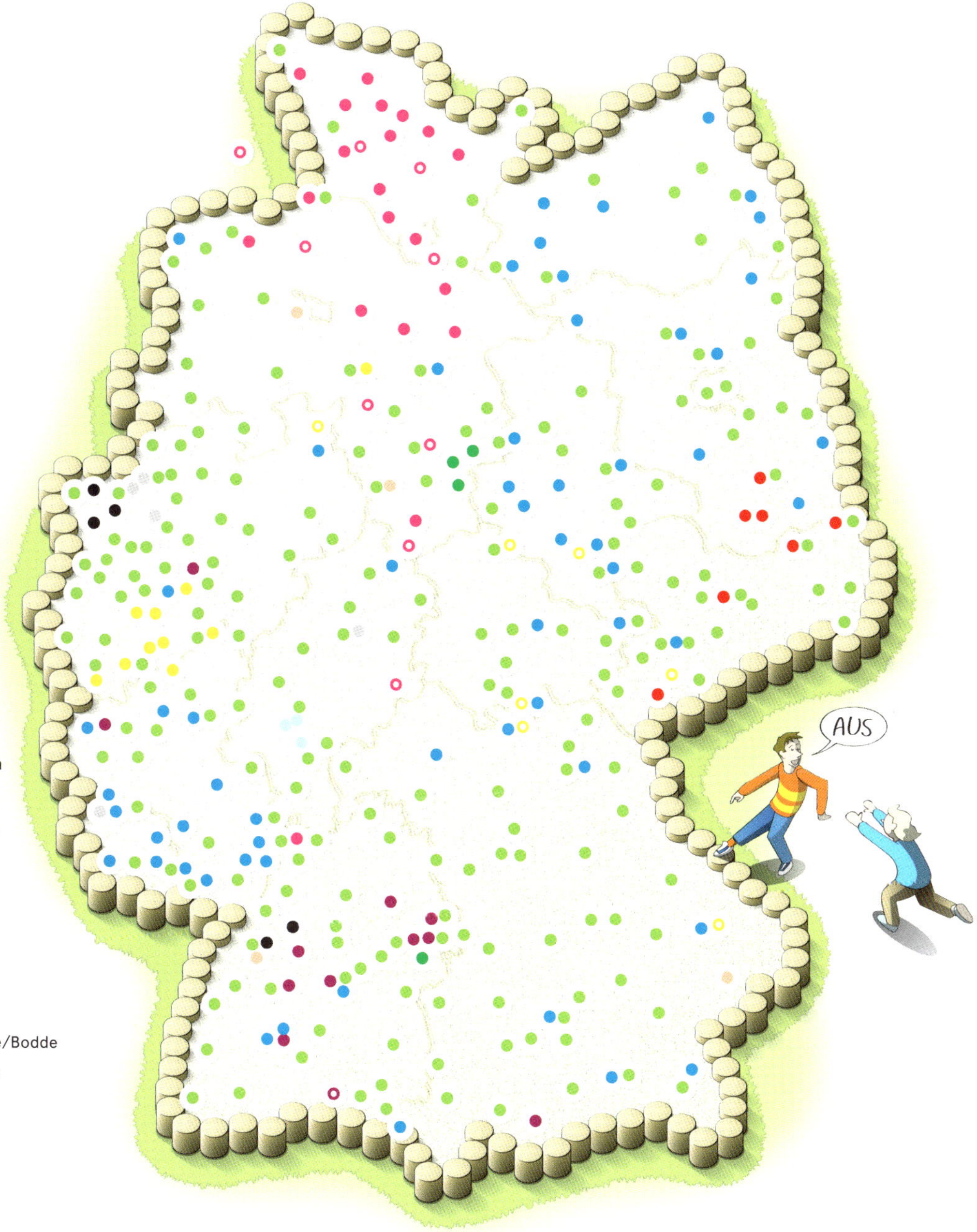

Namen für den Haltepunkt beim Fangenspielen

- Aus
- Haus
- Klippo
- Kllpp
- Freio
- Frei
- Boot/Botte/Bodde
- Bütt/Butte
- Zick
- Insel
- Wupp
- Pulle
- Pott
- Hola

76 Endungen von Ortsnamen

Die meisten Ortsnamen entstanden nicht in Brainstorming-Runden, sie kamen aus der Alltagssprache. So wie man heute sagt: »Ich wohne hinter Karstadt«, sagte man vielleicht: »Ich wohne auf dem Otto seinem Büttel« – Büttel bedeutete Hof oder Siedlung. Daraus wurde dann Ottenbüttel in Schleswig-Holstein. Viele Namen stammen von »Heim« ab: solche auf »-hem«, »-ham« und auch das »-um«. »-schwend« und »-schlag« meinten gerodete Waldflächen. Das »-lar« bedeutete wahrscheinlich freie Wiese. Das »-ow« und »-itz« im Osten kommt aus dem Slawischen – es drückt wie das »-ingen« eine Zugehörigkeit aus: etwa zu einem Gründer namens Tuwo, daraus wurde dann Tübingen. Wenn heute neue Namen gebraucht werden, nimmt man am ehesten »-stadt« oder »-stedt«, weil jeder sofort die Bedeutung versteht. Dass es irgendwann keine neuen -büttels mehr gab, liegt auch daran, dass – man kennt es von Kindtaufen – zu häufige Namen nach einer Weile unbeliebt werden. Am ehesten Chancen auf eine Rückkehr haben vielleicht die -grüns.

Quelle: »dtv Atlas Namenkunde«, K. Kunze

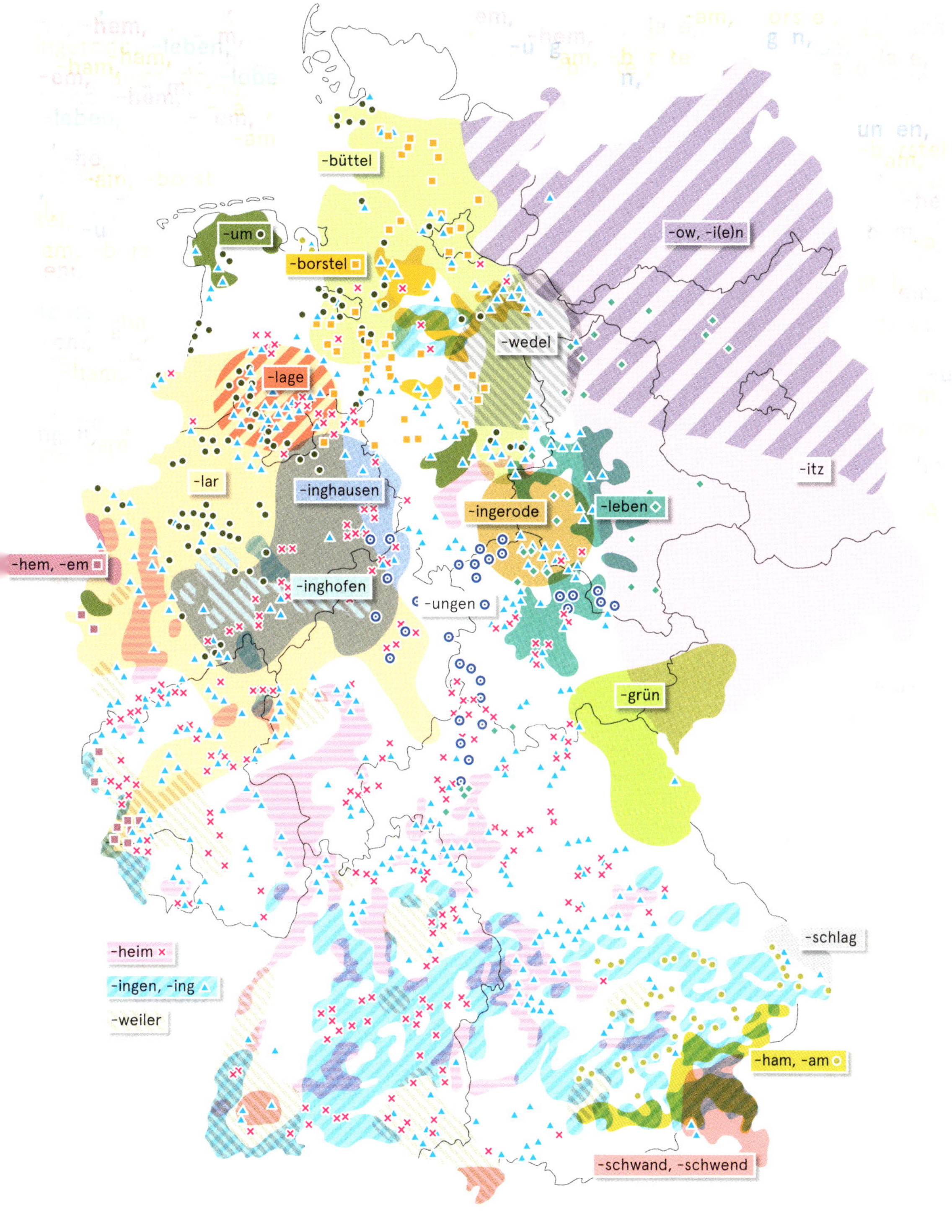
-büttel
-um
-borstel
-ow, -i(e)n
-wedel
-lage
-lar
-inghausen
-ingerode
-leben
-itz
-hem, -em
-inghofen
-ungen
-grün
-heim
-ingen, -ing
-weiler
-schlag
-ham, -am
-schwand, -schwend

77 Numerierte Bars

Früher war es beliebt, Bars Namen zu geben, die mit der Silbe »-bar« spielten. Es war einfach, jeder konnte das. Und so war das Land bald voll von Sonderbars, Kostbars, Essbars, Bezahlbars, Wunderbars und Sichtbars. Auch die Bar jeder Vernunft war nur, hihi, scheinbar lustig. Es war klar, dass es irgendwann eine Gegenbewegung geben musste: Bars, die auf jede Spielerei verzichten. So entstanden die Zahlenbars. Die berühmteste war bis zuletzt die Bar 25 in Berlin, die in der Holzmarktstraße 25 zu Hause war. Der Barbesitzer gab seinen Gästen zu verstehen: Wir haben es nicht nötig, originell zu sein. In Berlin ist dieser Namensminimalismus so weit entwickelt wie nirgends. Hier sind so viele Bars nach Zahlen zwischen 3 und 1000 benannt, dass man, ein Taxi bestellend und einige Gramm Alkohol im Blut, leicht durcheinanderkommen kann. Die Bars in der Provinz orientieren sich offensichtlich an Berlin. Und wollen ein bisschen origineller sein (08/15 Bar, Bar 2.0). Sie haben es leider nicht ganz begriffen.

Recherche: Florian Bamberg

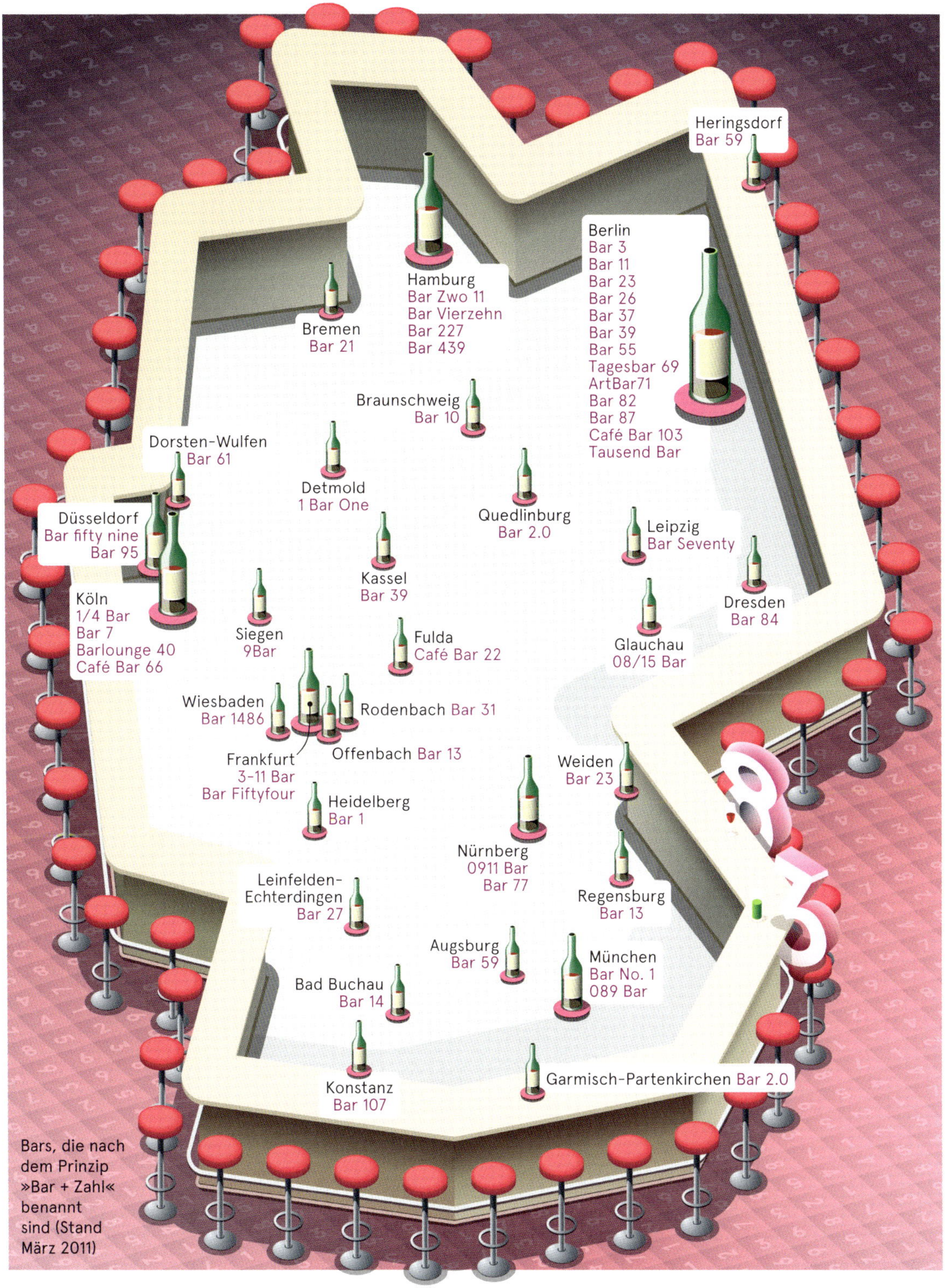

Bars, die nach dem Prinzip »Bar + Zahl« benannt sind (Stand März 2011)

78 Wie öko ist unser Strom?

Viel spricht dafür, dass diese Karte schon bald etwas anders aussehen wird – grüner. Denn dieser Tage melden die Ökostromfirmen täglich Hunderte neuer Kunden. Unsere Karte zeigt den Stand der Dinge vor der Havarie in Japan. All jene, die schon immer gegen Atomkraft waren, sollten sie sich einmal genau anschauen. Im Saarland ist noch nicht mal jeder fünfzigste Haushalt mit Ökostrom versorgt – Grün gewählt haben dort dreimal mehr. Irgendetwas hat die Deutschen daran gehindert, zum Ökostrom zu wechseln. Vielleicht war es das mulmige Gefühl, Ökostrom würde den Backofen nicht heiß genug werden lassen für eine Tiefkühlpizza, vielleicht einfach nur der Papierkram. Man geht ja auch nicht gern zur Kariesprophylaxe. In den Großstädten, im linksliberalen Milieu, war der soziale Druck wohl ein bisschen größer. In Berlin und Hamburg hat der Marktführer, Lichtblick, besonders viel Reklame gemacht. Wenn man dauernd an den Zahnarzt erinnert wird, geht man eben doch mal hin. Oder wenn plötzlich eine Plombe havariert.

Quelle: Agentur für Erneuerbare Energien

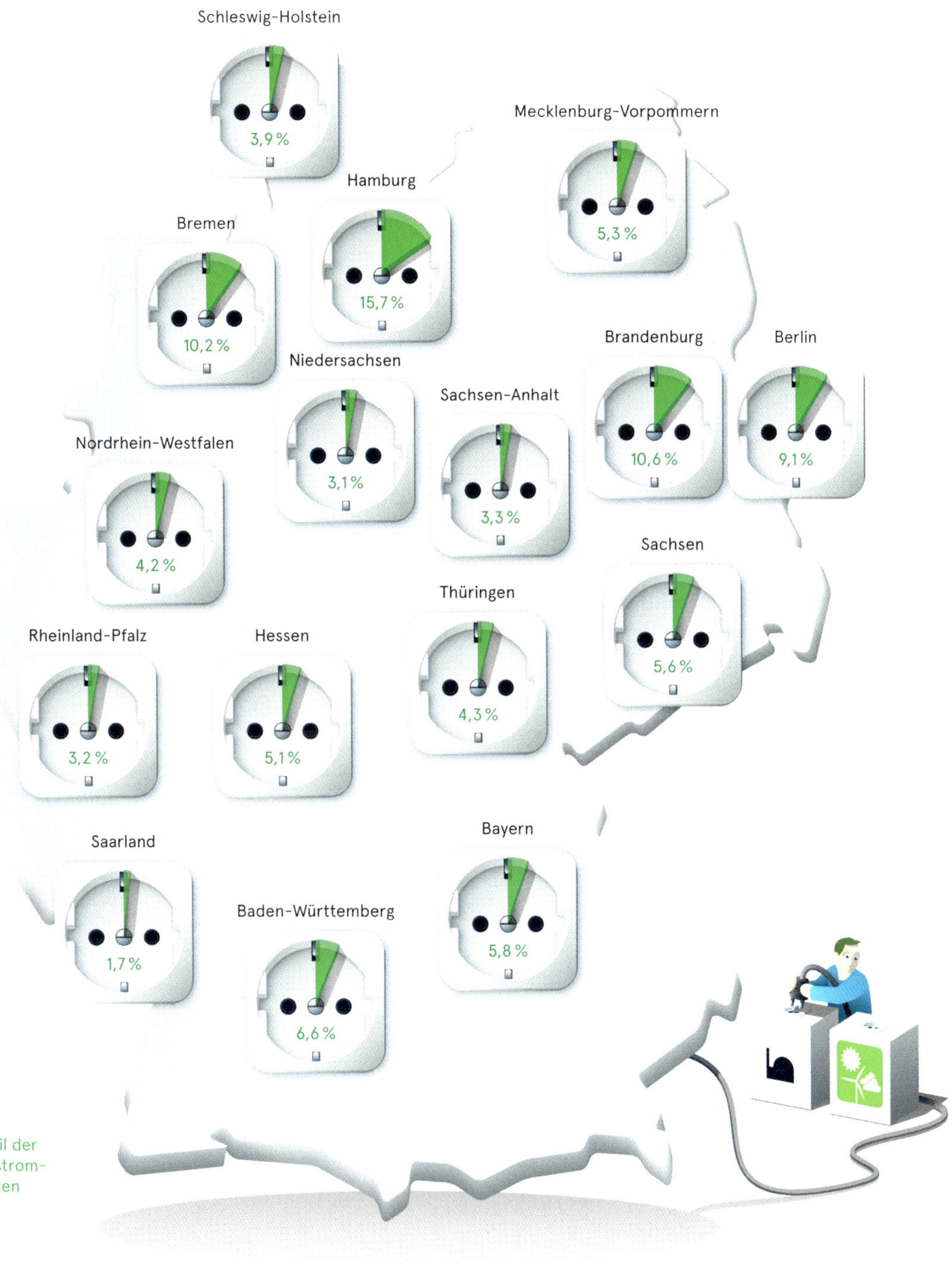

Anteil der Ökostrom-kunden

79 Zootiere

Wie in der Atomdebatte sind auch in der Zoodebatte seit Jahrzehnten eigentlich alle Argumente bekannt. Viele sind gegen Zoos, sie beklagen, dass es den Tieren dort schlechter gehe als in der Natur. Viele sind für Zoos, weil sie finden, dass Kinder wissen sollten, wie ein Elefant aussieht, damit sie dessen Lebensraum als erhaltenswert erachten. Tierschützer versuchen nach dem Tod von Knut, dem weltberühmten Eisbären, der im Berliner Zoo mit vier Jahren jung starb, einen sofortigen Eisbären-Ausstieg zu bewirken. Zurzeit sind Eisbären in elf Zoos zu Hause. Vielleicht gibt es einen Zookompromiss – auch für die anderen besonders beliebten Tierarten, die auf unserer Karte verzeichnet sind. In Berlin und Stuttgart sind alle zehn zu sehen, in Hannover neun. Aachen hat nur Pinguine und trotzdem mehr Besucher als Bremerhaven (das außerdem Eisbären zeigt) und nicht viel weniger als Rostock (das vier weitere beliebte Tierarten bietet). Man könnte die Zoos also ruhig ein bisschen ausdünnen. Für kindliche Tierliebe wäre auch dann noch ausreichend gesorgt.

Quelle: Verband Deutscher Zoodirektoren

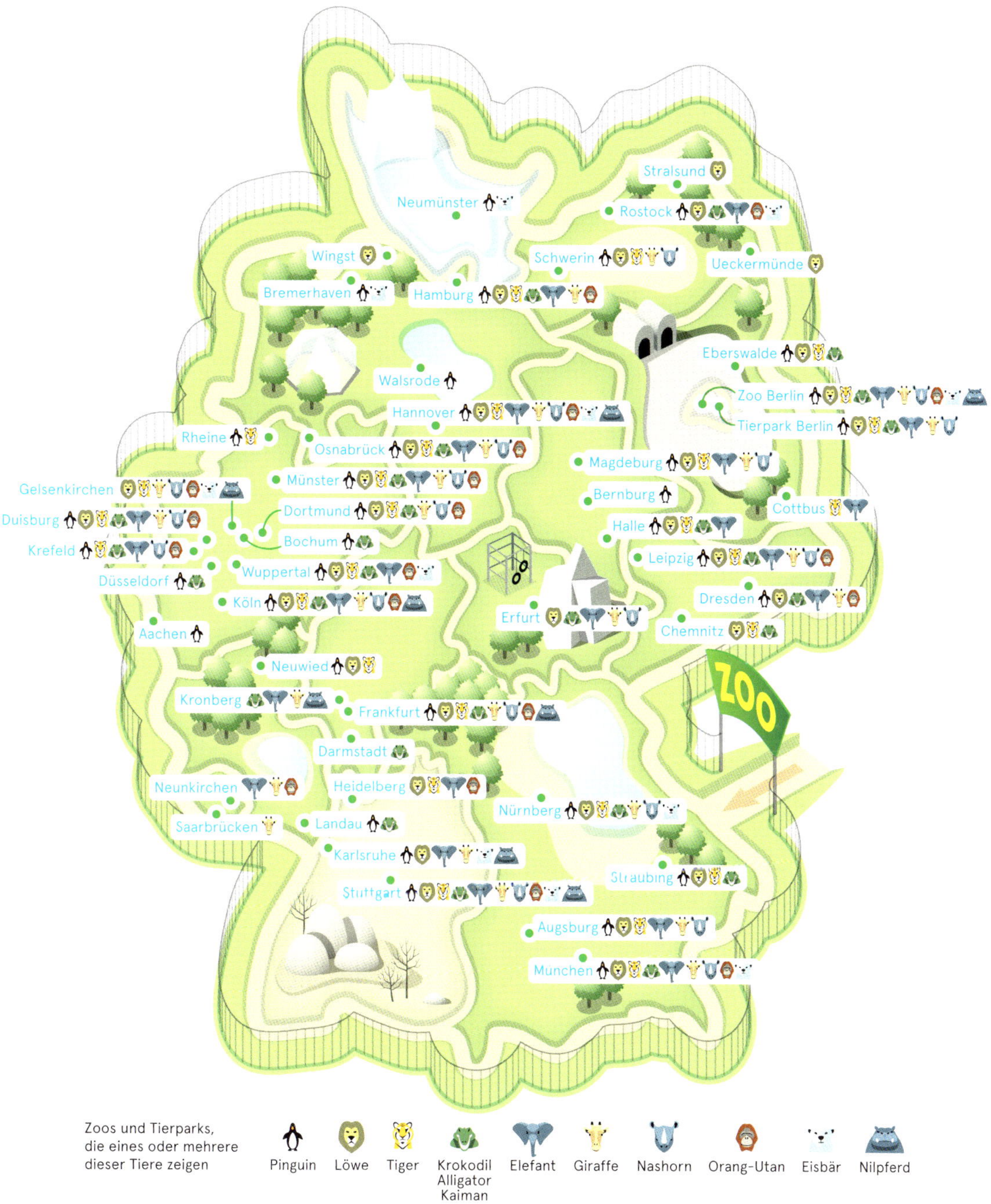
Stralsund
Neumünster
Rostock
Wingst
Schwerin
Ueckermünde
Bremerhaven
Hamburg
ZOO
Eberswalde
Walsrode
Zoo Berlin
Hannover
Tierpark Berlin
Rheine
Osnabrück
Magdeburg
Gelsenkirchen
Münster
Bernburg
Cottbus
Duisburg
Dortmund
Halle
Krefeld
Bochum
Leipzig
Wuppertal
Düsseldorf
Dresden
Köln
Erfurt
Chemnitz
Aachen
Neuwied
Kronberg
Frankfurt
Darmstadt
Neunkirchen
Heidelberg
Nürnberg
Saarbrücken
Landau
Karlsruhe
Straubing
Stuttgart
Augsburg
München
Zoos und Tierparks,
die eines oder mehrere
dieser Tiere zeigen
Pinguin
Löwe
Tiger
Krokodil
Alligator
Kaiman
Elefant
Giraffe
Nashorn
Orang-Utan
Eisbär
Nilpferd

80 Meier, Meyer, Mayer und Maier

Es ist kein großer Zufall, dass Lena Meyer-Landrut Meyer heißt, Meyer mit ey. So heißen Niedersachsen oft, weil es dort früher schon viele Bauernhöfe gab. Alle Schreibweisen dieses in Deutschland (nach Schmidt) zweithäufigsten Namens gehen nämlich auf den lateinischen *maior* zurück, den Vorsteher eines Bauernhofs. Der gleiche Beruf hieß im heutigen Hessen und nördlichen Bayern Hofmann und im Osten Schulze. Namenkundler sprechen von einem »Meyer-Loch« mitten im Land. Wie man Meyer schrieb, war, als man Namen erfand, nirgends festgelegt. Die Norddeutschen bevorzugten – warum, weiß niemand – »ei« und »ey«, die Südwestdeutschen »ai« und »ay«. Diese Verteilung hat sich bis heute gehalten, weil es über die Jahrhunderte nur wenige Meyers und Co. in die Fremde zog. Damals waren Doppelnamen unüblich, und niemand ahnte, dass man sich einmal so umständlich vorstellen müsste: Meyer-Landrut, Landrut ohne H, Meyer mit E und Ypsilon.

Quelle: »dtv Namenskunde«; K. Kunze

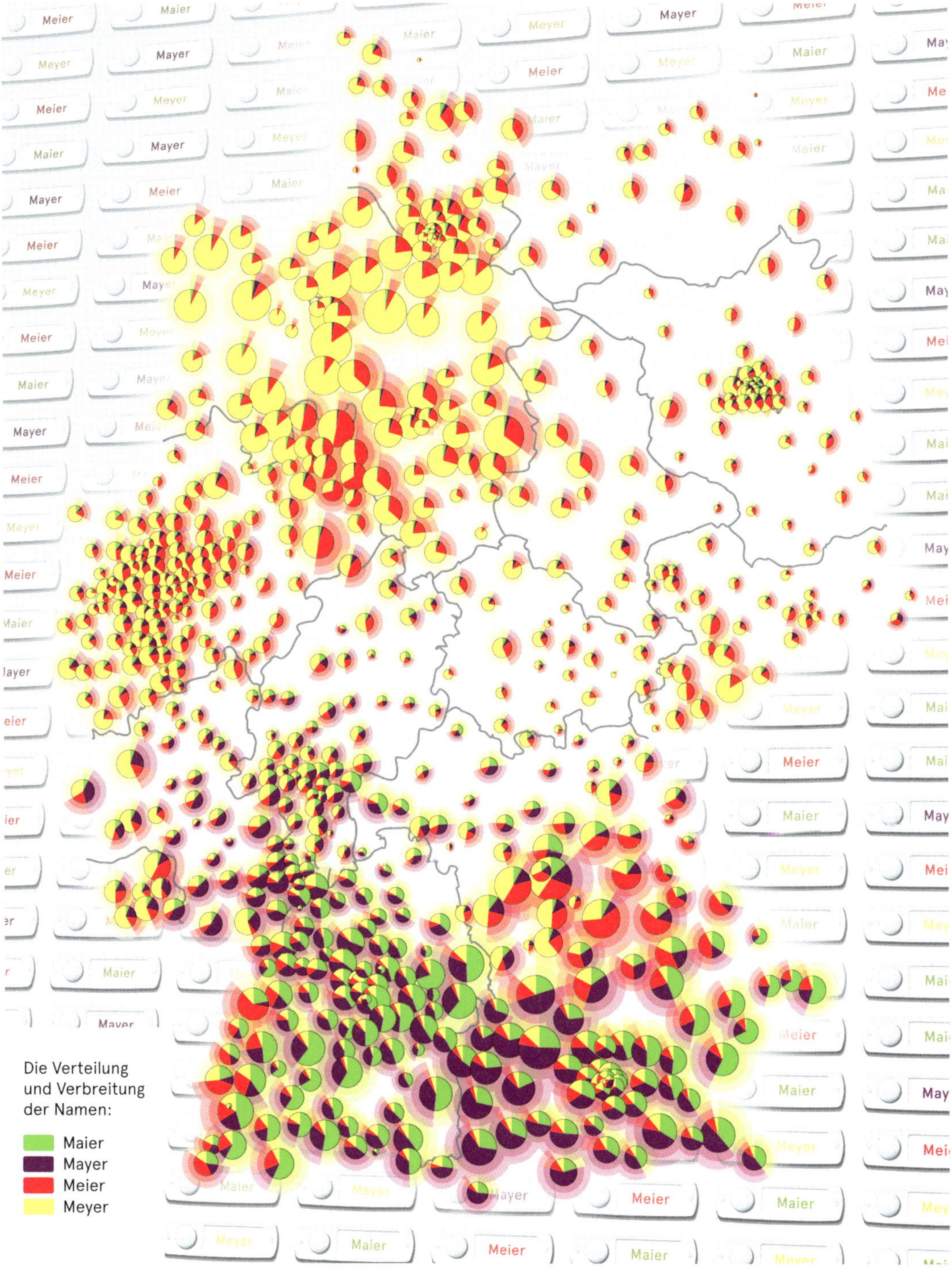
Die Verteilung
und Verbreitung
der Namen:
Maier
Mayer
Meier
Meyer

81 Naturkatastrophen

Es wäre unvernünftig, jeden Morgen daran zu denken, was so alles passieren könnte. Dass die Erde beben, dass uns ein Ziegel erschlagen oder uns das Wasser bis zum Hals stehen könnte. Aber dann passiert ein Unglück wie in Japan, und man überlegt schon mal: Wie sicher ist unser Leben eigentlich? Die gute Nachricht: Wir sind recht sicher. Aber auch in Deutschland gibt es Gefahren. In der Eifel, bei Basel und im Vogtland in Sachsen drohen Erdbeben, die Menschen gefährlich werden können. Zwar gab es in den letzten zehn Jahren keine schweren Beben, trotzdem wird nun auch auf dieses Risiko geschaut, wenn die Atomkraftwerke überprüft werden. Im Norden drohen eher Stürme (weil die meisten Stürme von der Nordsee kommen) und eher Hochwasser (weil die Flüsse nach Norden fließen). Wer nun in den Süden ziehen will, weil das Leben dort sicherer ist, der sollte lieber die Gegenrichtung wählen. In Skandinavien ist man weltweit am sichersten. Keine Beben, kaum Stürme, kaum Hochwasser. Fast schon wieder langweilig.

Quelle: Nationalatlas aktuell, Leibniz-Institut für Länderkunde; H. Job und V. Bode; Datengrundlage: Munich Re

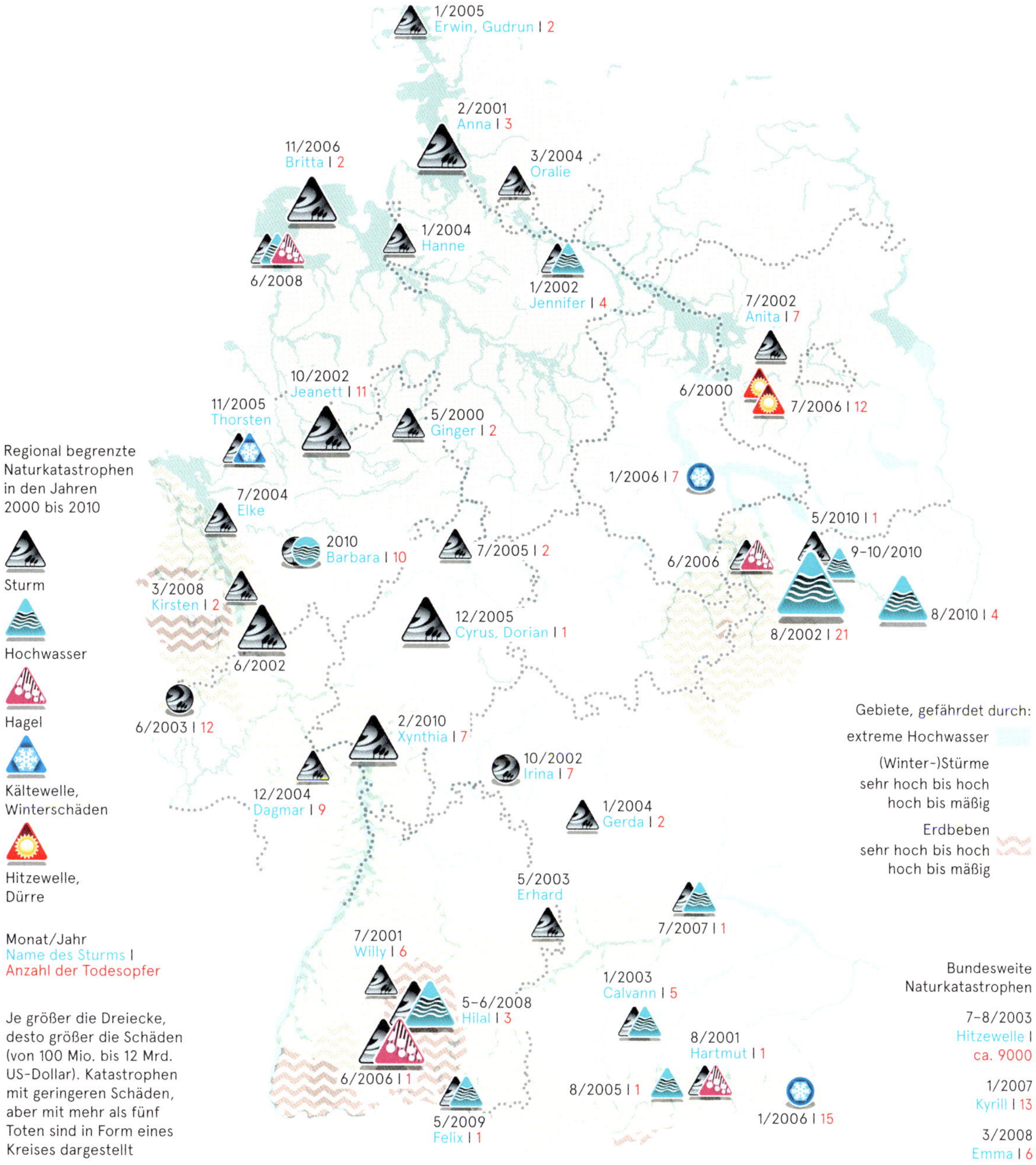

1/2005
Erwin, Gudrun | 2
2/2001
Anna | 3
11/2006
Britta | 2
3/2004
Oralie
1/2004
Hanne
6/2008
1/2002
Jennifer | 4
7/2002
Anita | 7
6/2000
7/2006 | 12
10/2002
Jeanett | 11
11/2005
Thorsten
5/2000
Ginger | 2
Regional begrenzte Naturkatastrophen in den Jahren 2000 bis 2010
1/2006 | 7
7/2004
Elke
2010
Barbara | 10
7/2005 | 2
5/2010 | 1
6/2006
9-10/2010
Sturm
3/2008
Kirsten | 2
12/2005
Cyrus, Dorian | 1
8/2010 | 4
8/2002 | 21
Hochwasser
6/2002
Hagel
6/2003 | 12
2/2010
Xynthia | 7
Gebiete, gefährdet durch:
extreme Hochwasser
(Winter-)Stürme
sehr hoch bis hoch
hoch bis mäßig
10/2002
Irina | 7
Kältewelle, Winterschäden
12/2004
Dagmar | 9
1/2004
Gerda | 2
Erdbeben
sehr hoch bis hoch
hoch bis mäßig
Hitzewelle, Dürre
5/2003
Erhard
7/2007 | 1
Monat/Jahr
Name des Sturms |
Anzahl der Todesopfer
7/2001
Willy | 6
1/2003
Calvann | 5
Bundesweite Naturkatastrophen
5-6/2008
Hilal | 3
7-8/2003
Hitzewelle |
ca. 9000
Je größer die Dreiecke, desto größer die Schäden (von 100 Mio. bis 12 Mrd. US-Dollar). Katastrophen mit geringeren Schäden, aber mit mehr als fünf Toten sind in Form eines Kreises dargestellt
6/2006 | 1
8/2001
Hartmut | 1
8/2005 | 1
1/2007
Kyrill | 13
1/2006 | 15
5/2009
Felix | 1
3/2008
Emma | 6

82 Vogelarten

Selbst Städter, die einen Spatzen nicht von einer Meise unterscheiden können, freuen sich, wenn sie morgens das Fenster öffnen. »Hörst du die Vögel?«, rufen sie. Die Anwesenheit der Tiere besänftigt den Menschen. Neben Vogelsympathisanten gibt es die Vogelliebhaber, viele sind Rentner, aber nicht alle. Für diese Karte haben knapp 3000 von ihnen jeweils mindestens hundert Stunden lang Vögel in der Natur gezählt. Freiwillig und unentgeltlich. Es kam raus: Der Osten ist dem Westen weit überlegen. Es leben dort Arten, die im Westen fast oder ganz ausgestorben sind: Kraniche, Seeadler und Großtrappen, nur so zum Beispiel. Im Osten ist noch mehr unberührte Natur übrig, Sümpfe und Röhrichte vor allem. Außerdem lag nach der Wende ein Fünftel der Ackerflächen brach. Die Hotspots sind das Odertal und die Region um Havel und Elbe. Jetzt, wo die Zugvögel aus dem Süden zurückkehren, um hier zu brüten, setzt eine andere Wanderbewegung ein: die der Vogelbeobachter, von West nach Ost.

Quelle: Dachverband Deutscher Avifaunisten e. V.

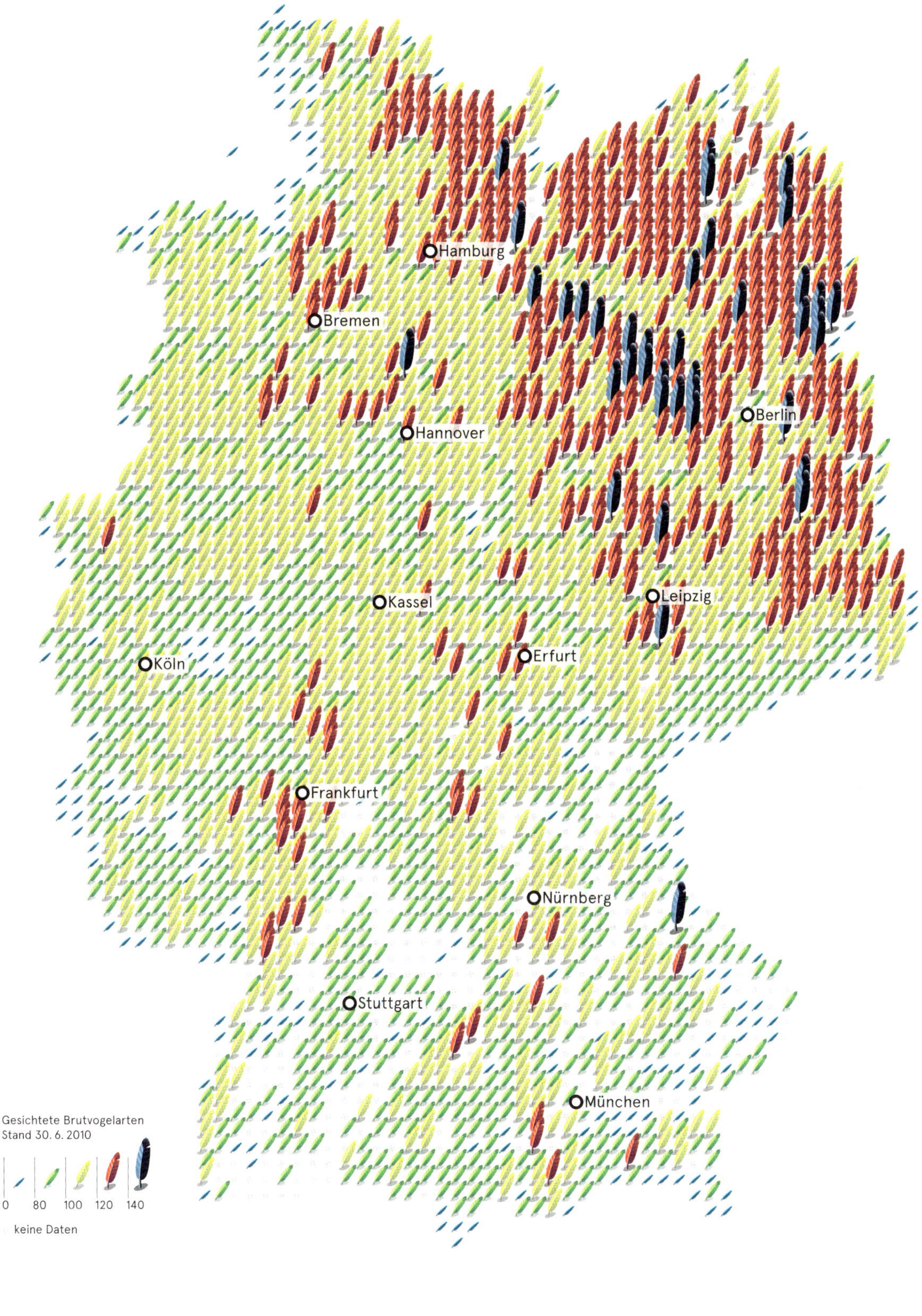
Hamburg
Bremen
Hannover
Berlin
Kassel
Leipzig
Erfurt
Köln
Frankfurt
Nürnberg
Stuttgart
München
Gesichtete Brutvogelarten
Stand 30. 6. 2010
0
80
100
120
140
keine Daten

83 Shoppingcenter

Shoppingcenter mag natürlich keiner. Kein Sonnenlicht und immer nur Douglas und H&M, so heißt es, wenn sie in der Innenstadt sind. Hässliche Parkplatzlandschaften, immer nur Toom und Kaufland, heißt es, wenn sie vor den Toren der Stadt liegen. Trotzdem sind diese Center so erfolgreich, dass das Land voll davon ist und immer noch neue gebaut werden. Im Osten stehen besonders viele, auch dort, wo gar nicht so viele Leute wohnen. Die meisten Ost-Center wurden gleich nach der Wende gebaut, als westdeutsche Investoren glaubten, leicht Geld machen zu können, und die Bürgermeister froh waren, dass jemand nach Baugenehmigungen fragte. Im Westen war der politische Widerstand gegen die Center größer. Der in Münster dauerte besonders lange, bis die Münster-Arcaden doch kamen. Das Management des Centro in Oberhausen hatte 2010 eine Riesenchance verpasst, linksliberale Bürger mit dem Shopping zu versöhnen: Sie haben es Atomkraftgegnern verboten, im Center zu demonstrieren.

Quelle: EHI Retail Institute

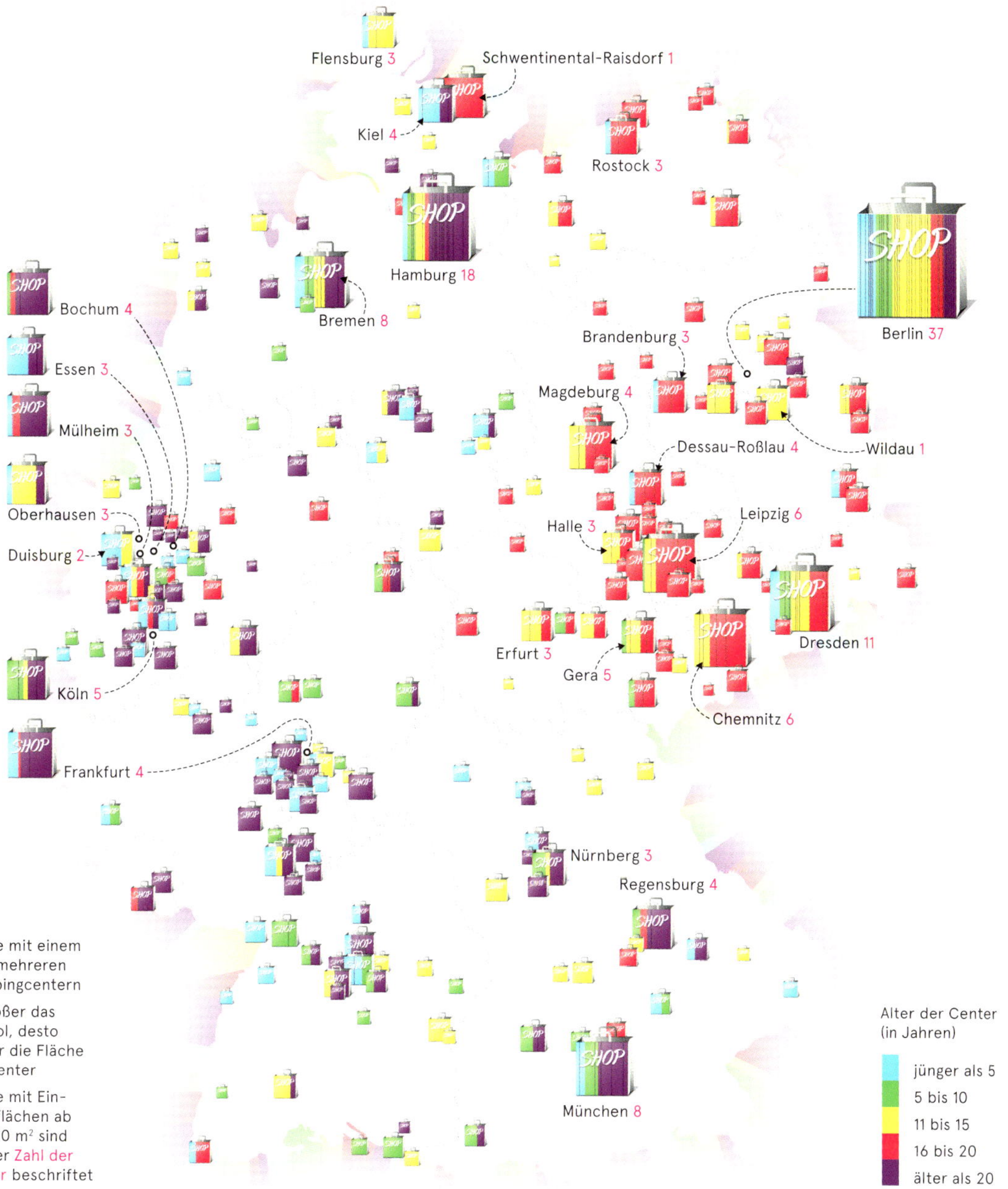

Städte mit einem oder mehreren Shoppingcentern

Je größer das Symbol, desto größer die Fläche der Center

Städte mit Einkaufsflächen ab 80 000 m² sind mit der Zahl der Center beschriftet

84 Piratenpartei

Sich Piratenpartei zu nennen ist schon mal eine gute Idee. Wer in den Achtzigern Kind war, hat mit großer Wahrscheinlichkeit mit Playmobil-Piraten gespielt. Die Piratenpartei, im Mai 2009 erstmals zu einer Wahl, der Europawahl, angetreten, setzt sich ein für das, was auch als Datenpiraterie bezeichnet wird: das bislang illegale Kopieren von elektronischen Werken, Musik also, Filmen, Fotos, Büchern. Patente auf Software lehnt sie ab. Das sind Ideen, die vielen Menschen jenseits des digitalen Grabens, vor 1980 geboren, abseitig vorkommen. Der Partei ist es dennoch gelungen, ins Europaparlament einzuziehen, in Schweden schaffte sie nämlich 7,1 Prozent. In Deutschland waren es nur 0,8 Prozent. Stärker war sie in Studentenstädten. Fast jede der fünfzig erfolgreichsten Piratenstädte hat eine Uni. Die Ost-Unistädte sind auffällig gut vertreten. Die letzte erfolgreiche neue Partei, die ihren Ursprung in den Studentenstädten hatte, war die der Grünen. Die hatte bei ihrer ersten Europawahl 30 Jahre zuvor aber schon 3,2 Prozent der Stimmen.

Quelle: Bundeswahlleiter

Flensburg 2,08
Kiel 2,05
Greifswald 1,83
Rostock 1,40
Lübeck 1,30
Hamburg 1,18
Oldenburg 1,54
Bremen 1,18
Delmenhorst 1,08
Brandenburg an
der Havel 1,17
Berlin 1,40
Potsdam 1,71
Braunschweig 1,53
Magdeburg 1,19
Münster 1,10
Cottbus 1,31
Bochum 1,14
Dortmund 1,10
Halle 1,30
Leipzig 1,69
Kassel 1,27
Dresden 1,91
Erfurt 1,18
Weimar 1,29
Aachen 1,73
Jena 1,83
Chemnitz 1,10
Bonn 1,20
Gießen 1,27
Koblenz 1,15
Frankfurt 1,17
Offenbach 1,42
Darmstadt 1,63
Mainz 1,69
Trier 1,44
Würzburg 1,27
Erlangen 1,60
Kaiserslautern 1,34
Heidelberg 1,19
Fürth 1,14
Zweibrücken 1,10
Landau 1,26
Karlsruhe 2,08
Regensburg 1,18
Stuttgart 1,21
Tübingen 1,24
Ulm 1,33
Augsburg 1,09
München 1,14
Freiburg 1,32
Stimmenanteile
in Prozent für die
Piratenpartei bei
der Europawahl
über 2,0
1,5 bis 1,9
1,0 bis 1,4
0,5 bis 0,9
0,0 bis 0,4
Sowie die 50 Wahl-
kreise mit den höchsten
Ergebnissen

85

Mord und Totschlag

Im *Tatort* geht der Trend ja zum Zweit- und Drittmord. Um 20.18 Uhr liegt der Erste tot da, gegen 21.30 Uhr wird nachgelegt. Es entsteht der Eindruck, dass auch in den gar nicht so großen Städten viel gemordet wird. Die Wirklichkeit ist zum Glück etwas friedlicher. Die *Tatort*-Städte Ludwigshafen, Kiel, Münster und Saarbrücken hatten 2009 zusammen gerade mal sechs Tote, München hatte auch nur vier. Münster war in den Jahren zuvor mehrmals mord- und totschlagfrei. Aber was bitte war da in Halle und Magdeburg los? Die beiden Städte hatten im Verhältnis zur Einwohnerzahl mit Abstand die meisten Fälle, weit vor Berlin. Gut, im Osten sind schon seit Jahren ein paar Opfer mehr zu beklagen als im Westen (es bringen sich also nicht nur die Reichen gegenseitig um, wie das Fernsehen lehrt). Vielleicht gibt es wie bei Selbstmorden auch bei Morden eine ansteckende Wirkung. Man liest in der Zeitung von einem Mörder und denkt sich: Eigentlich könnte ich ja auch … Läuft es so? Die *Tatorte* wirken zum Glück nicht so.

Quelle: Polizeiliche Kriminalstatistik

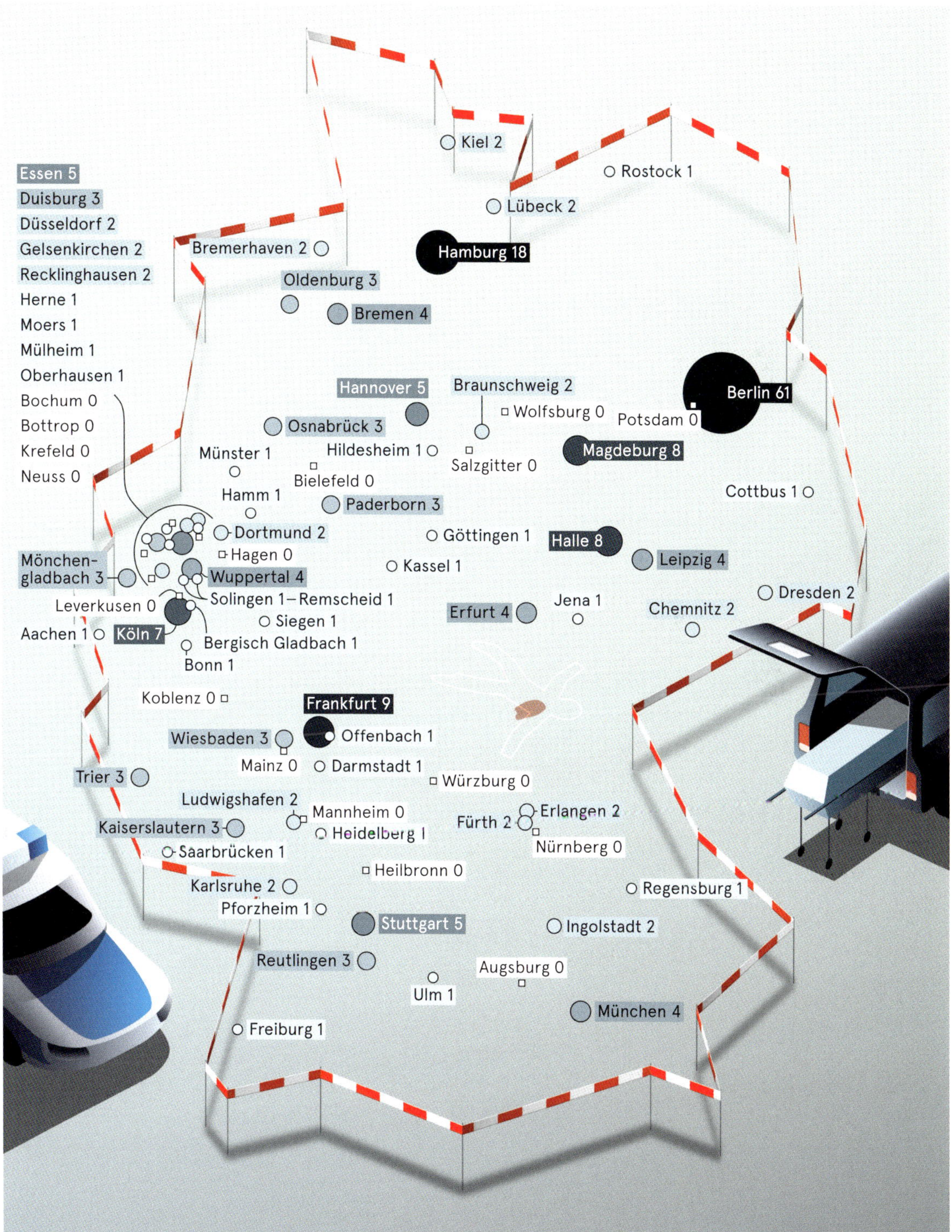

Mord- und Totschlagsfälle im Jahr 2009 in Städten mit mehr als 100 000 Einwohnern

86 Der Preis des Nachtlebens

Die Kosten des Nachtlebens fressen mitunter einen Großteil der Mittel auf, die einem jungen Menschen zur Verfügung stehen – etwa den gleichen Anteil, den ältere Menschen fürs Auto ausgeben. Nehmen wir an, der junge Mensch geht fünfeinhalbmal im Monat aus und betrinkt sich dabei ein wenig (nicht mal exzessiv), so muss er dafür ein Sümmchen einkalkulieren, für das er schon ein kleines WG-Zimmer anmieten könnte. Dennoch sind die Kosten der Nacht im Vergleich zu den Benzinkosten selten Debattenthema. Wird doch einmal darüber gesprochen, dann meist in der Weise, dass Berlin ja wohl unvergleichlich billig sei. Was Berlin noch begehrter macht, als es sowieso schon erscheint. Weil aber das Begehren den Preis bestimmt, ist das Nachtleben in Berlin doch nicht so billig. Eher im Gegenteil. Warum spricht sich das nicht herum? Eine These: Wer einmal drin ist im für seinen Türsteher berüchtigten Berghain, ist so erleichtert, dass ihn der Eintrittspreis nicht mehr schert. Noch eine These: Wer jung ist und arm, ist selten kleinlich.

Quelle: De:Bug, Groove und eigene Recherchen

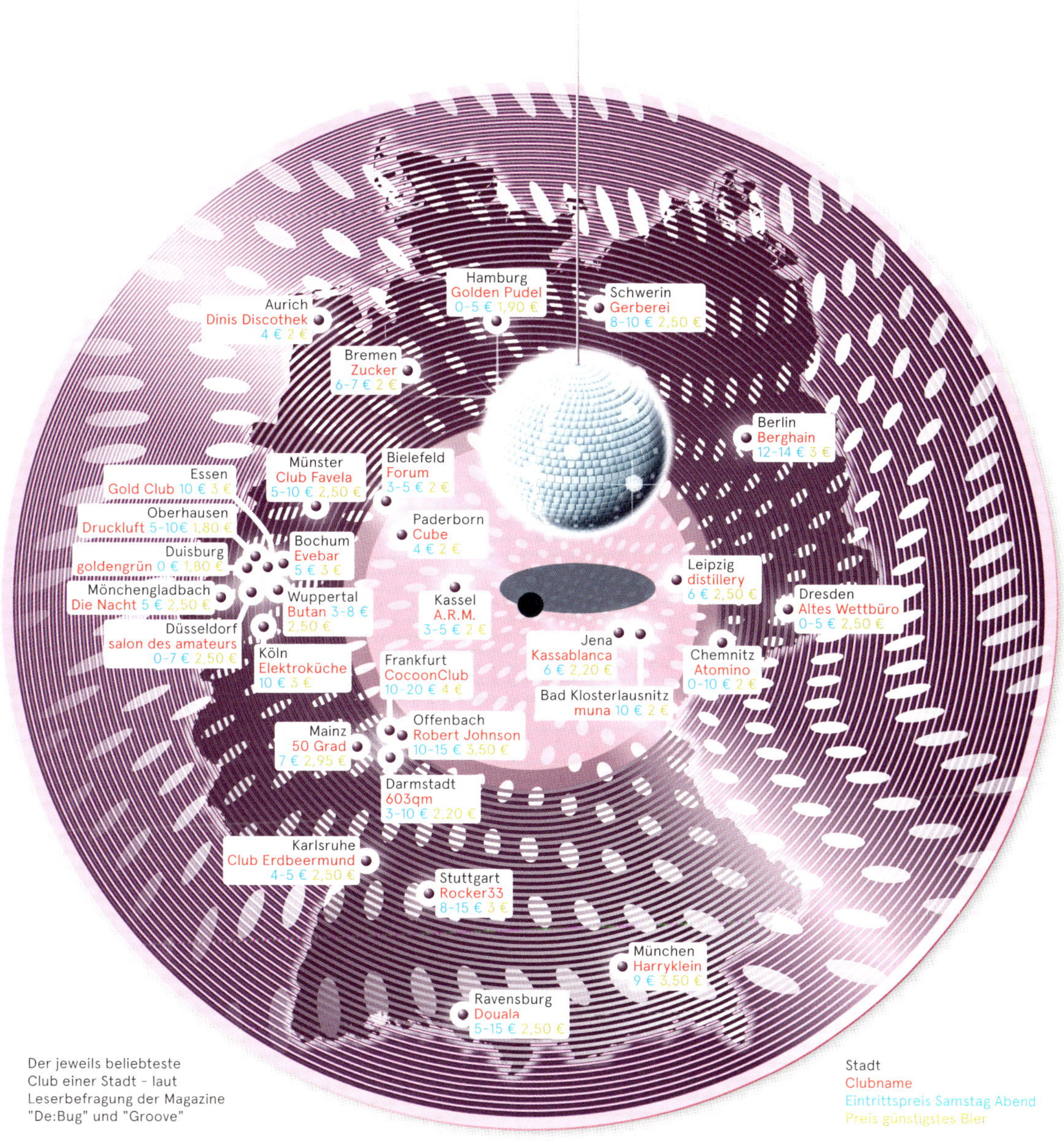

Der jeweils beliebteste
Club einer Stadt - laut
Leserbefragung der Magazine
"De:Bug" und "Groove"

Stadt
Clubname
Eintrittspreis Samstag Abend
Preis günstigstes Bier

87 Moscheen

Es ist schwierig, die Moscheen in Deutschland zu zählen. Kein Amt führt über sie Buch. Dem Humangeografen Thomas Schmitt ist es nun gelungen, sie doch zu zählen, wenigstens diejenigen, die man von außen erkennen kann – mittels einer Bilderrecherche im Internet. Eine Hilfe waren auch die Zeitungsarchive, denn es gibt keinen Moscheebau ohne Moscheebaudiskussion. Wobei inzwischen die Parteien, wenn sie nicht gerade rechtsextrem sind, den Bau befürworten. Streit gibt es eher um die Höhe der Minarette. Die Verteilung der Moscheen entspricht etwa dem Bevölkerungsanteil der Türken und Araber (die ungefähr seit den Achtzigern bauen, seitdem sie wissen, dass sie bleiben). Wobei die meisten Moscheen nicht in Großstädten stehen, sondern in den Vororten, etwa rings um Stuttgart. Dort sind die Grundstücke billiger, die Moscheen werden fast immer durch Spenden bezahlt. Wie sehr gehört der Islam zu Deutschland? Moscheen stehen oft in Gewerbegebieten. In eine richtig gute Innenstadtlage hat es noch keine geschafft.

Quelle: Leibniz-Institut für Länderkunde, Nationalatlas aktuell; T. Schmitt/MPI-MMG

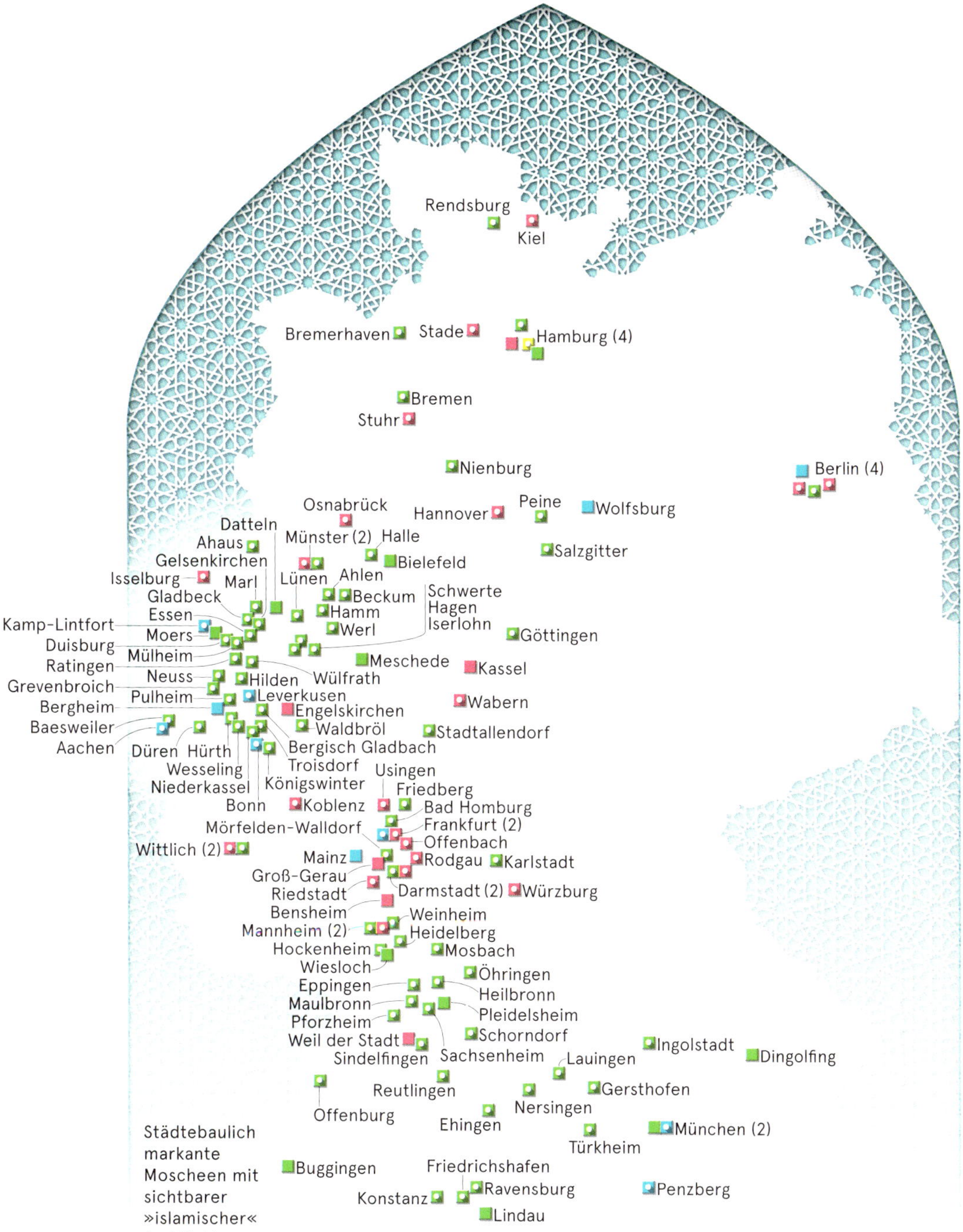

Städtebaulich markante Moscheen mit sichtbarer »islamischer« Architektur, Stand 2011

mit Minarett — ohne Minarett

sunnitisch / türkisch — sunnitisch / andere Ethnien — schiitisch — Ahmadiyya-Bewegung

88 Politische Kreise

Man kann sich vorstellen, wie Politiker sich, gern im Sommer, zurufen: »Jetzt mal raus aus dem Klein-Klein! Lasst uns die großen Linien suchen!« Oder, vielleicht etwas leiser: »Lasst uns mal in kleiner Runde besprechen, wie wir die Parteifreunde austricksen können!« So oder so ähnlich entstehen die »Kreise« der Parteien, Gruppen von Gleichgesinnten, die auffällig oft nach Orten benannt sind. Von ihnen ist der konservative Seeheimer Kreis der SPD wohl der bedeutsamste (die Partei hat eine auffällige Neigung, Kreise zu bilden). Andere benannten sich sogar nach einem Ort, an dem sie nur ein Mal waren (wie der Zugspitzkreis) oder noch gar nicht (wie der Sylter Kreis). Sicher hatte mancher Kreisnamenserfinder große Denkschulen im Sinn, die Tübinger Schule, die Frankfurter Schule. Frankfurter Kreis, das klingt eben mehr nach Adorno als nach Ränkeschmiede. Der Frankfurter Kreis, gegründet in den Sechzigern, traf sich später allerdings in Oer-Erkenschwick. Ob die Mitglieder einen Namenswechsel debattierten, ist nicht überliefert.

Recherche: Martin Fischer

Leichlinger Kreis JU/CDU

Rheinischer CDU-Kreis um den Europaparlamentarier Herbert Reul. Existiert seit den achtziger Jahren. Trifft sich im Leichlinger Bürgerhaus. Heute Merkel-freundlich gesinnt

Leverkusener Kreis SPD/WASG

Heißt heute Parlamentarische Linke und versammelt seit Mitte der siebziger Jahre Vertreter des linken Flügels der SPD. 2005 formierte sich bei der WASG in Nordrhein-Westfalen ein Zirkel gleichen Namens

Schaumburger Kreis FDP

Vertreter des FDP-Wirtschaftsflügels. Die Treffen von 1969 an fanden nicht in Schaumburg in Niedersachsen statt, sondern im Restaurant Schaumburger Hof in Bonn

Godesberger Kreis SPD

Auch: Godesberger Flügel. Aktiv in den siebziger Jahren. Ziel war es, das Godesberger Programm der SPD zu verteidigen

Lahnsteiner Kreis SPD

Vorgänger des Seeheimer Kreises

Seeheimer Kreis SPD

Vertreter des konservativen Flügels der SPD. Gegründet in den siebziger Jahren. Ursprünglicher Treffpunkt war ein Lufthansa-Schulungszentrum in Seeheim an der Bergstraße

Freiburger Kreis FDP

Linksliberaler Kreis der FDP. Der Name bezieht sich auf die Freiburger Thesen von 1971. Versammlungsort war Berlin

Anden-Pakt JU/CDU

Soll 1979 von jungen CDU-Politikern bei einem Flug über die Anden geschlossen worden sein. Später angeblich gegen Merkel gerichtet. Gilt als aufgelöst

Hofgeismarer Kreis Jusos

Wurde nach der Wende von einigen nationalkonservativen sächsischen Jusos gegründet, die damit die SPD irritierten. Der Name geht auf einen nationalistischen Kreis in der Weimarer Zeit zurück

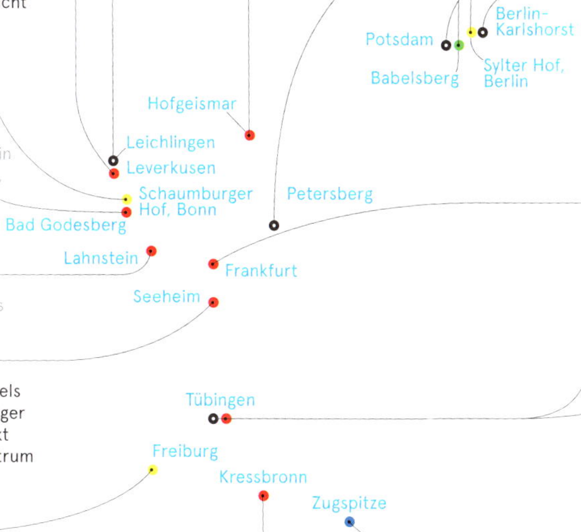

Kressbronner Kreis CDU/SPD

Wurde zur Zeit der ersten Großen Koalition von Bundeskanzler Kurt Georg Kiesinger gegründet, zum Gedankenaustausch zwischen CDU und SPD. Galt als inoffizieller Koalitionsausschuss und löste sich mit dem Ende der Koalition auf

Babelsberger Kreis Grüne

Versammelte in den neunziger Jahren Vertreter des linken Flügels der Grünen

Sylter Kreis FDP

Linksliberaler Kreis der FDP, der sich im Hotel Sylter Hof in Berlin traf – also nicht auf Sylt. Als Nachfolger gilt der Freiburger Kreis

Petersberger Kreis CDU

Potsdamer Kreis CDU

Karlshorster Kreis CDU

Tübinger Kreis CDU

Anfang der Neunziger gründeten sich innerhalb der CDU mehrere kleine Kreise mit dem Ziel, einen rechtskonservativen Vertreter in der Parteiführung zu etablieren

Frankfurter Kreis SPD

Versammelte von Mitte der sechziger Jahre an Vertreter des linken Flügels der SPD; traf sich später in Oer-Erkenschwick, NRW; ging im Forum Demokratische Linke 21 auf

Tübinger Kreis SPD

Zirkel von baden-württembergischen SPD-Linken Ende der sechziger Jahre. Ging im Frankfurter Kreis auf

Zugspitzkreis CSU

Gegründet von einigen jungen CSU-Politikern, darunter Karl-Theodor zu Guttenberg, die 2002 gemeinsam in den Bundestag eingezogen waren und sich 2007 auf der Zugspitze fotografieren ließen, um für Edmund Stoiber zu werben. Trafen sich später nicht mehr auf der Zugspitze, sondern in Restaurants

Politische Kreise, die nach Orten benannt sind – aktive politische Kreise – aufgelöste politische Kreise

89 Abschiedsgrüße

Schibboleth ist hebräisch und heißt Getreideähre. Das wüsste heute wahrscheinlich kaum jemand in Deutschland, wenn nicht im Alten Testament stünde, dass einige Tausende Ephraimiter, die sich als Ortsansässige ausgaben, entlarvt und umgebracht wurden, weil sie das Wort Schibboleth nicht kannten. Heute gehen zum Beispiel Bayern mit Norddeutschen, die in Nürnberg zum Abschied »tschüss« sagen, weil sie »pfüati« nicht kennen, nachsichtiger um. Aber gemocht wird's immer noch nicht besonders. Wer in zu arge Bedrängnis gerät wegen des falschen Grußes, der möge sich damit herausreden, dass »tschüss« und »pfüati« so ziemlich das Gleiche bedeuten, nämlich »Gott beschütze dich«. *Deus* heißt Gott auf Latein, was heute noch aus dem Wort »ade« herauszuhören ist. Die Frage, ob man einen einheimischen Gruß auch als Ortsfremder benutzen sollte, ist nicht geklärt. Es könnte anbiedernd wirken. Einfacher erscheint der formelle Gruß: Auf Wiedersehen. Oder heißt es Wiederschaun? Am besten, man verschwindet, ohne was zu sagen.

Quelle: Forschungszentrum Deutscher Sprachatlas / Wortatlas der deutschen Umgangssprachen

tschüss schüss
tschüss schüss tschüss tschüssing
tschüss schüss tschüss tschüssing
tschüss schüss tschüss tschüssing tschüssing
tschüss schüss tschüss tschüssing tschüssing
schüss tschüss schüss tschüss schüss tschüss schüss tschüss
schüss tschüss schüss tschüss schüss tschüss schüss tschüss
tschüss schüss tschüss schüss tschüss schüss tschüss schüss
tschüss schüss tschüss schüss tschüss schüss tschüss schüss
schüss tschüss schüss tschüss schüss schüss tschüss schüss
tschüss schüss tschüss schüss tschüss schüss tschüss schüss tschüss
tschüss schüss tschüss schüss tschüss schüss tschüss schüss tschüss
schüss tschüss schüss tschüss schüss tschüss schüss tschüss schüss
tschüss schüss tschüss schüss tschüss schüss tschüss schüss tschüss
tschüss schüss tschüss schüss tschüss mach’s gut tschüss schüss mach’s gut
tschüss schüss tschüss schüss tschüss mach’s gut schüss tschüss mach’s gut
tschüss schüss tschüss schüss mach’s gut tschüss schüss schüss mach’s gut
tschüss schüss tschüss schüss mach’s gut tschüss schüss tschüss mach’s gut
tschüss schüss tschüss mach’s gut mach’s gut schüss tschüss mach’s gut
tschüss schüss tschüss mach’s gut mach’s gut schüss mach’s gut
adieu tschüss schüss mach’s gut mach’s gut tschüss
adieu tschüss schüss mach’s gut tschüss schüss tschüss
adieu schüss tschüss schüss tschüss ade ade schüss
adieu tschüss schüss tschüss ade ade ade ade servus
adieu schüss servus servus ade ade ade ade servus pfüati
tschüss servus servus ade ade ade ade ade servus pfüati
servus ade ade ade ade ade ade servus pfüati servus
ade ade ade ade ade ade ade servus pfüati servus
ade ade ade ade ade ade ade servus pfüati servus pfüati
ade ade ade ade ade ade servus pfüati servus pfüati
ade ade ade ade ade servus pfüati servus pfüati
ade ade ade ade ade servus pfüati servus pfüati
ade ade ade ade ade servus pfüati servus pfüati
ade ade ade servus pfüati servus

90 Spielhallen

Lottospieler und Spielhallenbesucher sind grundverschiedene Typen. Wer Lotto spielt, glaubt an die Million, an die Erlösung. Der Spielhallenbesucher weiß, dass in der Halle kein Reichtum zu holen ist. Mal zwanzig Euro verlieren, mal dreißig, ganz selten mal ebenso viel gewinnen, so läuft es dort. Warum geht er dann trotzdem hin (die wenigsten sollen ja süchtig sein)? Der Soziologe Jo Reichertz von der Uni Duisburg-Essen betreibt seit Jahren Feldforschung in Spielhallen. Er glaubt, dass sich der Spieler dort beweisen will, dass er verlieren kann. Dass er es aushält. Reichert nennt es die »Heroisierung von Frusterlebnissen« (man kennt das auch von Fußballfans, die sagen: Bayern-Fan sein kann ja jeder, ich halte zu Bochum). Der mittlere Angestellte (früher: der Arbeiter) kann den Frust in der Spielhalle dosieren, anders als den in der Arbeit. Stimmt die Frusttheorie, geht es den Rheinland-Pfälzern gerade nicht so gut. Den Brandenburgern wohl auch nicht – die haben nicht genug Kleingeld, das sie frustvoll verspielen könnten.

Quelle: Arbeitskreis gegen Spielsucht

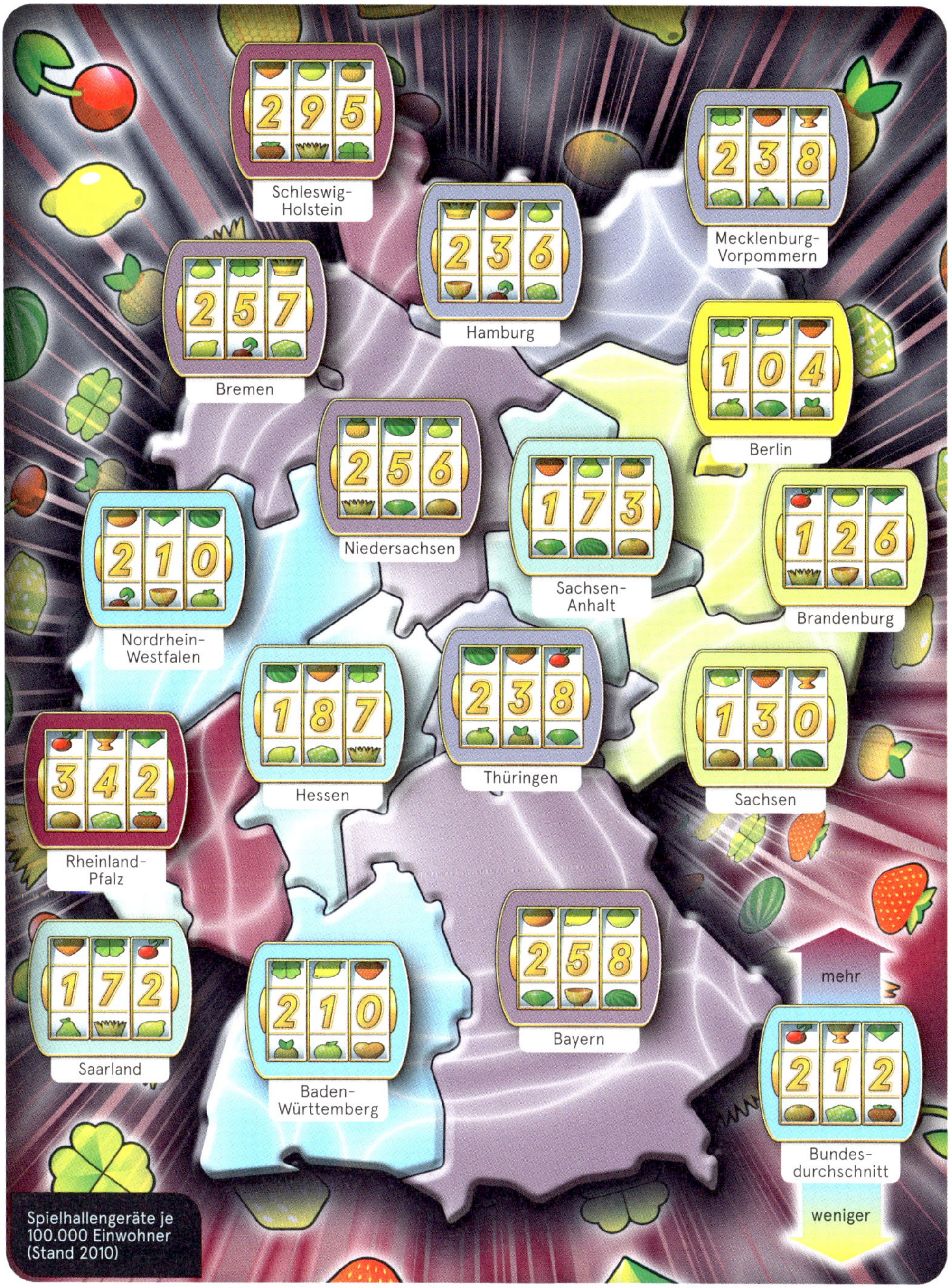
295
Schleswig-Holstein
238
Mecklenburg-Vorpommern
236
Hamburg
257
Bremen
104
Berlin
256
Niedersachsen
173
Sachsen-Anhalt
126
Brandenburg
210
Nordrhein-Westfalen
187
Hessen
238
Thüringen
130
Sachsen
342
Rheinland-Pfalz
172
Saarland
210
Baden-Württemberg
258
Bayern
mehr
212
Bundes-durchschnitt
weniger
Spielhallengeräte je 100.000 Einwohner (Stand 2010)

91 Hochhäuser

Berlin und die Hochhäuser fanden nie richtig zusammen. In den zwanziger Jahren wurden hier, mit Amerika als Vorbild, wie wild Türme gezeichnet, aber keine gebaut, so rasch kam die Wirtschaftskrise. Die Nazis wollten nicht steil in die Höhe bauen (sie waren wohl größen-, nicht aber höhenwahnsinnig), weil sie Wolkenkratzer wahlweise für amerikanisch oder für bolschewistisch hielten. Die DDR schenkte Berlin dann immerhin ein paar hohe Türme, darunter ein Hotel am Alexanderplatz, das zumeist von Westlern besucht wurde. Nach der Wende gab es wieder große Pläne: den Alexanderplatz mit Hochhäusern umstellen! Wurde auch nichts. Hochhäuser sind teuer und lohnen sich, wenn überhaupt, nur, wenn Bauland extrem teuer ist. So wie in Frankfurt, das mit den Hochhäusern nach dem Krieg auch die Schmach vergessen machen wollte, nicht Westhauptstadt geworden zu sein. Heute kann Berlin glücklich sein: erstens Hauptstadt, zweitens frei von Bauten, die nur hoch und nicht besonders schön sein mussten.

Recherche: Martin Fischer

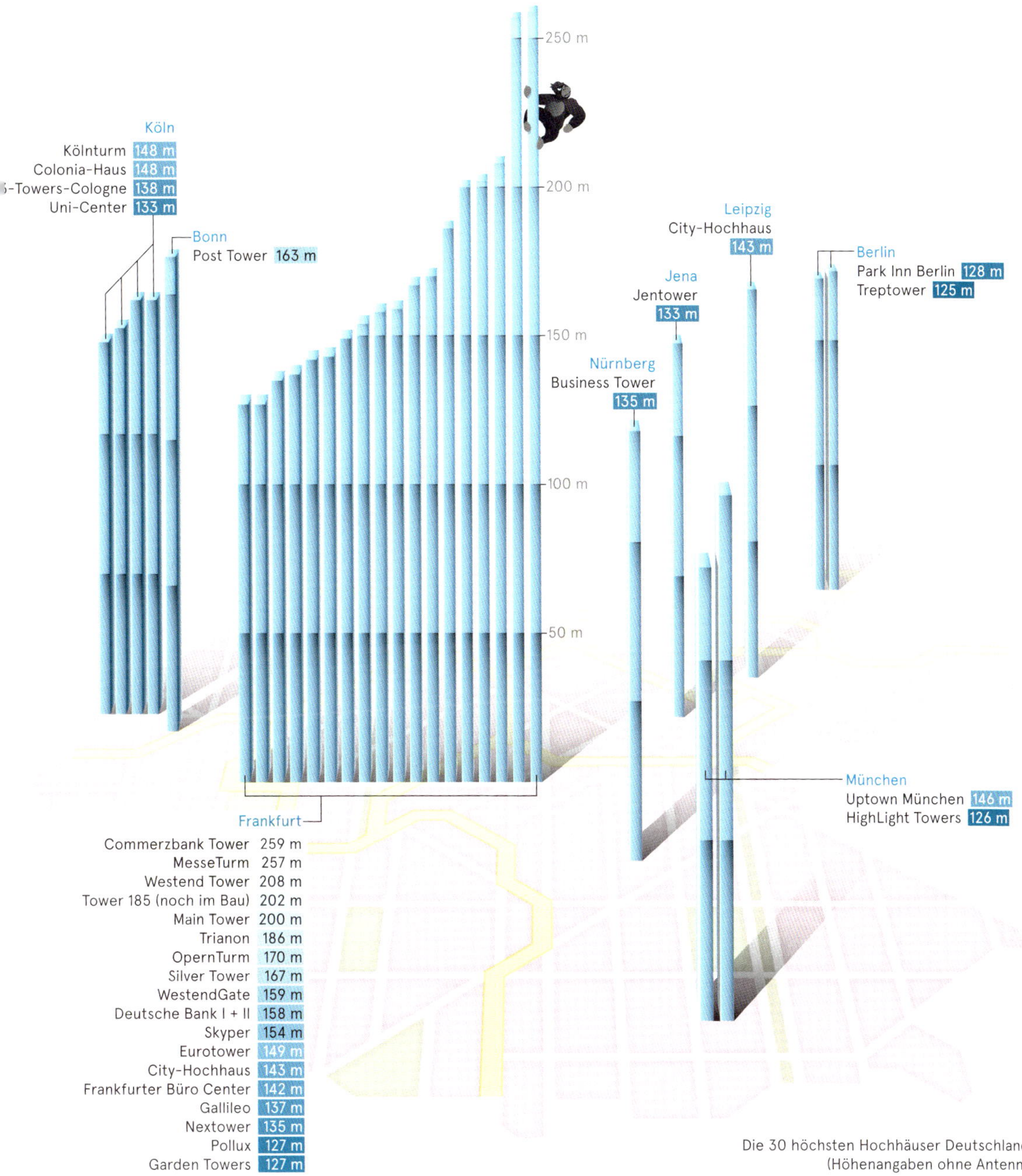

Die 30 höchsten Hochhäuser Deutschlands
(Höhenangaben ohne Antenne)

92 Geschützte Natur

Ähnlich wie der Milchtrinker, der nicht mehr so genau weiß, welches Biolabel nun das sorgloseste Kuhleben garantiert, kann auch der Spaziergänger in der Natur die Übersicht verlieren – von so vielen verschiedenen Arten schützenswerter Gebiete ist er umgeben. Statt Umweltschützer- oder Bürokratenschelte hier etwas Licht ins Dickicht: Es gibt nur zwei Grundtypen solcher Zonen. Naturschutzgebiete (dort darf der Mensch nichts bauen oder ernten, eigentlich) und Landschaftsschutzgebiete (dort darf er noch ziemlich viel). Die anderen sind Kombinationen der beiden Grundtypen, wobei die Biosphärenreservate besser geschützt sind als die Naturparks. Biosphärenreservate werden von der Unesco ausgewählt, Naturparks dürfen die Landkreise selbst benennen. Man erhofft sich davon auch: Touristen. Für die Anwohner ist das Ganze eigenartig: gestern noch in einer ganz normalen Stadt, heute schon in einem Naturpark oder, noch käseglockenartiger, in einem Biosphärenreservat. Da fühlt man sich selbst schon als Eule.

Quelle: Bundesamt für Naturschutz

Landschaftsschutzgebiete
Naturschutzgebiete
Biosphärenreservate
Naturparke

Negative Vorurteile

Viele der Adjektive fanden wir in Reiseführern, dort steht oft: »Die … gelten als …« Sollte sich jemand an die Arbeit machen herauszufinden, ob die Erzgebirgler tatsächlich zänkischer sind als andere, er würde mit sehr großer Wahrscheinlichkeit mit der Nachricht aus dem Erzgebirge zurückkommen, dass dies nicht der Fall ist. Das Fiese an solchen negativen Vorurteilen ist, dass man sie verbreitet (um sich überlegen zu fühlen) und scheinbar intelligent anfügt: »Ein Fünkchen Wahrheit ist ja an solchen Vorurteilen immer.« Jeder einzelne tatsächlich geizige Schwabe ist dann ein Beweis für die Fünkchen-These. Zum Glück werden Vorurteile in Deutschland heute nicht mehr dazu benutzt, um Kriege zu führen, sondern um Bürowitzchen über »den Schnösel aus München« zu machen. Über die Griechen und ihre angebliche Faulheit wurde auch gelacht – bis manche es auf einmal ernst meinten. Für alle Niedersachsen und Nichtniedersachsen, die diese Karte nicht lustig finden: Die nächste Deutschlandkarte verzeichnet die positiven Vorurteile.

Recherche: Florian Bamberg

Sylter
DEKADENT
STOLZ
Nordfriesen
Holsteiner
WORT-KARG
Mecklenburger
BRÄSIG
Ostfriesen
DUMM
KÜHL
Hamburger
Brandenburger
PROLLIG
Niedersachsen
NÜCHTERN
STUR
RUPPIG
Hannoveraner
LANG-WEILIG
Altmärker
Berliner
Münsteraner
KONSERVATIV
Westfalen
SPRÖDE
NEUREICH
Potsdamer
Harzer
TRÄGE
Ruhrgebietler
EINFACH
DICK-SCHÄDELIG
OBER-FLÄCHLICH
NEUREICH
Düsseldorfer
Sauerländer
Sachsen
GERISSEN
HINTER-WÄLDLERISCH
GESCHWÄTZIG
LANGSAM
Dresdner
KORRUPT
Kölner
Rheinländer
ZÄNKISCH
Thüringer
Erzgebirgler
Frankfurter
VERSNOBT
Eifler
NÜCHTERN
SCHWEIGSAM
Hessen
Oberfranken
VORURTEIL
VERFRESSEN
Nürnberger
BIEDER
KLEIN-BÜRGERLICH
Mittelfranken
BEHÄBIG
Pfälzer
Saarländer
MAULFAUL
SELBST-VERLIEBT
ALTREICH
Schwarzwälder
Baden-Badener
Münchner
Niederbayern
ÖKOLOGISCH VERSPIESST
GEIZIG
SCHNÖSELIG
Freiburger
Schwaben
VERSCHLOSSEN
LANGSAM
ABER-GLÄUBISCH
KONSERVATIV
Badener
Bodenseer
Oberbayern
Allgäuer

Positive Vorurteile

Mit Ausnahme der Vermutungen, Rheinländer seien kontaktfreudig und Badener freundlich, ist die gute Nachrede weniger weit verbreitet als die üble. Die positiven Vorurteile zu sammeln dauerte bedeutend länger als die negativen, die in der vorhergehenden Deutschlandkarte verzeichnet sind. Es macht eben keinen Spaß, über den anderen gut zu reden. Die positiven Vorurteile sind weniger Fremd- als Selbstbilder. Man redet sich seine Herkunft schön, oft mit einer Zwar-vielleicht-aber-auch-Konstruktion: »Wir in Schwaben sind zwar vielleicht geizig, dafür aber auch erfinderisch.« Interessant ist, dass man sich in der Provinz gern Bodenständigkeit zuschreibt. Dahinter steckt der Wunsch, soziologisch gesprochen, authentisch zu leben, frei von Verstellung und Reflexion des eigenen Verhaltens. Dass man sich Authentizität, genau genommen, nicht selbst bescheinigen kann – egal. Positive Selbstbilder sind wichtig. Besser, wir haben zu viele davon als zu wenige. Wer nur fest genug daran glaubt, geduldig oder gesellig zu sein, wird es vielleicht am Ende tatsächlich.

Recherche: Florian Bamberg

Sylter
NATUR-VERBUNDEN
Nordfriesen
WETTER-FEST
Holsteiner
ZUVER-LÄSSIG
Mecklenburger
GEDULDIG
Ostfriesen
HERZLICH
Hamburger
LIBERAL
Brandenburger
ZUPACKEND
Niedersachsen
ERDVER-WACHSEN
TRADITIONS-VERBUNDEN
ENGAGIERT
COOL
Hannoveraner
DIALEKT-FREI
Münsteraner
STILVOLL
Westfalen
TREU
Altmärker
Berliner
Potsdamer
Harzer
FRÖH-LICH
Ruhrgebietler
KUMPELHAFT
HUMOR-VOLL
FEIER-LUSTIG
LEBENS-FROH
sseldorfer
Sauerländer
LOCKER
Kölner
Rheinländer
SCHLAU
BODEN-STÄNDIG
Sachsen
Dresdner
AUSGE-FUCHST
GESELLIG
HEITER
Thüringer
Hessen
Erzgebirgler
HÖFLICH
KONTAKT-FREUDIG
Oberfranken
GEWITZT
Eifler
AUSDAUERND
Frankfurter
Nürnberger
ARBEITSAM
Mittelfranken
GESELLIG
VORURTEIL
GAST-FREUNDLICH
Pfälzer
Saarländer
Niederbayern
Baden-Badener
GEDIEGEN
TATKRÄFTIG
Schwarzwälder
GELASSEN
ERFIN-DERISCH
Münchner
WELT-OFFEN
FORT-SCHRITTLICH
Freiburger
Schwaben
BODENSTÄNDIG
FREUNDLICH
AUSGE-GLICHEN
ZUVER-LÄSSIG
Badener
Bodenseer
Oberbayern
Allgäuer

95 Einkäufe des FC Bayern

Fußballfans verlangen oft nach Spielern »aus dem eigenen Nachwuchs«, was so klingt, als habe sich jemand aus Vereinsgründen gepaart. Hat nicht der FC Barcelona, bester Verein der Welt, fast sämtliche Spieler selbst aufwachsen sehen? Aber das ist eine Sehnsucht, die kein deutscher Verein erfüllen kann, nicht mal der beste. Der FC Bayern kaufte lange Jahre bei den immergleichen Vereinen ein, fast so, als seien diese ausgelagerte Jugendabteilungen. Das tröstete den Fan: Er ahnte, wer kam. Es gab die Karlsruher Jahre, die Leverkusener Jahre, die Bremer Jahre. So wurden nebenbei die Konkurrenten zermürbt (vgl. Leverkusen, stets nur fast Meister, acht Abkäufe seit 1990, so viele wie von keinem Verein sonst). Den Ruhrpott mied man, auch das hatte Tradition. Inzwischen kauft München querbeet ein, die letzten Neuen kamen aus Hoffenheim, Cottbus, Schalke, Stuttgart. So gleicht der FC Bayern einem modernen Konsumenten, der hier und da kauft und sein Zutrauen in den einen Händler seines Vertrauens verloren hat.

Quelle: transfermarkt.de

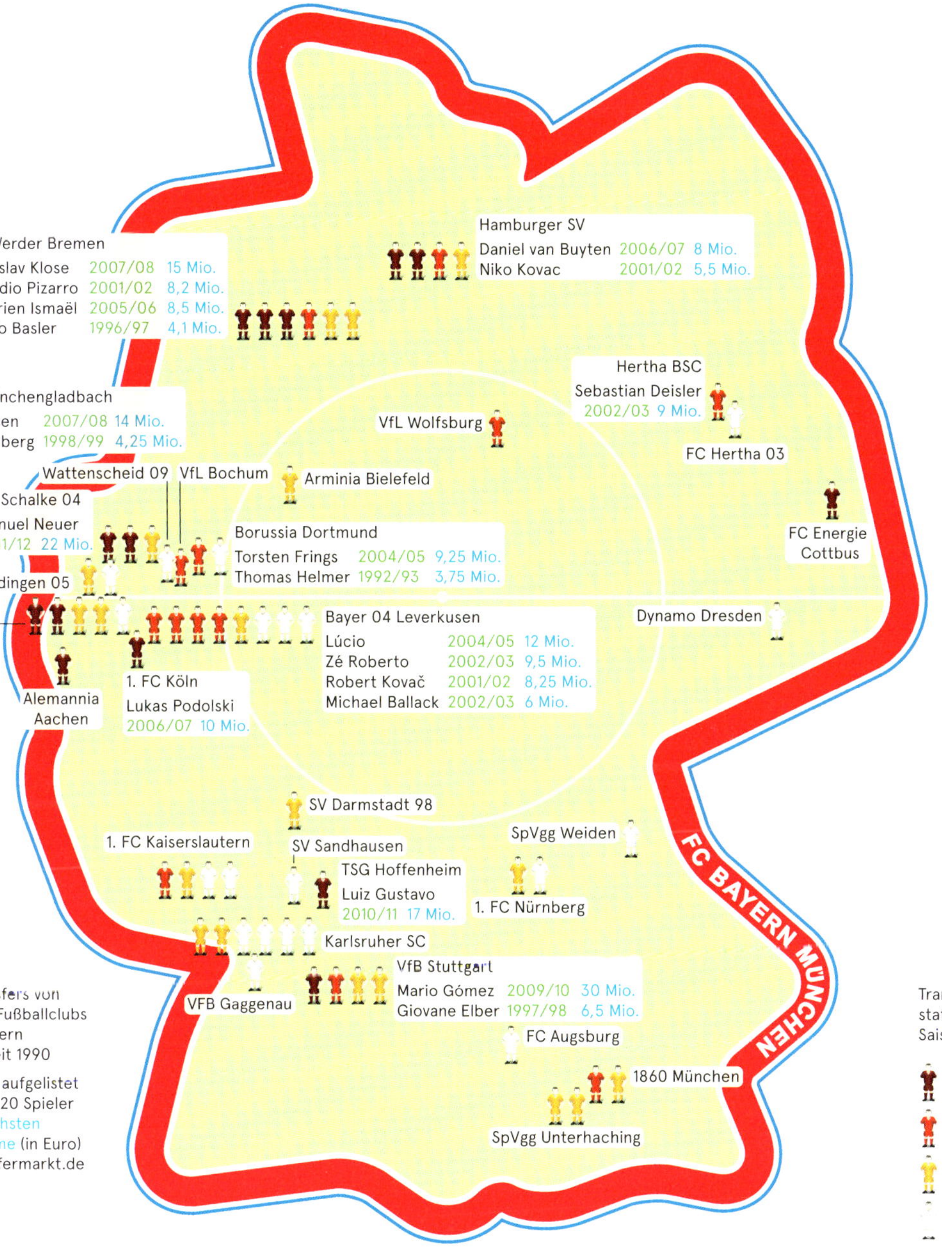

Spielertransfers von deutschen Fußballclubs zum FC Bayern München seit 1990

Namentlich aufgelistet werden die 20 Spieler mit der höchsten Ablösesumme (in Euro) – laut transfermarkt.de

Transfer fand statt seit der Saison

2005/06

2000/01

1995/96

1990/91

96 Essen, nach Orten benannt

Wenn ein Gericht nach einer Stadt oder Gegend benannt ist, bedeutet das doch wohl, dass die Speise sehr früh, nachdem sie erfunden worden war, in anderen Gegenden geschätzt wurde, also viele Follower fand, die ihr den Namen gaben. Und welche Orte führen in diesem Wettbewerb? München vielleicht, weil man dort so gut isst? Nein. Berlin ist an der Spitze, essenstechnisch eigentlich nie eine große Nummer. Wie kann man dieses kulinarisch-sprachliche Paradoxon erklären? Vielleicht so: Gerade weil die Berliner eh nie besondere Feinschmecker waren, hatten sie keine Probleme damit, Sirup ins Bier zu kippen, Hefeteig in viel Fett zu werfen (was man andernorts schon länger machte, nur waren die Teigportionen früher nicht rund) und sahnelastige Cremes anzurühren. Es fällt auch andernorts auf, dass viele Ortsnamen-Speisen froh sein können, dass es keine Lebensmittelampel gibt. Wer kulinarisch im Gedächtnis bleiben will, das ist die Botschaft, sollte nicht auf Geschmack setzen, sondern auf Fett und Zucker.

Recherche: Dieter Brandt

Sylter Royal (Austernsorte)
Kieler Sprotten
Nordseekrabben
Lübecker Marzipan
Klützer Gold (Käse)
Lübecker National (Steckrübengericht)
Hamburger
Ostfriesentee
Bremer (Fisch-Burger)
Berliner Luft (Dessertcrème)
Berliner Weiße
Berliner (Hefegebäck, in Berlin heißt es Pfannkuchen)
Teltower Rübchen
Lippischer Pickert (Pfannkuchen)
Spreewälder Gurken
Harzer Käse/Roller
Münsterländer (Pfannkuchen)
Leipziger Allerlei (Gemüsegericht)
Westfälischer Schinken
Meißner Fummel (Feingebäck)
Leipziger Lerchen (Gebäck)
Kölsch
Kassler (gepökeltes Schweinefleisch)
Kölsche Kaviar (Blutwurst mit Zwiebeln)
Thüringer (Rostbratwurst)
Dresdner Christstollen
Aachener Printen (Lebkuchen)
Frankfurter Kranz (Torte)
Frankfurter (Brühwurst)
Pfälzer Saumagen
Nürnberger Gwerch (Wurstsalat)
Nürnberger Lebkuchen
Nürnberger (Rostbratwurst)
Schwetzinger Meisterschuß (Spargelsorte)
Gaisburger Marsch (Eintopf)
Bayerische Crème (Dessert)
Schwarzwälder Kirschtorte
Filderkraut (Spitzkohl)
Donauwelle (Kuchen)
Bayrischkraut (Weißkohlgericht)
Schwarzwälder Schinken
Schwabentopf

97 Schuldenvergleich

Ein Gedankenspiel in Zeiten der Finanzkrise: Wie müssten die Bundesländer heißen, wenn sie den Namen eines Staates zu tragen hätten, der genauso hoch verschuldet ist wie sie? (Als Maßstab nehmen wir die Pro-Kopf-Verschuldung.) Es zeigt sich, dass ziemlich viele Staaten dabei sind, die man auf der Weltkarte nur mit der Lupe finden würde und deren Flagge man niemals erkannt hätte. Niedersachsen hieße nicht mehr Niedersachsen, sondern Antigua und Barbuda – genauso übrigens wie Hessen und Thüringen, weil sie ungefähr gleich hohe Schulden haben. So entstünde ein neues Zentralbundesland, das mit einem in Europa eher ungewöhnlichen »und«-Namen zu kämpfen hätte. Nordrhein-Westfalen wäre seinen langen Namen los und hieße schlicht Barbados. Erstaunlich ist – und das sagt vielleicht etwas über die Finanzwelt –, dass gerade die hoch verschuldeten Bundesländer seriös klingende Namen bekämen: Das Saarland hieße Schweden. Als Griechenland Deutschlands muss sich übrigens kein Bundesland bezeichnen lassen.

Recherche: Friederike Milbradt

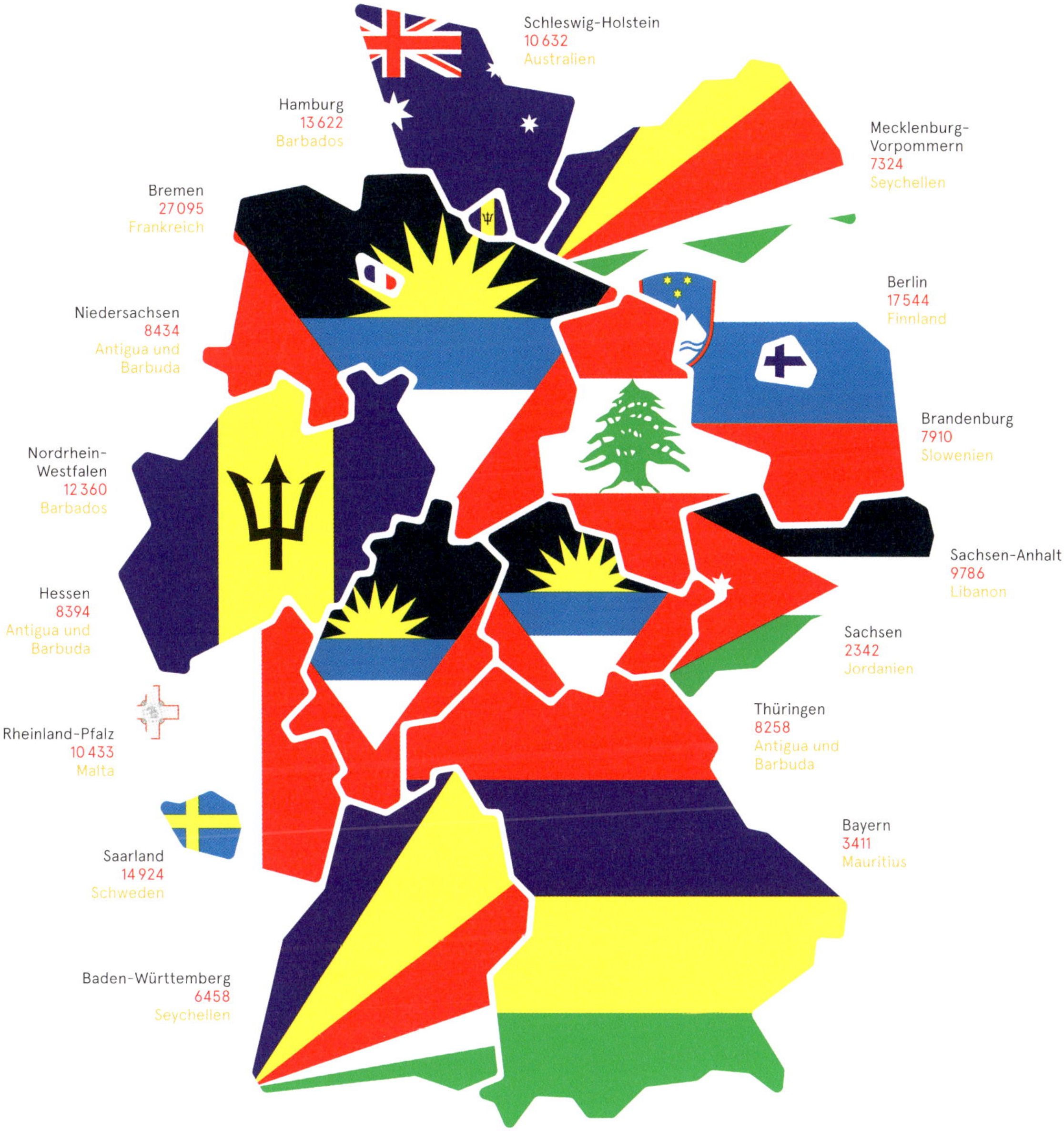

Schulden der Bundesländer pro Einwohner in Euro (Stand: 31.3.2011) sowie der Staat mit der ähnlichsten Pro-Kopf-Staatsverschuldung

98 Gerechte Platzverteilung

Das Vorbild dieser Karte war eine Weltkarte des kanadischen Bloggers John Palmer, der kürzlich auf einer Internetseite mit dem Gedanken spielte: Wie sähe die Welt aus, wenn die Länder neu verteilt würden – nach der Einwohnerzahl? Wo müssten die Bewohner welches Landes hinziehen, wenn die Nation mit den meisten Menschen das größte Land bekäme, die mit den zweitmeisten Menschen das zweitgrößte Land und so fort? Danach müssten die Deutschen nach Saudi-Arabien ziehen (sie bekämen also ein größeres Land). Wir haben diesen globalen Gedanken auf Deutschland, wie es journalistensprachlich heißt, heruntergebrochen: Wohin müssten die Bewohner der Bundesländer ziehen, wenn es einwohnerdichtemäßig korrekt zuginge? Das Ergebnis sehen Sie oben. Es wäre ein schönes Treiben und heiteres Ost-West-Vermischen. Wenn allerdings demnächst ohnehin die Kasachen nach Deutschland kommen und wir nach Saudi-Arabien müssen, kann man sich diesen Umzug ja auch sparen.

Recherche: Martin Fischer

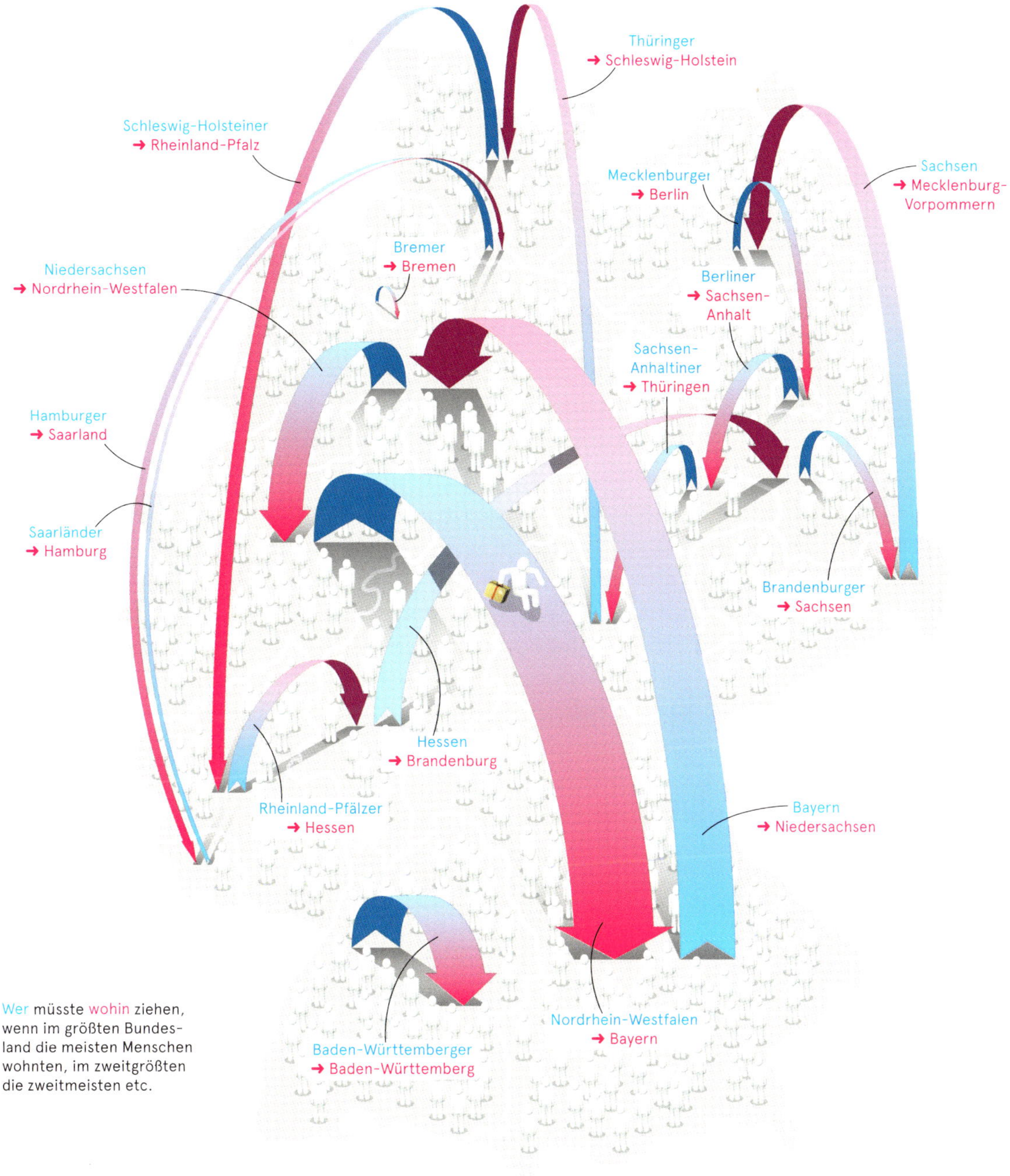

Wer müsste wohin ziehen, wenn im größten Bundesland die meisten Menschen wohnten, im zweitgrößten die zweitmeisten etc.

Nachbarschaftsklagen

Nachbarn sind wirklich schrecklich. Weil sie uns vor Augen führen, dass wir gar nicht so tolerant sind, wie wir es gerne wären. Im Büro, unter unseresgleichen, ist das Tolerantsein einfach, aber abends zu Hause kriegen wir einen Koller, wenn »der von nebenan« mal wieder auf dem Balkon raucht/Klavier spielt/Kohl kocht. Nachbarn sind, seien wir ehrlich, nur dann erfreuliche Wesen, wenn sie Pakete annehmen (wobei wir uns die nicht allzu privaten Pakete lieber ins Büro schicken lassen, um den Nachbarn nicht allzu dankbar sein zu müssen). Dass die Freude, den Nachbarn zu verklagen, vor allem in der Provinz groß zu sein scheint, obwohl ein jeder seine Nachbarn wahrscheinlich gleichermaßen hasst, liegt daran, dass in Großstädten oftmals der Anlass zur juristischen Klage fehlt: Dort gibt es leider keine Hecken, die rüberwachsen, keine Zäune, die falsch verlaufen. Wahrscheinlich erschießt man in der Großstadt seinen Nachbarn eher im Treppenhaus, wenn es keiner sieht. Die Datenlage hierzu ist allerdings unsicher.

Quelle: Statistisches Bundesamt

Erledigte Zivilprozesse in Nachbarschaftssachen je 100 000 Einwohner (2009)

100 Die Schatzkarte

Zwischen den Deutschen und ihren Ortsnamen verhält es sich häufig so wie zwischen Mann und Frau, wenn sie sich zu lange kennen: Man hat den Sinn dafür verloren, wie schön der andere ist. Deutschland ist liebreizend, jaja, das muss man sich nur mal wieder in Erinnerung rufen. Und diese Karte – die Karte der Orte, deren Namen an die Liebe erinnern – hilft dabei. Üblicherweise denken nur Schulkinder zwischen sechs und neun Jahren, wenn sie an Küssaberg vorbeifahren: »Hihi, küssen, hihi.« Viele Erwachsene und Paare, die sich nichts mehr zu sagen haben, fahren an Küssaberg vorbei – oder sogar durch – und sagen und denken gar nichts. Oder höchstens: »Ja mei, so heißen halt Orte, irgendwie müssen's ja heißen, gibt ja so viele davon. Können ja nicht alle Neunkirchen heißen.« Liebe Paare in Deutschland: Achten Sie auf die Ortsschilder! Wenn ein schönes kommt, freuen Sie sich drüber. Und wenn Sie bei Häschendorf überlegen, ob sich das auch wirklich »Häs-chen« spricht, ist bei Ihnen alles in Ordnung.

Recherche: Dieter Brandt

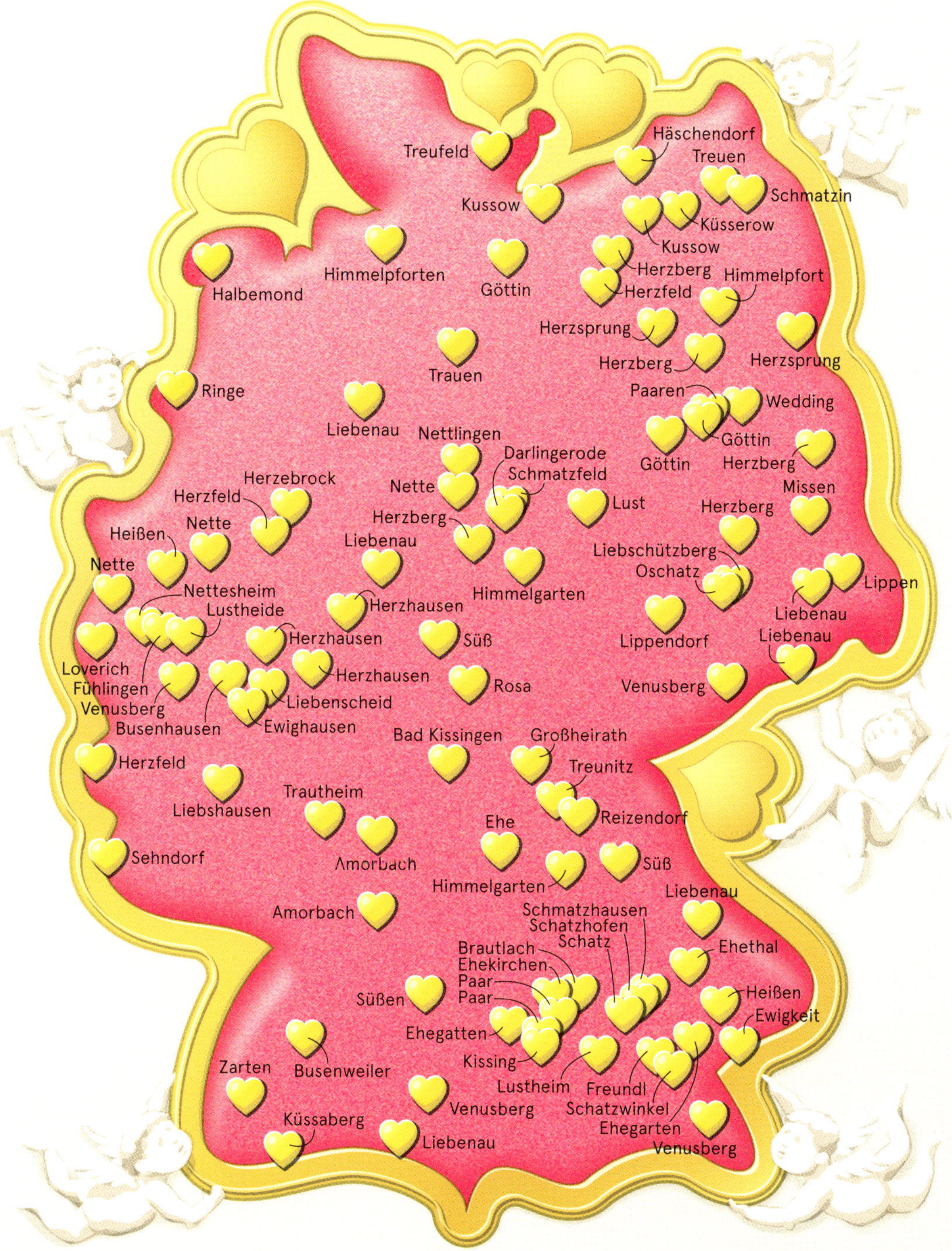
Häschendorf
Treufeld
Treuen
Schmatzin
Kussow
Küsserow
Kussow
Herzberg
Himmelpforten
Göttin
Herzfeld
Himmelpfort
Halbemond
Herzsprung
Herzberg
Herzsprung
Trauen
Ringe
Paaren
Wedding
Liebenau
Nettlingen
Göttin
Göttin
Herzberg
Darlingerode
Schmatzfeld
Herzebrock
Nette
Missen
Herzfeld
Lust
Herzberg
Nette
Herzberg
Heißen
Liebenau
Liebschützberg
Nette
Oschatz
Lippen
Nettesheim
Himmelgarten
Herzhausen
Liebenau
Lustheide
Herzhausen
Süß
Lippendorf
Liebenau
Loverich
Herzhausen
Rosa
Venusberg
Fühlingen
Liebenscheid
Venusberg
Busenhausen
Ewighausen
Bad Kissingen
Großheirath
Herzfeld
Treunitz
Trautheim
Liebshausen
Reizendorf
Ehe
Sehndorf
Amorbach
Süß
Himmelgarten
Liebenau
Amorbach
Schmatzhausen
Schatzhofen
Schatz
Brautlach
Ehethal
Ehekirchen
Paar
Heißen
Paar
Süßen
Ewigkeit
Ehegatten
Kissing
Zarten
Busenweiler
Lustheim
Freundl
Venusberg
Schatzwinkel
Küssaberg
Ehegarten
Liebenau
Venusberg

101 Schweizen

Es heißt ja, dass sich Paare in der Krise an ihre glücklichen Zeiten erinnern sollten – wenn sie wenigstens das noch gerne täten, sei vielleicht nicht alles verloren. Deutschland und die Schweiz, jüngst in einer akuten Beziehungskrise (es ging um das liebe Thema Geld), sollten sich also an die Romantik erinnern, auch wenn diese Epoche schon mehr als hundertfünfzig Jahre vorüber ist: Damals verehrte Deutschland die Schweiz so sehr, dass es hügelige Landschaften im eigenen Land nach ihr benannte. In Ostwestfalen kam es zu einer Schweizhäufung, und auch sonst wurde vor allem nördlich des Mains (man vermisst ja umso mehr, je größer die Distanz zum Vermissten ist) so munter nach der Schweiz getauft, dass schon Theodor Fontane auffiel: »Die Schweizen werden jetzt immer kleiner.« Dabei ist doch nur die Liebe groß, wenn man selbst im kleinsten Hügel noch die Verehrte erkennt. Dass die Schweiz die Geschenke erwidert hätte, indem sie flache Landschaften nach Deutschland benannte, darüber ist nichts bekannt. Man hätte damals schon stutzig werden können.

Recherche: Sascha Chaimowicz

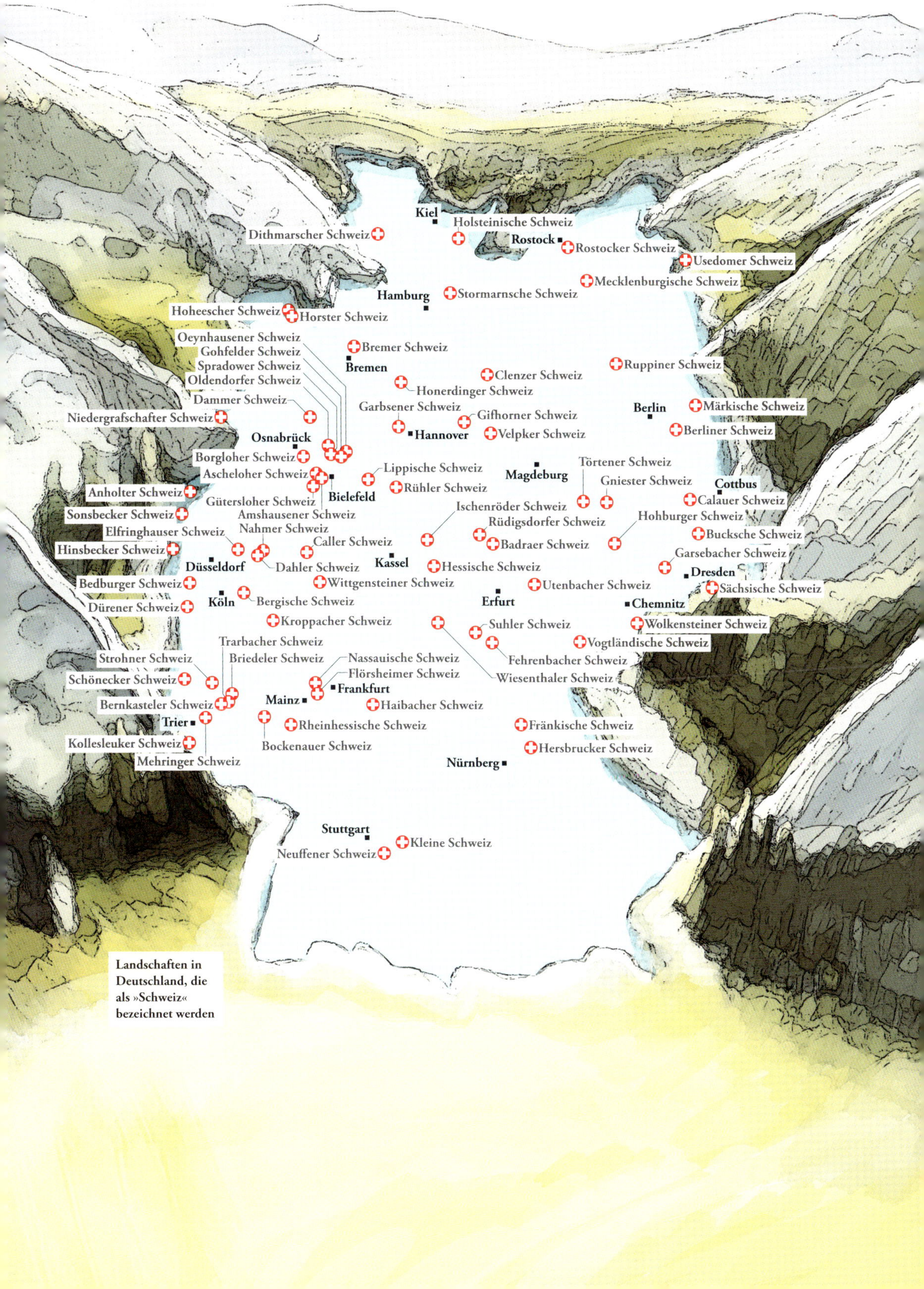

Landschaften in Deutschland, die als »Schweiz« bezeichnet werden

102 Wurstsorten

Vielleicht liegt es ja an der Weißwurst, die man schon zum Frühstück essen kann (was die Mehrheit der Deutschen irgendwie eklig findet), und ein bisschen auch an Uli Hoeneß, dem berühmtesten Würstchenfabrikanten, dass den Bayern eine extra hohe Wurstaffinität zugesprochen wird. Tatsächlich sind die Metzgereien, das weiß der Fleischerverband, im Süden etwas zahlreicher als im Norden. Diese Karte zeigt indessen: Keinesfalls erzeugt der Süden mehr Wurstsorten als der Rest des Landes. Auch Thüringen, die Pfalz, Nordhessen, Westfalen und die Gegend um Braunschweig herum sind erfindungsreich gewesen, was Würste anbelangt. Überall dort waren die Böden für die Viehzucht viel besser geeignet als für den Ackerbau – und mit Schweinen und Rindern kamen die Würste. Zuerst die Blutwurst, später feinere Sorten. Und all diese Sorten haben überlebt, sogar gegen die Macht des Vegetarismus: weil Wurst ein Heimatgeschmacksverstärker ist. Und wenn die Bayern ein klein wenig mehr Lust auf Wurst haben als andere, so gelüstet es sie vermutlich mehr als andere nach Identität.

Quelle: Leibniz-Institut für Länderkunde,
Nationalatlas aktuell, V. Bode

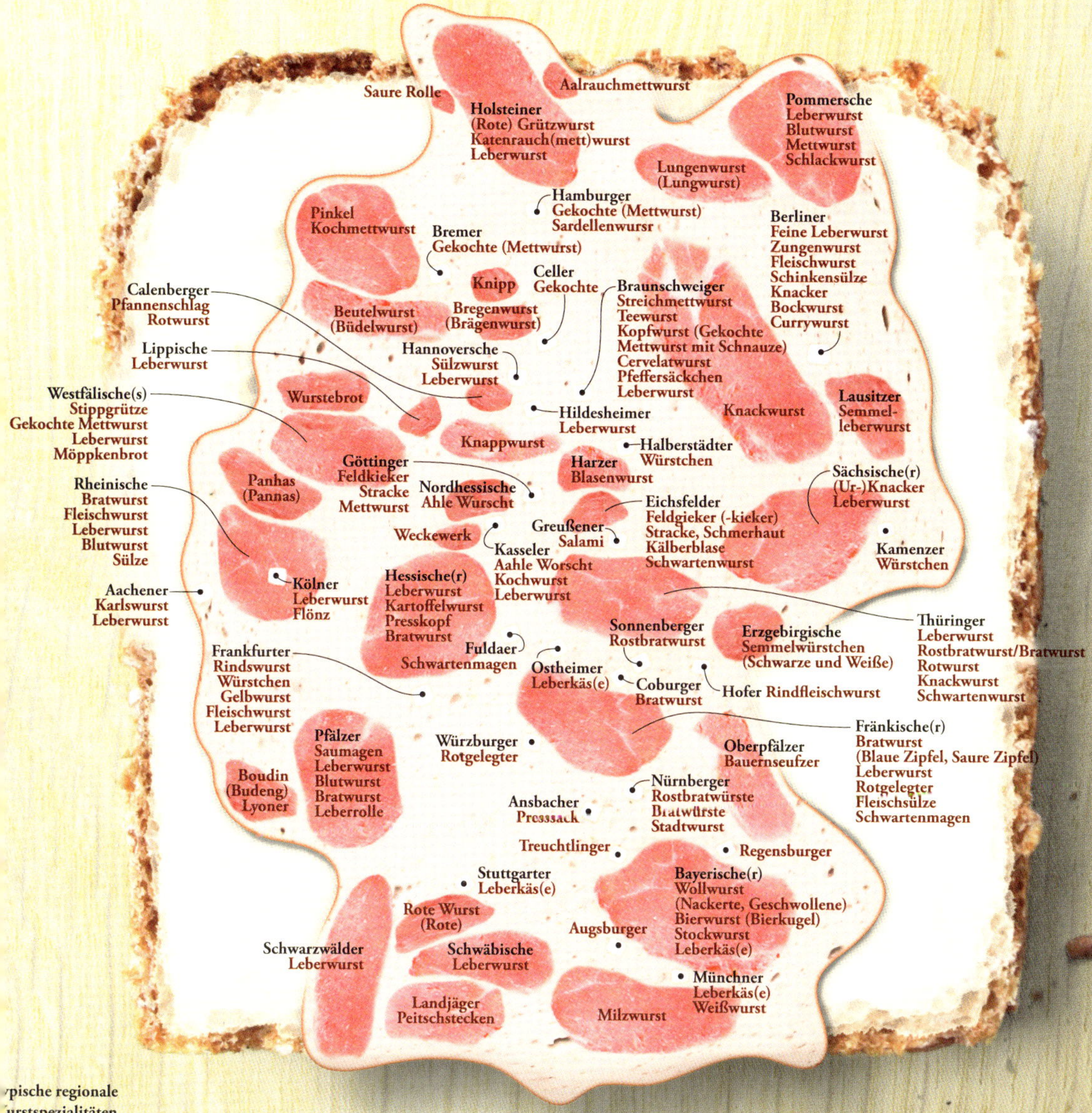

ypische regionale
urstspezialitäten

Machen Sie sich Ihr eigenes Deutschlandbild